사람과 문화, 차와 말이 오가던 인류의 옛길처럼⋯ 차마고도茶馬古道
이 책을 꿰고 다듬은 차마고도茶馬古道는 청소년을 위한 학습 및 교양콘텐츠 개발 베이스캠프다. 그동안 ≪수능국어 어휘력향상 수련장≫≪중1중2 비문학독해 100≫≪수능국어 비문학독본 1, 2, 3≫≪대입 논술 기출문제 주제별 대계≫≪하루10분 생각의 발견 마음의 탄생 1, 2, 3≫≪논술구술 교양사전≫을 비롯한 여러 학습서를 출간하였다.

중3고1 비문학독해 100

초판 1쇄 발행   2023년 7월 7일

편저자   차마고도
펴낸이   박동선

펴낸곳   푸른책
등록   제 2019-000006호
주소   경기도 고양시 일산동구 장백로 13, 702호
전화   (031)918-4792
팩스   (031)921-4792

ISBN 979-11-966626-1-5 (53700)

값 17,000원

중3고1
비문학독해
100

青
푸른청

수능 국어의 읽기 영역은 문학과 비문학(독서)으로 구분할 수 있는데 국어영역에서 비문학 독해가 차지하는 비중이 거의 절대적임은 널리 알려진 사실이다. 이러한 비문학에는 인문, 사회, 과학, 기술, 예술 등 다양한 영역의 글들이 포함된다.

수능 국어영역에서 비문학을 통해 주로 묻고자 하는 것은 주어진 글을 읽고 제대로 이해할 수 있는지, 글 속에 담긴 정보를 제대로 처리할 수 있는지와 관련된 내용이다. 따라서 비문학 지문을 대할 때 기본적으로 요구되는 것은 글의 내용에 대한 일차적인 이해이다. 글의 내용을 이해하는 능력을 '독해력'이라고 할 때, 독해의 열쇠는 중심 내용의 파악인 것이다.

이 책은 중3부터 고1까지의 대입 예비수험생들을 위한 수능국어 비문학 독해 수련장이다. 본격적으로 수능 준비에 돌입하기 전에 기본 체력을 튼튼히 다지자는 취지로 마련하였다. 비교적 접근이 용이한 글감들로 내용을 구성하였으며, 추론적, 비판적, 창의적 이해의 선결 조건인 글에 대한 '사실적 이해'를 특히 중심에 놓고 문제들을 배치하였다. 글에 대한 일차적인 이해력 신장에 초점이 맞춰져 있는 셈이다.

독해력을 기르기 위해서는 많은 글을 읽고, 글의 중심 내용을 찾아가는 꾸준한 연습이 필요하다. 이러한 훈련은 독해력을 향상시킬 뿐만 아니라, 독해 속도도 빠르게 해 준다. 그러나 독해 연습의 과정에서 이러한 기술적인 성취만큼이나 중요한 것은 독해 훈련의 과정이 곧 다방면에 걸친 지식의 습득을 통해 세상에 대한 인식의 지평을 넓히고 사물과 현상의 본질을 꿰뚫어 볼 수 있는 눈을 확립하는 과정이라는 점을 꼭 기억할 필요가 있다.

다방면적인 지식을 쌓는다는 것은 매우 중요하다. 지식은 세상을 헤쳐나가는 구체적인 수단임과 동시에 힘이다. 폭넓은 지식을 갖춘다는 것은 그만큼 세상을 바라보는 시야가 넓어진다는 것을 의미한다. 폭넓은 지식이 있을 때 사람의 창조성은 더욱 발양된다. 세상과 삶을 일구어

나가는 주인으로서의 지위가 한층 강화된다. 대대로 인류가 쌓아온 인문, 사회, 자연과학 등 다방면적인 지식을 쌓을 필요가 바로 여기에 있다.

이 책에 수록된 글과 문제들은 수능 원년부터 최근까지 치러진 수능 언어영역 기출 및 모의고사의 지문과 문제를 검토한 후 가장 중요하고 기본이 되는 것들을 엄선한 결과물이다. 인문, 사회, 과학, 기술, 예술 분야에서 모범적인 글들을 가려서 수록하였기에 수능 준비 때문만이 아니라 다방면의 교양을 쌓기 위해서라도 꼭 읽어보았으면 하고 권하는 교양텍스트이기도 하다. 매 꼭지마다 함께 수록한 문제들은 글의 이해를 효과적으로 도우는 것에 초점이 맞추어져 있다. 문제 해설은 기본적으로 시험을 주관했던 각 기관이 발표한 해설자료들에 기초하였다. 비문학 독해의 실전 경험을 충실히 쌓는 것은 물론 올바른 독서 방법과 비판적 사고의 기초를 닦는데 좋은 길잡이가 될 수 있을 것이다.

이 땅의 많은 예비 수험생들이 아무쪼록 이 책을 잘 활용하여 보다 나은 글읽기 능력을 갖추고, 나아가 세상에 대한 폭넓은 지식과 따뜻한 이성, 그리고 자기 운명의 진정한 주인이 되기 위해 필요한 소양을 조금이나마 쌓을 수 있기를 기대한다.

사람과 문화, 차와 말이 오가던 인류의 옛길처럼

차마고도茶馬古道 **대표 박만경**

중3고1
비문학독해
100

인간의 본성은 선한가, 악한가? 성선설과 성악설은 이 문제에 대해 뚜렷하게 상반된 견해를 제시한다.

학자들은 본성을 인간에게 '본질적인 것'으로 보기도 하고, 인간이 '타고난 것'으로 보기도 한다. 성선론자들은 '본질적인 것'이라는 의미를 중시하므로 그들이 쓰는 '본성'이라는 말은 '도덕적 이성'을 가리킨다. 반대로 '타고난 것'이라는 뜻을 중시하는 성악론자들에게 본성은 '감정과 욕망'을 의미한다. 이처럼 학자에 따라 가리키는 대상이 다르기는 하지만, '본성'은 마음의 본질을 가리키며 '행위의 원동력'이라는 뜻을 담고 있다. 그 원동력이 선한가 악한가 또는 좋은 것인가 나쁜 것인가를 탐구하는 이론이 바로 성선설과 성악설이다. 따라서 성선설과 성악설 모두 결국은 선악의 문제를 통해서 인간의 본성을 문제 삼는다.

그런데 성악설에 대해서는 많은 오해가 있다. 즉 성악설은 '인간을 멸시하는 이론'이라고 보는 것이다. 그러나 성악설이 모든 인간은 악하다고 주장한다고 해서 모든 사람이 언제나 비합리적이라는 것도 아니고, 그것이 악과 불의를 위한 이론인 것도 아니다. 모든 사람이 언제나 비이성적이라면 이 세상에 남는 것은 무질서와 혼돈뿐이며, 아무런 철학도, 심지어는 성악설 자체도 펼 수 없을 것이다. 성악설은 오히려 이 세상의 악을 물리치기 위해 악의 실체를 정확히 인식하고 대처하자는 데서 나온 것이다.

문제는 성선설과 성악설을 주장하는 이유이다. 성선설, 성악설이라는 인간론은 사회 정치 이론의 핵심 사항과 연관되기 때문에 중요하다. 성선설은 '인간은 선하다'는 이론이다. 따라서 집안이든 나라든 모든 사회는 '인간'이 이끌어 나가야 한다고 본다. 이들은 인간 안에서 '선한 요소'를 찾는데, 그 요소는 '도덕적 이성'이라고 할 수 있다. 지식인이란 그런 이성과 인격을 함양한 사람이다. 따라서 성선설은 ㉠지식인이 국가 사회를 이끌어야 한다는 이론이다. 다시 말해서, 지식인이 관료이어야 하며, 관료는 지식인이어야 한다는 말이다.

반면 성악설은 '인간은 악하다'고 보기 때문에 사회나 국가를 인간이 이끌어서는 안 된다고 한다. 그들은 인간의 바깥에서 국가 사회를 이끌 수 있는 원동력을 찾는다. 그것을 순자는 예(禮), 한비자는 법과 권력, 묵자는 하느님이라고 하였다. 예나 법은 국가의 제도이며, 이 제도를 운용하는 힘이 권력이다. 그리고 그 제도와 권력을 최종적으로 쥐고 있는 사람이 군주이며 하느님을 대신해서 인간을 통치하는 것도 바로 군주이다. 따라서 성악설을 주장하는 사람들은 강력한 군주 이론을 내세운다. 국가의 구성원을 크게 보아 '백성-관료-군주'라고 한다면 성악설은 군주를 옹호하는 이론이라고 볼 수 있다. 또한 국가의 힘은 백성의 생산과 전쟁 능력에서 나오기 때문에 관료의 착취와 비능률을 제거하고 백성의 이익을 옹호하는 것이 군주권과 국가 권력을 강화하는 길이다. 그러므로 성악설은 백성을 옹호하는 이론이기도 하다. 이런 점에서 관료와 지식인 중심의 성선설과 대립한다.

이렇게 볼 때 성선설과 성악설은 단순히 인간이란 어떠하다는 인간론을 넘어서서, 누가 권력을 잡아야 하는가를 결정하는 논의로까지 연결된다. 그것은 사회 정치 이론의 받침돌이며, 현실적으로도 어떤 계층의 권력 장악을 옹호하는 이데올로기*이기 때문에 중요하다.

*이데올로기(독일어Ideologie): 사회 집단에 있어서 사상, 행동, 생활 방법을 근본적으로 제약하고 있는 관념이나 신조의 체계. 역사적·사회적 입장을 반영한 사상과 의식의 체계이다. '이념'으로 순화.

1

위 글의 핵심을 바르게 이해한 독자의 반응은?

① 인간의 본성은 선하다는 사실을 확신하게 되었어.
② 인간의 혼란스런 마음을 다스리는 방법을 가르쳐 주는 것 같아.
③ 국가 발전을 위해서는 무엇보다도 지도자의 노력이 필요한 거야.
④ 지배 계층과 피지배 계층의 대립은 정말 오랜 역사를 가지고 있군.
⑤ 인간의 본성을 바르게 이해하는 것이 사회 문제를 해결하는 데에 중요하겠어.

2

'성악설'의 관점에서 ㉠을 반박한 것으로 적절한 것은?

① 지식인은 군주의 독재를 막지 못한다.
② 지식인은 제도를 운용할 능력이 없다.
③ 지식인은 참된 지식을 생산하지 못한다.
④ 지식인은 도덕적 수양이 필요한 사람들이다.
⑤ 지식인도 악한 본성을 가진 인간에 불과하다.

자원 분배 체계로서의 호혜

인간 사회의 주요한 자원 분배 체계로 '시장(市場)', '재분배(再分配)', '호혜(互惠)'를 들 수 있다. 시장에서 이루어지는 교환은 물질적 이익을 증진시키기 위해 재화나 용역을 거래하는 행위이며, 재분배는 국가와 같은 지배 기구가 잉여 물자나 노동력 등을 집중시키거나 분배하는 것을 말한다. 실업 대책, 노인 복지 등과 같은 것이 재분배의 대표적인 예이다. 그리고 호혜는 공동체 내에서 혈연 및 동료 간의 의무로서 행해지는 증여 관계이다. 명절 때의 선물 교환 같은 것이 이에 속한다.

이 세 분배 체계는 각각 인류사의 한 부분을 담당해 왔다. 고대 부족 국가에서는 호혜를 중심으로, 전근대 국가 체제에서는 재분배를 중심으로 분배 체계가 형성되었다. 근대에 와서는 시장이라는 효율적인 자원 분배 체계가 활발하게 그 기능을 수행하고 있다. 그러나 이 세 분배 체계는 인류사 대부분의 시기에 공존했다고 말할 수 있다. 고대 사회에서도 시장은 미미하게나마 존재했었고, 오늘날에도 호혜와 재분배는 시장의 결함을 보완하는 경제적 기능을 수행하고 있기 때문이다.

효율성의 측면에서 보았을 때, 인류는 아직 시장만한 자원 분배 체계를 발견하지 못하고 있다. 그러나 시장은 소득 분배의 형평(衡平)을 보장하지 못할 뿐만 아니라, 자원의 효율적 분배에도 실패하는 경우가 종종 있다. 그래서 때로는 국가가 직접 개입한 재분배 활동으로 소득 불평등을 개선하고 시장의 실패를 시정하기도 한다. 우리나라의 경우 IMF 경제 위기 상황에서 실업자를 구제하기 위한 정부 정책들이 그 예라 할 수 있다. 그러나 호혜는 시장뿐 아니라 국가가 대신하기 어려운 소중한 기능을 담당하고 있다. 부모가 자식을 보살피는 관행이나, 친척들이나 친구들이 서로 길ㆍ흉사(吉凶事)가 생겼을 때 도움을 주는 행위, 아무런 연고가 없는 불우 이웃에 대한 기부와 봉사 등은 시장이나 국가가 대신하기 어려운 부분이다.

호혜는 다른 분배 체계와는 달리 물질적으로는 이득을 볼 수 없을 뿐만 아니라 때로는 손해까지도 감수해야 하는 행위이다. 그러면서도 호혜가 이루어지는 이유는 무엇인가? 이는 그 행위의 목적이 인간적 유대 관계를 유지하고 증진시키는 데 있기 때문이다. 인간은 사회적 존재이므로 사회적으로 고립된 개인은 결코 행복할 수 없다. 따라서 인간적 유대 관계는 물질적 풍요 못지 않게 중요한 행복의 기본 조건이다. 그렇기에 사람들은 소득 증진을 위해 투입해야 할 시간과 재화를 인간적 유대를 위해 기꺼이 할당하게 되는 것이다.

우리는 물질적으로 풍요로울 뿐 아니라, 정신적으로도 풍족한 사회에서 행복하게 살기를 바란다. 그러나 우리가 지향하는 이러한 사회는 효율적인 시장과 공정한 국가만으로는 이루어질 수 없다. 건강한 가정ㆍ친척ㆍ동료가 서로 지원하면서 조화를 이룰 때, 그 꿈은 실현될 수 있을 것이다. 이처럼 호혜는 건전한 시민 사회를 이루기 위해서 반드시 필요한 것이라고 할 수 있다. 그래서 사회를 따뜻하게 만드는 시민들의 기부와 봉사의 관행이 정착되기를 기대하는 것이다.

1

위 글의 내용과 일치하지 않는 것은?

① 재분배는 국가의 개입에 의해 이루어진다.

② 시장에서는 물질적 이익을 위해 상품이 교환된다.

③ 호혜가 중심적 분배 체계였던 고대에도 시장은 있었다.

④ 시장은 현대에 와서 완벽한 자원 분배 체계로 자리잡았다.

⑤ 사람들은 인간적 유대를 위해 물질적 손해를 감수하기도 한다.

2

위 글의 논리 전개 방식으로 알맞은 것은?

① 구체적 현상을 분석하여 일반적 원리를 추출하고 있다.

② 시간적 순서에 따라 개념이 형성되어 가는 과정을 밝히고 있다.

③ 대상에 대한 여러 가지 견해를 소개하고 이를 비교 평가하고 있다.

④ 다른 대상과의 비교를 통해 대상이 지닌 특성과 가치를 설명하고 있다.

⑤ 기존의 통념을 비판한 후 이를 바탕으로 새로운 견해를 제시하고 있다.

(가) 흔히 현대 사회의 많은 문제들이 과학의 책임인 것으로 생각한다. 즉, 과학이 인간의 윤리나 가치 같은 것은 무시한 채 맹목적으로 발전해서 많은 문제들—예를 들어, 무기 개발, 전쟁 유발, 환경 오염, 인간의 기계화, 생명의 존엄성 위협—을 야기(惹起)하면서도 이에 대해서 아무런 책임을 지지 않고 있다는 생각이 그것이다.

(나) 대부분의 경우, 이런 생각의 바탕에는 과학이 가치 중립적(價値中立的)이거나 가치와 무관하다는 명제(命題)가 깔려 있다. 물론, 과학이 가치 중립적이라는 생각은 여러 의미에서 타당한 생각이며, 실제로 많은 사람들이 받아들이는 생각이다. 그러나 일반 사람들이 앞의 문제들에 관한 책임을 과학에 돌리면서 흔히 가지는 생각은 과학의 가치 중립성에 대한 잘못된 이해에서 연유할 때가 많다.

(다) 과학이 가치 중립적이라는 말은 크게 보아서 다음 두 가지의 의미를 지니고 있다. 첫째는, 자연 현상을 기술하는 데에 있어서 얻게 되는 과학의 법칙이나 이론으로부터 개인적 취향(趣向)이나 가치관에 따라 결론을 취사선택할 수 없다는 점이고, 둘째는, 과학으로부터 얻은 결론, 즉 과학 지식이 그 자체로서 가치에 관한 판단이나 결정을 내리지 못한다는 점이다.

(라) 사람에 따라서는 이 중에서 첫째는 수긍하면서 둘째에 대해서는 반론(反論)을 제기하기도 한다. 예를 들어, 그들은 인간의 질병 중에서 어떤 것이 유전한다는 유전학의 지식이 유전성 질병이 있는 사람은 아기를 낳지 못하게 해야 한다는 결론을 내린다고 생각한다. 즉, 과학적 지식이 인간의 문제에 관하여 결정을 내려준다고 생각한다. 그러나 더 주의 깊게 살펴보면 이것이 착각이라는 것은 분명하다. 앞의 유전학적 지식이 말해 주는 것은 단순히 어떤 질병이 유전한다는 것일 뿐, 그런 질병을 가진 사람이 아기를 낳지 않는 것이 옳은가, 역시 같은 질병을 가진 아기라도 낳아서 가정 생활을 하는 것이 좋은가에 대한 결정은 내려주지 않는다. 이 결정은 전적으로 인간이, 즉 그런 질병을 가진 사람 자신 혹은 사회가 내리는 것이지 과학이 내리는 것은 아니다.

(마) 이를 더 잘 보여 주는 예로서, 통증이 심한 불치 환자의 경우를 들 수 있다. 이 환자에게 진통제를 다량주사하면 통증을 느끼지 않으면서 죽게 될 것이라는 것은 과학적 지식이다. 그러나 이 과학적 지식이 곧 안락사(安樂死)의 결론을 내려주지는 않는다. 또 다른 과학 지식은 다른 치료법을 사용하면 통증은 더욱 심해지지만 환자의 생명은 연장될 수 있음을 보여 줄 수 있고, 이 때 이 두 방법 중에서 어느 것을 택하는 것이 옳으냐에 대해서 앞의 두 과학 지식은 아무 결론도 내려주지 못한다. 생명의 연장과 고통의 제거, 이 둘 중에서 어느 것이 더 중요한 것인가는 결국 사람이(이 경우에는 의사가) 내릴 결정이다.

(바) 따라서, 과학이 가치 중립적이라는 명제를 과학 지식이 인간의 가치에 무관한, 때로는 그에 반(反)하는 방향으로 인간을 몰고 있다는 식으로 확대 해석하는 사람들의 잘못은 뚜렷해진 셈이다.

1

위 글의 각 문단을 다음과 같이 요약하였다. 적절하지 않은 것은?

① (가) : 흔히 현대 사회의 많은 문제들이 과학의 책임인 것으로 생각함. (나) : 현대 사회의 문제들에 관한 책임을 과학에 돌리는 것은 과학의 가치 중립성에 대한 잘못된 이해에서 연유함.

② (다) : 과학의 가치 중립성이란 첫째, 개인적 가치관이나 취향에 따라 과학 법칙이나 이론으로부터 결론을 취사선택할 수 없다는 점이고, 둘째, 과학 지식이 그 자체로서 가치에 관한 판단이나 결정을 내릴 수 없다는 점임.

③ (라) : 유전학의 지식이 유전성 질병이 있는 사람은 아이를 낳지 못하게 해야 한다는 결론을 내리는 것이 아니라 아이를 낳을 것인지에 대한 결정은 질병을 가진 사람이나 사회가 하는 것임.

④ (마) : 안락사 위험이 있는 진통제 다량 주사 방법과 다른 새 치료법 개발의 필요성이 제기됨.

⑤ (바) : 과학 지식이 인간의 가치와 무관하거나 반대의 방향으로 인간을 몰고 있다는 식으로 확대 해석하는 것은 잘못임.

2

위 글을 통해 글쓴이가 궁극적으로 말하고자 하는 것은?

① 현대 사회의 여러 가지 문제는 과학의 발전으로 해결할 수 있다.

② 너무 전문화되고 어려워진 과학의 내용을 일반화시켜 나가야 한다.

③ 모든 불치의 병을 고칠 수 있도록 과학을 더욱 발전시켜 나가야 한다.

④ 과학의 가치 중립성에 대한 오해에서 비롯된 사례를 더 많이 찾아봐야 한다.

⑤ 현대 사회의 문제에 대한 책임을 과학에 돌리는 것은 잘못이므로 고쳐야 한다.

클라우드란 인터넷상의 서버를 통해 데이터를 저장하고 이를 네트워크로 연결하여 콘텐츠를 사용할 수 있는 컴퓨팅 환경을 말한다.

그렇다면 클라우드는 기존의 웹하드와 어떤 차이가 있을까? 웹하드는 일정한 용량의 저장 공간을 확보해 인터넷 환경의 PC로 작업한 문서나 파일을 저장, 열람, 편집하고 다수의 사람과 파일을 공유할 수 있는 인터넷 파일 관리 시스템이다. 한편 클라우드는 이러한 웹하드의 장점을 수용하면서 콘텐츠를 사용하기 위한 소프트웨어까지 함께 제공한다. 그리고 저장된 정보를 개인 PC나 스마트폰 등 각종 IT 기기를 통하여 언제 어디서든 이용할 수 있게 한다. 이것은 클라우드 컴퓨팅 기반의 동기화 서비스를 통해 가능하다. 즉 클라우드 컴퓨팅 환경을 기반으로 사용자가 보유한 각종 단말기끼리 동기화 절차를 거쳐 동일한 데이터와 콘텐츠를 이용할 수 있게 하는 시스템인 것이다.

클라우드는 구름[cloud]과 같이 무형의 형태로 존재하는 하드웨어, 소프트웨어 등의 컴퓨팅 자원을 자신이 필요한 만큼 빌려 쓰고 이에 대한 사용 요금을 지급하는 방식의 컴퓨팅 서비스이다. 여기에는 서로 다른 물리적인 위치에 존재하는 컴퓨팅 자원을 가상화 기술로 통합해 제공하는 기술이 활용된다.

클라우드는 평소에 남는 서버를 활용하므로 클라우드 환경을 제공하는 운영자에게도 유용하지만, 사용자 입장에서는 더욱 유용하다. 개인적인 데이터 저장 공간이 따로 필요하지 않기에 저장 공간의 제약도 극복할 수 있다. 가상화 기술과 분산 처리 기술로 서버의 자원을 묶거나 분할하여 필요한 사용자에게 서비스 형태로 제공되기 때문에 개인의 컴퓨터 가용률이 높아지는 것이다. 이러한 높은 가용률은 자원을 유용하게 활용하는 ㉠그린 IT 전략과도 일치한다.

또한 클라우드 컴퓨팅을 도입하는 기업 또는 개인은 컴퓨터 시스템을 유지, 보수, 관리하기 위하여 들어가는 비용과 서버의 구매 및 설치 비용, 업데이트 비용, 소프트웨어 구매 비용 등 엄청난 비용과 시간, 인력을 줄일 수 있고, 에너지 절감에도 기여할 수 있다. 하지만 서버가 해킹 당할 경우 개인 정보가 유출될 수 있고, 서버 장애가 발생하면 자료 이용이 불가능하다는 단점도 있다. 따라서 사용자들이 안전한 환경에서 서비스를 이용할 수 있도록 보안에 대한 대책을 강구하고 위험성을 최소화할 수 있는 방안을 마련하여야 한다.

1

위 글에 언급되지 않은 것은?

① 클라우드의 개념
② 클라우드의 장점
③ 클라우드의 변천 과정
④ 클라우드의 해결 과제
⑤ 클라우드의 주요 구성 기술

2

'클라우드'를 ㉠으로 볼 수 있는 이유로 적절한 것을 다음 〈보기〉에서 골라 바르게 묶은 것은?

〈보기〉

ㄱ. 남는 서버를 활용하여 컴퓨팅 환경을 제공함.

ㄴ. 빌려 쓴 만큼 사용 요금을 지급하는 유료 서비스임.

ㄷ. 사용자들이 안전한 환경에서 서비스를 이용하게 함.

ㄹ. 저장 공간을 제공하여 개인 컴퓨터의 가용률을 높임.

① ㄱ, ㄴ   ② ㄱ, ㄹ   ③ ㄴ, ㄷ   ④ ㄴ, ㄹ   ⑤ ㄷ, ㄹ

005 우리 전통 건축의 특성과 의의   **예술**

한국 전통 건축에서 기둥의 참멋은 미(未)가공성에 있다. 집 짓는 장인은 전국의 산야를 다니며 기둥으로 쓸 나무를 직접 골랐다. 이렇게 고른 나무는 가능한 한 가공을 최소화한 상태에서 기둥으로 썼다. 나무의 밑동과 윗동만 자른 채 그대로 기둥으로 쓴 경우도 많았다. 휜 나무는 그냥 휜 채로 기둥으로 쓰였다. 예를 들어 개심사의 범종각은 누각을 구성하는 네 개의 기둥 모두에 휜 나무를 그대로 사용해서 지어졌다. 하나도 아니고 네 개가 모두 이렇다 보니 범종각은 당장이라도 무너질 것처럼 심하게 찌그러진 모습을 하고 있다. 그러나 걱정할 필요는 없다. 올곧은 나무로 만든 기둥과 조금도 다름없이 널따란 지붕을 거뜬히 받쳐 내고 있다.

이러한 한국 전통 건축의 특성은 서양 건축과의 비교를 통해 분명해진다. 서양 현대 건축에는 건물을 일부러 찌그러진 모습으로 만들려는 해체주의 건축 양식이 있다. 이 가운데에는 범종각과 유사한 예들이 많이 나타나고 있다. 예를 들어 해체주의를 대표하는 건축가인 프랭크 게리의 프레드 앤드 진저 빌딩을 보면 건물을 받치는 기둥과 더불어 건물 자체도 심하게 찌그러진 모습으로 지어져 있다. 이 건물도 범종각처럼 당장이라도 쓰러질 것 같지만 정밀한 구조 계산에 의해 지어졌기 때문에 아무 문제 없이 서 있을 수 있다.

해체주의는 정형적 질서를 강조하는 기존의 건축 경향을 현실성이 없는 가식의 세계라고 비판하면서 시작된 일종의 반문명 양식 운동이다. 현실 세계에서는 늘 폭력과 전쟁 그리고 거짓이 난무하여 왔는데도 기존의 건축 양식들은 수천 년간 안정되고 질서 있는 조형 세계를 추구하여 왔다. 해체주의는 직선, 직각, 사각형 등으로 구성되는 기존 건축 세계의 안정과 질서를 비현실적인 위선이라고 거부하며 이러한 위선을 해체하고자 비정형적이고 무질서한 건축 세계를 새로운 대안으로 제시하였다.

이렇게 볼 때 범종각과 프레드 앤드 진저 빌딩 사이에는 유사점과 차이점이 동시에 존재한다. 두 건물 모두 정형적인 규범에 반대하여 비정형적 건축을 추구하고 있는데, 이것은 두 건물의 모습이 유사한 데서도 잘 알 수 있다. 그러나 그 대안을 추구하는 데에서 두 건물은 분명한 차이점을 갖는다. 해체주의 양식에 속하는 프레드 앤드 진저 빌딩은 인간의 현실 세계를 부정적인 시각으로 보면서 그 해답 역시 해체라는 부정적 조형관으로 제시하였다. 이에 반해 범종각은 고뇌로 가득 찬 부정적 현실 세계에 대한 대안을 자연 속의 완결된 한 생명 단위를 그대로 받아들이는 긍정적 조형관으로 제시하고 있다. 부정을 부정으로 풀려는 서양의 해체주의 건축은 현실 세계의 문제점에 대한 해답을 인간의 손으로 찾으려는 서양 문명 전체의 특성에서 기인한다. 이에 반해 부정을 긍정으로 풀려는 범종각의 조형관은 똑같은 문제점에 대한 해답을 자연 속에서 찾으려는 한국적 사상에서 기인한다.

해체적 조형관은 서구를 중심으로 1980년대 이후 크게 유행하고 있다. 그런데 ㉠범종각의 조형관은 이러한 1980년대 서구 사회의 고민에 대한 해답을 훨씬 이전에 담고 있었다. 휘고 굽은 못난 곡선이 현실을 대표하는 가장 솔직한 모습일 수 있다는 범종각의 조형관은 합리적이고 인위적인 질서 중심의 서구 사상이 맞닥뜨린 한계에 대한 대안을 가르쳐 주고 있다.

1

위 글의 중심 내용으로 적절한 것은?
① 동양과 서양의 자연관의 차이
② 해체주의의 등장 배경과 발전 과정
③ 기둥을 통해 본 전통 건축의 특성과 의의
④ 범종각과 프레드 앤드 진저 빌딩의 공통점
⑤ 한국 전통 건축과 서양 현대 건축의 차이점

2

㉠으로 미루어 알 수 있는, 전통에 대한 글쓴이의 생각으로 적절한 것은?
① 전통은 과거의 것입니다. 전통에는 시대착오적 요소가 있으므로 과도하게 집착해서는 안 된다고 봅니다.
② 전통은 현재에도 가치가 있는 것입니다. 전통 사상에 현대적 의미를 부여하여 창조적으로 수용하는 것이 중요합니다.
③ 우리 것만을 고집하는 것은 올바른 자세가 아닙니다. 개방적인 태도를 바탕으로 외래 문화를 적극적으로 수용해야 합니다.
④ 우리는 오늘날 외래 문화의 홍수 속에서 살고 있습니다. 전통 문화와 외래 문화의 균형을 유지하는 자세가 필요하다고 봅니다.
⑤ 전통은 순수한 우리 것 아닙니까? 서양 문화와 비교해서도 그 우월성이 입증되므로 전통 사상은 있는 그대로 보존해야 합니다.

역사는 무엇을 기록하는가?

'지난날의 인간 사회에서 일어난 수많은 사실 중에서 누군가가 기록해 둘 만한 중요한 일이라고 인정하여 기록한 것이 역사이다.' 하고 생각해 보면, 여기에 좀더 깊이 생각해 보아야 할 몇 가지 문제가 있다. 첫째는, '기록해 둘 만한 중요한 사실이란 무엇을 말하는 것인가?' 하는 문제이고, 둘째는, '과거에 일어난 일들 중에서 기록해 둘 만한 중요한 사실을 가려내는 사람의 생각과 처지'의 문제이다.

먼저, '무엇이 기록해 둘 만한 중요한 문제인가?, 기록해 둘 만하다는 기준(基準)이 무엇인가?' 하고 생각해보면, 아주 쉽게 말해서 후세(後世) 사람들에게 어떤 참고가 될 만한 일이라고 말할 수 있겠다. 다시 말하면, 오늘날의 역사책에 남아 있는 사실들은 모두 우리가 살아 나가는 데 참고가 될 만한 일들이라 할 수 있다. 예를 들면, 이웃집 김첨지의 회갑 잔치보다는 측우기를 제작한 사실이나 병자호란이 일어난 사실 등이 기록해 둘 가치가 있다. 사소하거나 일상적으로 반복되는 일은 역사가 될 수 없고, 거대하거나 한 번만 일어나는 사실이 역사가 된 셈이다. 하지만 반드시 그런 것도 아니다.

고려 시대의 경우를 보면, 주기적으로 일어나는 자연 현상인 일식과 월식은 모두 역사로 기록되었으면서도 금속 활자가 세계에서 가장 먼저 발명된 사실은 역사로 기록되지 않았고, 이 때문에 우리는 지금 세계 최고(最古)의 금속 활자를 누가 몇 년에 처음으로 만들었는지 모르고 있다. 일식과 월식은 자연 현상이면서도 하늘이 인간 세계의 부조리*를 경고하는 것이라 생각했기 때문에 역사가 되었지만, 목판이나 목활자 인쇄술이 금속 활자로 넘어가는 중요성이 인식되지 않았기 때문에 금속 활자는 역사가 될 수 없었다.

다음으로, 참고가 될 만한 일과 그렇지 않은 일을 가려내는 일은 사람에 따라 다를 수 있으며, 또 시대에 따라 다를 수 있다. 고려 시대나 조선 시대 사람들에게는 일식과 월식이 정치를 잘못한 왕이나 관리들에 대한 하늘의 노여움이라 생각되었기 때문에 역사에 기록되었지만, 오늘날에는 그렇지 않다는 것을 알게 되었기 때문에 역사에는 기록되지 않는다. 한글 창제의 사실은 조선 시대에 역사로 기록되기는 했지만, 그 시대에는 그다지 중요한 사실이 아니었고, 한글은 언문(諺文)*으로밖에 인식되지 않았다. 그러나 개화기 이후 언문이 국문으로 되었고, 한글 창제의 역사적 의의는 높아져만 갔다.

'무엇이 역사가 되는가?' 하고 다시 생각해 보면, 일식이나 월식은 예전에는 역사에 기록되었으나 지금은 기록되지 않는다. 왜냐하면 어떤 사람의 지혜나 생각이 부족했던 옛날에는 참고가 될 만큼 중요성이 인식되었지만, 지금은 너무나 평범한 일이기 때문이다. 역사는 이처럼 계속 중요성이 인식되어 후세에도 참고가 될 만한 사실을 말한다. 그리고 한글 창제와 같이 그 의의가 시대의 변화에 따라 점점 더 높아질 수 있는 사실은 계속 역사로 인정될 수 있다.

*부조리(不條理): 도리에 어긋나거나 이치에 맞지 아니함. 또는 그런 일. 인간과 세계, 인생의 의의와 현대 생활과의 불합리한 관계를 나타내는 실존주의적 용어로, 특히 프랑스의 작가 카뮈의 부조리 철학으로 널리 알려졌다.
*언문(諺文): 상말을 적는 문자라는 뜻으로, 한글을 속되게 이르던 말.

1

위 글의 서술상 특징으로 알맞은 것은?

① 상반된 관점을 제시한 후 이를 절충하고 있다.

② 물음과 답변의 형식으로 논지를 제시하고 있다.

③ 권위자의 말을 인용하여 주장을 뒷받침하고 있다.

④ 다양한 견해를 제시한 후, 각각의 문제점을 지적하고 있다.

⑤ 서로 대립된 대상의 차이점을 부각하여 한 대상을 강조하고 있다.

2

위 글의 내용과 일치하지 않는 것은?

① 역사는 지난날에 일어난 수많은 일들이다.

② 역사는 중요성이 인식되어 기록해 둔 것이다.

③ 역사는 역사가에 따라 다르게 기록될 수 있다.

④ 역사는 후세 사람들에게 어떤 참고가 될 만한 일이다.

⑤ 역사는 시대의 변화에 따라 그 평가가 달라질 수 있다.

사람들은 한때 자동차가 사람을 자유롭게 하고, 행복을 증진시킨다고 믿었다. 만약 지금도 단순히 그렇게 생각하고 있는 사람이 있다면 우리는 그의 인간적 감수성과 이성적 능력에 대하여 의심해 보아야 할 것이다. 아무리 둔감한 사람이라 할지라도 대다수 도시인들이 일상적으로 경험하는 교통 혼잡과 교통 체증을 생각해 보면 자동차가 단순히 '축복'만은 아니라는 사실을 깨달을 수 있을 것이다.

교통 혼잡과 체증 현상은 개인 수송 수단의 보편화에 따르는 당연한 결과이다. 일부 사람들만이 자동차를 이용했을 때 자동차는 확실히 편의와 쾌적함을 보증하는 수송 수단이었다. 그러나 많은 사람들이 자동차를 가지고 거리로 나왔을 때 자동차는 한없는 고통과 불편을 초래하는 원흉이 되었다. 그렇다고 하여 자동차의 소유와 운전을 제한하는 어떤 강제적인 방법을 생각할 수도 없다. 왜냐하면 자동차가 증가하는 사회는 이미 개인적 자유에 대한 욕구가 팽배한 사회인 만큼 이것을 강제적으로 억누르는 데 필요한 사회적 합의를 얻는다는 것은 사실상 불가능하기 때문이다. 무엇보다도 자동차를 소수의 특권적인 향유물로 한다는 것은 평등의 원칙에 위배된다. 따라서 '자동차 사회'를 뒷받침하고 있는 성장 위주의 산업 경제가 존속하는 한 자동차의 보급은 지속적으로 확대될 것이며, 이에 따른 불편은 필연적이다. 도로의 확장이나 신호 체계의 개선 등 사회 간접 자본의 더 많은 투입과 정책, 기술 개발에 의하여 교통의 흐름이 원활해진다 하더라도 시간이 지날수록 또다시 극심한 혼잡과 정체 현상에 직면하게 될 것이다.

프랑스의 사회이론가 앙드레 고르쓰는 개인 자동차의 급속한 보급과 관련하여 흥미로운 비유를 든 바 있다. 즉, 자동차를 개인적으로 소유하려는 것은 본질적으로 전망 좋은 해변에 저마다 별장을 소유하고자 하는 욕망과 같다는 것이다. 그런데 바닷가라고 하는 한정된 공간에 수많은 사람들의 사유 별장이 들어설 때 그것은 이미 별장으로서의 아무런 기능도 할 수 없게 된다. 그와 마찬가지로 자동차라는 편리하고 쾌적한 수송 수단 역시 그것이 모든 사람들의 사적 수송 수단이 될 때 본래의 기능이나 편리와 쾌적함은 소멸될 수밖에 없는 것이다.

자동차가 안고 있는 보다 근본적인 문제는 그것이 인간 생존의 근원적인 조건을 무시하고, 오직 인간의 왜곡된 욕망을 일방적으로 추구하는 대표적 폭력 기술이라는 점에 있다. 오늘날 산업 체제를 떠받치는 주요 기술 체계 중에서도 가장 핵심이 되는 것은 자동차 기술이라고 할 수 있다. 그것은 자동차가 산업 체제 속에서 경제적, 문화적, 심리적 측면에 지대한 영향을 끼치기 때문이다.

(마) 모든 산업 기술이 본질적으로 그러하듯이 자동차 기술은 부분적인 합리성과 전체적인 비이성(非理性)의 결합을 보여주는 전형적인 기술이다. 현재 인류 대다수를 지배하고 있는 산업 문명 체제는 장기적인 관점에서 볼 때 인류의 생활 방식을 지속 불가능하게 만든다. 산업 체제는 무한한 경제 성장을 추구하기 때문에, 재생 불가능한 자원을 대량으로 소모하며, 처치 불가능한 쓰레기를 끊임없이 쏟아낼 뿐 아니라, 인간 생존의 자연적 토대인 생태계를 돌이킬 수 없는 수준으로 파괴한다. 자동

차는 바로 그러한 산업 체제의 핵심이며 따라서 인류의 미래에 어두운 그림자를 드리우는 주범이라는 사실을 우리는 명심해야 한다.

1

위 글의 중심 화제로 적절한 것은?

① 자동차를 어떻게 이용할 것인가?
② 자동차의 주된 기능은 무엇인가?
③ 자동차는 어떻게 발전해 왔는가?
④ 자동차로 인한 문제점은 무엇인가?
⑤ 자동차는 어떤 위상을 차지하는가?

2

위 글의 논지를 비판하고자 할 때, 그 논거로 적절하지 않은 것은?

① 올림픽과 월드컵이 개최 당시 차량 10부제나 2부제 운행을 강제적으로 시행하기도 하였다.
② 경제가 발전해도 인구가 증가하지 않으면, 자동차가 증가하는 것에도 한계가 있을 것이다.
③ 교통난 해소를 위해 국가와 각종 단체는 양보 운전에 대한 홍보를 적극적으로 펼치고 있다.
④ 산업 문명의 추구가 환경 위기를 유발했다고 해서 산업 문명을 포기하고 산업 사회 이전의 모습으로 돌아가기 어렵다.
⑤ 환경 오염에는 대기 오염뿐 아니라, 수질 오염, 토양 오염 등도 있으므로 자동차가 환경 파괴의 주범이라고 보기는 어렵다.

빛은 물결이 퍼지듯이 파동에 의해 전파된다. 이 파동에서 물결의 한 꼭짓점부터 다음 꼭짓점까지의 거리를 파장이라고 한다. 빛은 파장에 따라 적외선, 가시광선, 자외선 등의 광선들로 나뉘는데, 인간은 가시광선만을 시각으로 느낄 수 있다. 가시광선보다 파장이 긴 적외선이나, 짧은 자외선은 눈으로 인식하지 못한다. 이 중에서 가시광선은 파장이 가장 긴 빨간빛부터 가장 짧은 보랏빛까지 수많은 빛들로 구별되는데, 이 빛들과 관련된 대표적인 현상으로 '분산'과 '산란'을 들 수 있다.

파장은 빛의 굴절에 영향을 미치는데, 파장이 짧을수록 굴절되는 정도가 커진다. 예를 들면 보랏빛은 빨간빛보다 파장이 짧아 굴절되는 정도가 더 크다. 눈으로 볼 수 있는 모든 색을 지닌 태양빛을 프리즘에 통과시키면 빛은 파장에 따라 갈라져 흩어지면서 빨강, 주황, 노랑, 초록, 파랑, 남색, 보라색 등의 순서로 보이게 된다. 이러한 현상을 '빛의 분산'이라고 한다. 하늘에서 아름다운 빛깔을 내는 무지개가 그 대표적인 예이다. 빛이 공중에 떠 있는 물방울을 만나 굴절과 반사의 과정을 거쳐 물방울 밖으로 나가면서 다채로운 빛깔을 드러낸다. 이것이 우리가 보는 무지개이다.

'빛의 분산' 외에도 파장과 관련 있는 현상으로 '빛의 산란'을 들 수 있다. 빛은 대기층을 통과하면서 대기 중에 있는 질소, 산소, 먼지와 같은 작은 입자들과 부딪치게 되는데, 파장이 짧은 빛일수록 입자들과 많이 부딪친다. 빛이 대기 중의 입자들과 부딪치면 그 입자들에게 에너지를 전달하는데, 이 에너지를 받은 입자들은 들뜨게 되고 들뜬 입자들은 에너지를 방출함으로써 빛을 사방으로 흩어지게 한다. 이 현상이 '빛의 산란'이다. 해 뜰 녘이나 해 질 녘에 하늘이 붉은빛을 띠는 것이나 해가 중천에 떠 있는 낮에 하늘이 푸른빛을 띠는 것이 그 대표적인 예이다.

해 뜰 녘이나 해 질 녘에는 태양 빛이 지표면을 따라 수평으로 진행하기 때문에 태양빛이 대기층을 지나는 경로가 낮보다 길어진다. 이 때문에 파장이 짧아 대기 속에서 계속 산란을 하며 전파되는 파란빛은 먼 거리를 이동하지 못하고 대부분 대기 중에 흡수되어 버린다. 반면에 파장이 길어 산란이 적게 일어나는 붉은빛은 대기 속에서 계속 전파되어 사람들에게 인식된다. 한편 낮에는 태양이 지표면과 수평을 이루지 않기 때문에 상대적으로 빛이 대기층을 이동하는 경로가 짧아진다. 이 때문에 산란되는 양이 많은 파란빛은 일부만 대기 중에 흡수되고 대부분은 사람들의 눈에까지 도달하게 된다. 그런데 파장이 가장 짧은 것은 정작 보랏빛임에도 불구하고 왜 하늘은 파란빛으로 보이는 것일까? 그것은 우리 눈이 보랏빛보다 순수한 원색인 파란빛을 더 잘 인식하기 때문이다.

앞에서 살펴본 것처럼 빛은 '분산', '산란' 등의 현상으로 무지개, 푸른 하늘, 노을 등을 볼 수 있게 한다. 빛이 없다면 인간은 이러한 아름다움을 느낄 수 없을 것이다. 이처럼 빛은 인간이 외부 세계와 시각적으로 소통하게 해 주는 매개체이다.

1

위 글의 내용에서 확인할 수 없는 것은?

① 대기층의 종류

② 빛이 산란하는 이유

③ 무지개가 생기는 이유

④ 파장에 따른 빛의 종류

⑤ 빛의 굴절에 영향을 미치는 요소

2

위 글에 제시된 '보랏빛'의 특징으로 적절한 것은?

① 가시광선에 속하지 않는다.

② 붉은빛보다 파장의 길이가 짧다.

③ 대기 중에서 파란빛보다 시각적으로 더 잘 인식된다.

④ 대기를 이동하며 산란 현상을 거의 일으키지 않는다.

⑤ 태양빛을 프리즘에 통과시켰을 때 한가운데 나타난다.

인류 문명사에서 나노* 기술 혁명은 어떤 의미가 있는가? 인류는 농업 시대에는 땅을 정복하였고, 산업 시대에는 자동차·비행기를 통해 공간을 정복하였으며, 컴퓨터와 인터넷을 발명하면서 시간을 정복하였다. 그에 이은 나노 기술 혁명을 통해서는 나노 크기의 영역에서 물질을 인위적으로 조작하고 제어*함으로써, 궁극적으로 물질을 정복하게 될 것이다.

나노 기술 구현의 최대 난제는 나노 물질의 인위적 제조이다. 나노 물질은 '나노 점(點)', '나노 선(線)', '나노 박막(薄膜)'의 형태로 구분된다. 나노 박막의 경우에는 원자층 두께까지 제조가 가능한 상태이지만, 나노선과 나노점을 제조하는 기술은 아직 초보 수준을 벗어나지 못하고 있다.

나노선과 나노점을 만들기 위해 하향식과 상향식의 두 가지 방법이 시도되고 있다. 하향식 방법은 원료 물질을 전자빔 등을 이용하여 작게 쪼개는 방법인데, 현재 7나노미터 수준까지 제조가 가능하지만 생산성과 경제적 효용성이 문제가 되고 있다. 이러한 문제점을 해결하기 위해 시도되고 있는 상향식 방법에서는 물질을 작게 쪼개는 대신 원자나 분자의 결합력에 따른 자기 조립 현상을 이용하여 나노 입자를 제조하려 한다. 상향식 방법은 경제적 측면에서는 하향식에 비해 훨씬 유리하나 균일한 나노점이나 나노선을 구현하기 위해서 기술적으로 해결해야 할 난점들이 많다는 문제가 있다.

나노 기술이 가장 큰 영향을 끼칠 분야는 정보 기술 분야이다. 지금까지의 정보 기술은 반도체 메모리를 중심으로 소형화, 고집적화를 추구하는 방향으로 발전되어 왔다. 그러나 100나노미터 이하의 크기에서는 64기가바이트 이상의 고집적화가 기술적으로 불가능하다고 알려져 있다. 이를 극복하기 위해 연구하고 있는 것이 나노 자성체*를 이용한 자기 메모리인데, 이것이 성공하면 테라급 메모리의 구현이 가능하다고 한다. 자기 메모리는 집적도가 우수할 뿐만 아니라 전력 소비도 매우 적어, 조만간 현재의 반도체 플래시메모리를 대신하여 이동 통신 기기나 휴대용 컴퓨터에 이용될 것이다.

생체의 상태가 나노 크기 분자의 움직임에 좌우되기 때문에 나노 기술의 혁명은 생명 공학과 의학의 발전에도 지대한 영향을 미치리라 전망된다. 다양한 생체 현상을 나노 수준에서 이해하고 응용한다면 새로운 개념의 바이오센서나 약물 전달 시스템 등이 구현될 수 있을 것이다. ㉠최근에는, 여섯 개의 단백질로 만들어진 나노 크기의 모터가 인간 몸 속의 ATP를 연료로 구동되어, 수십 나노미터의 플라스틱 공을 움직일 수 있다는 연구 결과가 발표되기도 하였다.

우리나라의 나노 기술 연구는 세계에서 가장 얇은 금속선 제조에 성공하는 등 세계적 수준의 연구 업적들이 나오고 있다. 더욱이 우리는 세계 최고 수준의 반도체 공정 기술을 보유하고 있으므로, 이 기술과 경험을 활용하고 창의적 연구 인력을 확대해 나가는 국가적 차원의 전략이 마련된다면, 선진국과 대등한 기술 경쟁을 하며 새로운 발견과 발명의 진원지 역할을 할 수 있을 것이다.

*나노(나노미터, nanometer): 빛의 파장을 나타내는 단위. 1나노미터는 1미터의 10억분의 1이다. 기호는 nm.
*제어(制御): 기계나 설비 또는 화학 반응 따위가 목적에 알맞은 작용을 하도록 조절함.
*자성체(磁性體): 자기 마당 속에서 자기화하는 물질. 대부분의 물질은 정도의 차이는 있어도 다소간 이 성질을 가지고 있는데, 그 자기화하는 형편에 따라 상자성체, 반자성체, 강자성체 따위로 나뉜다.

1

위 글의 내용과 일치하지 않는 것은?

① 나노 기술 혁명은 물질을 마음대로 조작하고 제어할 수 있게 해 줄 것이다.
② 나노 박막의 제조 기술이 나노 점과 나노 선의 제조 기술보다 발전해 있다.
③ 나노 물질의 제조 기술 중, 상향식 방법은 마찰을 통해 입자를 분리하는 방식을 사용한다.
④ 나노 물질을 사용한 자기 메모리는 집적도와 에너지 효율이 매우 우수할 것으로 예측된다.
⑤ 우리나라의 나노 기술 연구 수준은 발전 가능성이 매우 크다고 할 수 있다.

2

㉠에 설명된 '나노 모터'를 이용하여 '치료용 나노 로봇'을 만든다고 할 때, 그 원리와 가능성에 대해 추리한 내용으로 적절하지 않은 것은?

① 생체 내의 에너지를 동력원으로 사용하므로 거의 영구적으로 작동할 것이다.
② 모든 것을 스스로 판단하고 제어하면서 독립적으로 임무를 수행하게 될 것이다.
③ 나노미터 수준에서 단백질을 조작할 수 있는 기술이 뒷받침되어야 가능할 것이다.
④ 생체를 이루는 분자의 상태를 조절함으로써, 질병의 근원적인 치료에 접근할 수 있을 것이다.
⑤ 로봇 제작을 위해서는 생명 공학과 의학, 나노 기술 등의 협동 연구가 반드시 필요할 것이다.

고대 희랍의 누드 조각, 르네상스의 누드화, 인상파, 로댕, 피카소 등에 이르기까지 서양의 에로티시즘은 생명을 새롭게 파악하여 현실의 여러 의미를 보여 준다. 발가벗은 인체를 예술의 소재로 삼는다는 것은 우리 인간의 생명의 비밀을 직시하려는 태도의 표명이며, 삶의 근원을 찾아내려는 모색의 과정이다. 또한 에로티시즘의 조형화(造形化)는 삶의 단순한 향유가 아니라 현실의 재확인이다. 그러므로 대중들이 즐기고 욕망하는 현실 감정이 가장 쉽게 그리고 직접적으로 누드에 반영된다.

우리의 미술사에서도 어느 정도 이러한 점을 확인할 수 있다. 성(性)을 경원시하고 남녀 유별(男女有別)에 철저했던 유교적 도덕으로 무장한 조선의 풍토에서 혜원 신윤복의 존재는 무엇을 말해 주는가? 왜 혜원의 춘의도(春意圖)가 그 시대 산수도보다 대중들에게 잘 수용되었던가? 그것은 그가 당대의 사회적 풍토로 인해 억압되어 있었던 보편적인 감정의 진실을 잘 드러냈기 때문이다.

그런데 ㉠근래의 우리 누드 화가들은 어떠한가? 누드를 통해 어떤 현실을 인식시키고 어떤 진실을 표현하려 하였던가? 가령 김인승의 〈나부(裸婦)〉를 놓고 보자. 이국적(異國的)인 용모를 지닌 풍요한 여체가 옆면으로 등을 보이면서 소파 위에 앉아 있다. 주위의 실내 배경은 서구 스타일의 장식으로 간략히 정돈된 고전풍이다. 그에 따라 나부가 효과적으로 중심을 드러낸다. 기법은 인상주의 이전의 사실주의 수법으로 객관미를 표출하고 있다. 그럼에도 그의 누드는 우리에게 위화감(違和感)을 불러일으킨다. 무엇 때문인가?

우리는 그의 누드 속의 인물, 즉 이국적 호사 취미에 알맞은 장식적 인물에서 그 단서를 발견할 수 있다. 우리가 보아온 누드 어디에 그 같은 취향이 있었던가? 이 누드의 풍요성과 같은 안정된 현실을 어느 시대에서 향유할 수 있었단 말인가? 결국 그의 누드에 담긴 장식적 현실은 부르조아적 모방 취미가 아닐 수 없다. 그런 누드화는 부유층(富裕層)의 수요에 의하여 생산되는 사치품에 불과하다. 이처럼 근래의 우리 누드화는 민중의 현실 속으로 파고들지 못했다.

어느 시대나 이질 양식(異質樣式)이 전래될 때에는 모방의 경향을 볼 수 있다. 가령 불상 양식의 전래 때에도 중국은 인도의 영향을, 한국은 중국의 영향을 강하게 받았다. 일본만 하더라도 서양의 무수한 유파를 동시에 모방하기도 했다. 이런 점에서 단순히 서양화를 모방하는 경향만을 가지고 우리 누드화를 비난하기는 어렵다.

예술의 각 사조는 특정한 역사적 현실 위에서, 특정한 이데올로기를 표현하기 위하여 등장한다. 따라서 특정한 예술 사조를 받아들일 때, 그 예술의 형식 뒤에 숨은 이데올로기를 충분히 소화하고 있느냐가 문제가 된다. 그렇지 못한 모방 행위는 형식 미학 내지 관념 미학이 갖는 오류에서 벗어나지 못한다. 가령 어느 예술가가 인상파의 영향을 받았다면, 동시에 그는 그것의 시대적 한계와 약점까지 추적하여야 한다. 그리고 그것을 자신이 살고 있는 시대에 접목(接木)하고 이식하였을 경우 현실의 문화적 풍토 위에서 성장할 수 있는가를 가늠해야 한다. 그런데 우리 누드화가들은 과연 그러하였는가?

　이국산 화초는 아름다울지라도 풍토가 적합하지 못하면 고사(枯死)한다. 물론 그 화초를 온실 속에서 키울 수 있을지 모르나, 그것이 우리의 산야(山野)를 아름답게 빛내지는 못할 것이다. 그것은 어디까지나 온실 안의 화초로서 특수층의 수요에 응하여 존재할 따름이다.

1

위 글에 나타난 글쓴이의 생각과 일치하지 않는 것은?

① 신윤복의 춘의도는 당시 대중들에게 잘 수용되었다.

② 김인승의 그림 〈나부〉는 객관미를 표출하여 보편성을 획득했다.

③ 어느 시대에나 이질적인 양식이 전래될 때에는 모방이 나타난다.

④ 서양의 누드화는 생명을 새롭게 파악하여 현실의 여러 의미를 보여 주었다.

⑤ 예술 사조의 바탕이 되는 이데올로기를 충분히 이해한 후 그 사조의 올바른 수용이 가능하다.

2

㉠의 창작 태도에 대한 글쓴이의 비판의 핵심을 가장 잘 파악한 것은?

① 예술가는 모험 정신을 가져야 하는데 이들은 그렇지 못했어.

② 예술적인 미감보다는 지나치게 이데올로기만을 강조하고 있어서 문제야.

③ 예술가에게도 돈은 필요하지만 돈을 좇아서 예술을 한다는 것은 말이 안 되지.

④ 서양화의 역사에 나타나는 기법의 새로운 변화 방향에 대해 너무 무지한 것 같아.

⑤ 형식 속에 내재한 이데올로기를 이해하지 못해서 민중의 현실에 파고들지 못했어.

인간은 욕망을 가진 존재이다. 삶이란 결국 이러저러한 욕망을 갖고 그러한 욕망을 충족시키려고 애쓰는 과정의 연속이라고 볼 수 있다. 욕망에 관해서는 여러 가지 입장이나 견해가 존재한다. 되도록 많은 욕망을 충족시키는 것이야말로 행복이라는 견해도 있으며, 반대로 욕망 자체를 최소한으로 줄이는 것만이 행복한 삶의 비결이라는 주장도 있다. 그런가 하면 욕망을 세속적인 것으로 보고 이것을 초월하는 것을 이상적인 삶으로 여기는 입장도 있다. 그러나 그 어떤 견해를 취하건, 욕망이 인간의 가장 본질적인 특성 중의 하나라는 사실만큼은 누구도 부인하지 못한다.

그러나 우리가 갖는 모든 욕망이 다 충족될 수 있는 것은 아니다. 어떤 욕망은, 그것을 충족시킬 수단이나 능력이 없어서 충족되지 못하기도 한다. 또 어떤 욕망은 사회적으로 금지된 것이기 때문에 충족되지 못한다. 우리는 사회적으로 허용되는 욕망을 갖기도 하지만 사회적으로 허용되지 않는 욕망을 갖기도 한다.

이러한 이유 때문에, 우리가 어떠한 종류의 욕망을 갖는가 하는 것과 또 어떻게 욕망을 통제하는가 하는 것은 도덕적으로 대단히 중요한 문제가 된다. 단적으로 말하면 도덕의 가장 기본적인 문제는 '마땅히 해야 하는 것을 행하는' 문제라고 할 수 있다. 이렇게 보면 도덕의 문제는 결국 좋은 욕망을 갖는 문제이고 또한 욕망을 적절히 통제하는 문제로 되돌아올 수밖에 없다. 하지만 세상에는 '해야 하지만 하기 싫은' 것도 있고, '하지 말아야 하지만 하고 싶은' 것도 있다. 그래서 욕망의 통제가 중요한 도덕적 과제가 된다.

욕망의 통제가 필요하다는 입장은, '지행(知行)*의 괴리*'를 전제로 한다. 사람들은 여러 가지 이유로 아는 대로 행하지 못하는 경우가 있으며, 이 여러 가지 이유 중 하나가 욕망에 이끌리는 것이라고 볼 수 있기 때문에 욕망의 통제가 필요하다는 것이다. 물론 이에 반대하는 주장도 있다. 지행합일설의 입장에서는 지와 행 사이에는 괴리가 있을 수 없다고 주장한다. 이 주장에 따르면, 부정 행위를 한 학생도 자기가 아는 대로 행동한 것이다. 그는 부정 행위가 나쁘다는 것뿐만 아니라 부정 행위를 성공시킬 수 있고, 부정 행위를 하면 점수가 좋아질 것이라는 점 등을 알고 있으며, 이러한 모든 지식을 다 동원하여 부정 행위를 한 것이기 때문이다. 이 경우에는 올바른 지식이 올바른 행동을 보장하는 것이기 때문에 도덕 교육의 초점은 '올바로 알게' 하는 데에만 초점을 맞추면 된다.

그러나 우리가 "아는 대로 행한다."라고 말할 때 '안다'의 대상은 사실에 관한 지식이 아니라 규범이나 당위에 관한 지식을 의미한다. 그리고 규범적 지식을 안다는 것은 그렇게 행동하지 못할 때 스스로 수치심이나 죄책감을 느끼는 상태에 있다는 것을 의미한다. 부정 행위를 한 학생들이 자신의 행위에 수치심이나 죄책감을 느끼지 못한다고 볼 수는 없다. 오히려 죄책감을 느끼면서도 성적을 올리고 싶은 욕망 때문에 부정 행위를 저질렀다고 볼 수 있다. 따라서 부정 행위를 한 학생들이 모두 '아는 대로 행동한' 것이라고 판단할 수는 없는 것이다. 이런 점에서 인간의 삶에는 욕망에 의한 지행의 괴리가 분명히 존재하며, 이에 따라 욕망의 통제도 반드시 필요한 것이다.

*지행(知行): 지식과 행동을 아울러 이르는 말.
*괴리(乖離): 서로 어그러져 동떨어짐.

1

위 글에 이어서 전개될 내용으로 가장 적절한 것은?
① 욕망은 어디에서 비롯되는가?
② 욕망을 어떻게 통제할 것인가?
③ 욕망에는 어떤 것들이 있는가?
④ 욕망을 어떻게 충족시킬 것인가?
⑤ 욕망은 삶의 추진력이 될 수 있는가?

2

글쓴이가 주목하고 있는 도덕적 문제 상황으로 가장 적절한 것은?
① 사리를 분별하지 못하는 어린 아이가 공공 시설에 비치된 물건을 마음대로 가져가는 경우
② 사람은 언젠가 죽을 수밖에 없는 존재인 줄 뻔히 알면서도 부질없이 불로장생을 꿈꾸는 경우
③ 태아를 유산시키는 것이 나쁜 일인 줄 알면서도 산모의 목숨을 구하기 위해서 태아를 유산시키는 의사의 경우
④ 담배가 건강에 해롭다는 것을 알면서도 욕구를 자제하지 못하고 계속 피우는 경우
⑤ 버스에서 노약자에게 자리를 양보하는 것이 옳은 일인 줄 알면서도 편하게 가고 싶다는 생각 때문에 모른 척하는 청년의 경우

오늘날 거의 모든 국가와 사회에서 정치 현상의 정당성을 담보해 주는 근거로 이용되는 민주주의는 모든 국민이 정치 과정에 적극적으로 참여하는 것을 지향한다. 국민이 스스로 자신들의 사회에서 일어나는 정치적 문제에 대한 의사 결정 과정에 직접 참여하고, 그 결과에 대하여 책임을 지는 것이 우리가 내세우는 민주주의의 근본 원리이다.

그러나 현대 사회에 접어들어 인구가 급격하게 늘고 사회 구조가 복잡해짐에 따라, 국민들이 공공의 문제에 대하여 직접 참여하는 것이 어려워졌고, 그 결과 대안으로 발전되어 온 것이 대의제라는 간접 민주주의이다. 모든 국민의 참여는 유보하는 대신 엄격하게 제도화된 과정을 도입함으로써 절차적 측면에서 공정성을 확보하고 있는 것이 대의제 민주주의이다. 대의제 민주주의가 보장하고 있는 이러한 절차적 공정성은 민주주의를 현대 사회에 반영하기 위한 대안으로 간주되어 왔다. 그럼에도 불구하고 대의제 민주주의는 민주주의의 본질적 요소 중 하나인 국민의 정치적 참여를 완전하게는 보장할 수 없다는 점에서, 필연적으로 취약성을 안고 있을 수밖에 없다. 이로 인해 국민은 정치로부터 소외되고, 결국 정치가 소수의 엘리트들의 전유물이 되는 결과까지 초래하게 되었다. 이러한 점에서 오늘날의 민주주의에서 가장 문제가 되고 있는 것은 바로 참여의 문제이다.

정보 통신 기술의 발달은 대의제 민주주의가 안고 있는 참여 제한의 문제를 해결할 수 있는 가능성을 제공해 주고 있다. 급속한 정보 통신 기술의 발달에 의해 현대 사회에서 일상 생활은 하루가 다르게 바뀌어 가고 있다. 은행 일을 보는 것이나 물건을 사는 것들이 모두 인터넷을 통해 가능하게 되었으며, 재택 근무도 현실화되고 있는 실정이다. 급속한 사회 생활의 변화는 결국 사회를 조직하고 운영해 가는 정치에 대한 새로운 시각과 새로운 정치 원리를 요구하게 되는데, 이것이 요즘 전자 정부와 전자 민주주의라는 개념으로 구체화되어 가고 있다.

인터넷의 발달과 함께 우리는 시간과 장소에 관계없이 자유로운 토론과 의사 표현을 할 수 있는 기회들을 얻고 있다. 또한 장차 집에서 편리하게 투표를 할 수 있는 가능성도 점쳐지고 있다. 민주주의가 이상으로 제시하고 있는 국민들의 적극적 참여는 무엇보다 정확한 정보 제공과 정보에 대한 자유롭고 평등한 접근의 보장이라는 환경을 필요로 하는데, 오늘날의 비약적인 정보 통신 기술의 발달은 이것도 가능하게 해 주고 있다.

그러나 진정한 의미의 민주주의의 이상은 기술적 환경만으로 실현되는 것은 아니다. 정보 통신 기술의 발달은 국민의 정치 참여를 확대시켜 줄 수 있는 반면에 우리가 전혀 바라지 않는 부작용을 초래할 수도 있기 때문이다. 그러므로 정보 통신 기술의 발달을 진정한 민주주의 실현과 연결시키기 위해서는 보다 많은 노력이 필요하다. 정부는 모든 국민들이 정보 통신 기술을 자유롭고 평등하게 활용할 수 있는 물적 자원 구축에 힘을 써야 한다. 그러나 무엇보다도 중요한 것은 정보 통신 기술을 사용하는 국민들의 의식과 자질이다. 자신의 의사와 행위에 대해 책임을 지는 자세와 정보를 대하는 성구가 될 수 있을 것이다.

1

위 글에 대한 설명으로 적절한 것은?

① 새로운 용어의 개념을 소개하고, 그 배경과 유래를 밝히고 있다.

② 사회적 통념의 문제점을 비판하고, 인식의 전환을 유도하고 있다.

③ 현실의 여러 사례들을 분석하고, 이로부터 보편적 원리를 이끌어내고 있다.

④ 상반되는 주장의 가능성과 한계를 분석하고, 새로운 주장을 제기하고 있다.

⑤ 문제 해결의 가능성을 제시하고, 이에 대해 취해야 할 바람직한 자세를 촉구하고 있다.

2

위 글의 내용과 일치하지 않는 것은?

① 민주주의는 모든 국민의 직접 참여를 이상으로 한다.

② 사회의 변화는 정치에 대한 새로운 시각을 요구한다.

③ 대의제 민주주의는 현대 사회 구조의 복잡성과 관련이 있다.

④ 대의제 민주주의는 일반 국민들의 정치적 소외 현상을 초래할 수 있다.

⑤ 전자 민주주의는 대의제 민주주의에 결여된 절차적 공정성을 보완할 수 있다.

각 세포의 형질※이 어떤 상황에서 특정하게 나타나도록 하는 정보는 세포 안에 있는 유전자에 들어 있다. 따라서 유전 정보의 적절한 발현이 세포의 형질을 결정하며, 생물체의 형질은 그것을 구성하고 있는 세포들의 형질에 의해서 결정된다. 이러한 생물학적 연구 결과를 근거로 유전 정보가 인간의 생김새뿐만 아니라 지능, 그리고 성격까지도 결정할 수 있겠다는 생각을 이끌어 내었다. 유전자 연구는, 열등한 유전자를 가진 사람들은 공동체에 도움은커녕 피해만 주므로 도태시켜야 한다는 이른바 극단적인 우생학※ 때문에 한동안 주춤했으나 최근에 다시 활기를 띠고 있다.

인간과 유전자의 관계를 규명하려는 연구는, 약 1세기 전 골턴(Galton)이 연구를 시작한 이래 지금까지 이어지고 있다. 그러던 중 근래에 ㉠쌍생아들을 대상으로 한 연구가 있었다. 이 연구는 서로 다른 유전자를 가진 이란성 쌍생아와 동일한 유전자를 가진 일란성 쌍생아들을 비교한 것으로, 유전적 요인이 인간의 성격 형성에 지대한 영향을 미친다는 심증을 굳히게 하였다. 또 일반인들을 대상으로 한 여러 연구를 통해서, 각종 범죄, 조울증, 정신 분열증, 알코올 중독증 등 주변의 영향을 받을 것 같은 성향들에도 유전자가 어느 정도 영향을 미친다는 조사 결과가 보고되었다. 연구자들은 이 연구에 의미를 부여하고, 한 발 더 나아가 인간의 질병을 대상으로 그 원인이 되는 유전자를 구체적으로 찾는 작업에 몰두하게 되었다.

인간의 유전병은 대략 3,000여 가지로 짐작된다. 그러나 그 원인이 되는 유전자를 밝혀낸 것은 단순한 유전병 100여 가지에 불과했다. 그런데 심각한 유전성 신경질환인 '헌팅턴병'의 원인 유전자를 규명한 연구 결과가 보고되었다. 연구자들은 이 병에 걸린 사람들의 염색체로부터 DNA를 뽑아 제한 효소로 잘라지는 패턴을 정상인과 비교한 결과, 그 패턴이 특이하게 달라진다는 사실을 확인할 수 있었다. 결국 제4번 염색체에서 헌팅턴병의 원인이 되는 유전자를 찾아내게 되었는데, 이는 유전학 연구가 한 걸음 더 나아가게 하는 계기가 되었다.

그러나 아직 많은 유전병은 그 원인 유전자조차 규명되지 않고 있다. 또 원인 유전자를 찾아냈다고 해도, 그 형질을 나타내는 유전정보가 인간이 가진 46개의 염색체 중 어디에 있으며, 어떤 염기 서열로 되어있는지를 분명히 밝혀내는 일은 쉽지가 않다. 더구나 지능이나 피부색처럼 여러 유전자가 함께 작용하여 형질을 나타내는 경우, 각 유전자의 상호 관계와 역할을 밝히는 것은 더욱 어려운 일이다.

특별한 증세와 관련된 염색체 또는 유전자를 발견했다는 보고들이 있지만, 그 실험 결과들은 분명한 사실로 입증될 만큼 충분하지 않다. 따라서 학계에서는 유전자 연구의 결과를 활용하는 데에 신중한 태도를 보이고 있다. 인간의 특성이 유전적 요인에 의해 결정된다는 주장은 인정된다. 그러나 각각의 유전자가 구체적으로 어떤 유전정보를 갖고 있는지 밝히는 것과, 인간의 다양한 모습들에 구체적으로 어떻게 기능하는지에 대한 해답을 찾는 것은 연구자들의 과제이다.

*형질(形質) : 동식물의 모양, 크기, 성질 따위의 고유한 특징. 유전하는 것과 유전하지 않는 것이 있다.
*우생학(優生學) : 우수한 유전자를 가진 인구의 증가를 꾀하고 열악한 유전자를 가진 인구의 증가를 방지하여,
궁극적으로 인류를 유전학적으로 개량하는 것을 목적으로 하는 학문.

1

위 글을 통해 확인할 수 없는 것은?

① 세포의 형질은 유전정보와 관련이 있다.

② 인간의 성격은 유전정보의 영향을 받는다.

③ 일부 유전병의 원인 유전자를 규명하였다.

④ 유전자 연구에 힘입어 유전병을 치료하고 있다.

⑤ 유전자의 상호 관계 규명은 유전학의 과제이다.

2

㉠의 결과 중, 이 글의 논지에 부합하는 것은?

① 일란성 쌍생아인 A와 B는 동일한 환경에서 자랐지만 성격이 판이하다.

② 이란성 쌍생아인 C와 D는 다른 환경에서 자랐지만 성격이 흡사하다.

③ 이란성 쌍생아인 E와 F는 동일한 환경에서 자랐지만 성격이 판이하다.

④ 일란성 쌍생아인 G와 H는 다른 환경에서 자라서 성격이 판이하다.

⑤ 이란성 쌍생아인 I와 J는 동일한 환경에서 자라서 성격이 흡사하다.

옛날 사람들은 그저 활과 창과 검으로만 싸웠을까? 그 당시에도 로켓과 같은 병기가 있었다면 쉽게 전투에서 승리를 거두지 않았을까? 수백 년 전 우리나라에도 이러한 병기가 있었을까? 이런 의문에 많은 사람들은 그러한 병기는 없었을 것이라고 생각할 것이다. 그러나 실제 우리나라에는 지금의 로켓과 같은 첨단 병기가 있었다. 고려 말 화통도감에서 활약한 최무선에 의해 개발된 '달리는 불'이라는 뜻을 가진 '주화(走火)'가 그것이다. 이 주화는 우리나라 최초의 로켓 병기라고 할 수 있는데, 신기하게도 지금의 로켓과 유사한 구조와 동작 원리를 갖추고 있다.

주화는 1448년(세종30년) 이전에 불린 이름이고, 그 이후에는 '신기전(神機箭)'으로 불렸다. ≪병기도설≫에는 신기전을 대신기전, 산화신기전, 중신기전, 소신기전으로 나누어 그 크기와 구조를 자세히 설명하였다. 그 중 가장 큰 형태인 대신기전은 당시의 실제 전투에서 큰 위력을 발휘하였다.

대신기전은 발화통과 약통으로 구분된다. 이 발화통과 약통은 쇠촉이 부착되지 않은 대나무의 위 끝 부분에 묶어 놓았으며, 아래 끝부분에는 발사체가 안정적으로 날아갈 수 있도록 균형을 유지해 주는 날개를 달아 놓았다. 폭발물인 발화통과 달리 약통은 목표물을 향해 날아가게 하는 역할을 한다.

대신기전의 몸체 역할을 하는 대나무의 맨 위에는 폭탄인 발화통을 장착하고, 그 발화통의 아래 부분에는 화약을 넣어 위 끝을 종이로 여러 겹 접어 막은 약통을 연결한다. 약통 밑부분의 점화선에 불을 붙이면 점화선이 타들어가면서 약통 속의 화약에 불이 붙어 연소 가스를 만들고 이 연소 가스는 약통 아래에 뚫려 있는 분사구멍을 통하여 약통 밖으로 내뿜어진다. 이 때 만들어지는 힘이 추진력이다. 그리고 약통의 윗면과 발화통 아랫면의 중앙에 각각 구멍을 뚫어 둘을 도화선으로 연결한다. 이와 같이 약통의 윗면에 폭탄인 발화통을 부착시켜 놓고 도화선으로 연결하는 것은 목표 지점으로 신기전이 날아가는 도중이거나 거의 날아갔을 즈음에 폭탄인 발화통이 자동적으로 폭발하게 하기 위함이다. 이 발화통이 신기전의 핵심적인 폭발체라고 할 수 있는데, 발화통 안에 화약 무게의 약 27%정도에 해당하는 거친 쇳가루를 섞기 때문에 이 쇳가루가 파편 역할을 한다.

발화통까지 포함된 대신기전은 전체 길이가 약 5.6m의 대형 로켓으로 한 번에 여러 개를 날릴 수 있는 화차를 개발하여 사용하였다. 화차에는 바퀴가 달려 있어 적진의 위치에 따라 이동해 가는 데 매우 편리했다.

주화와 신기전은 화약의 힘을 빌려 적진에 날아감으로써 사거리가 길고, 비행 중에 연기를 분출함으로써 적에게 공포심을 일으키며, 앞부분에 발화통이 달려 있어서 적진에 이르러 폭발한다는 등 많은 장점을 가지고 있었다. 따라서 각 군영에 많은 양이 배치되어 사용되었고, 실제 주요 전투에서도 결정적인 역할을 하여 조선군이 승리하는 데 큰 원동력이 되었다.

이처럼 신기전은 일찍이 우리나라 국방 기술이 낳은 대표적인 발명품으로 막강한 국방력을 과시하는 하나의 상징이었다고 할 수 있다. 다시 말해 신기전은 주화에 이어 탄생한 장거리 공격용 무기로서 당시로서는 첨단의 전투용 로켓이라는 의미를 갖는다.

1

위 글의 '대신기전'을 제대로 이해한 학생이 보인 반응으로 적절하지 않은 것은?

① 점화하여 발사하기 때문에 화약이 타는 연기와 불빛도 전투 상황에 영향을 미쳤을 거야.

② 발화통에 내장된 쇳조각들이 사방으로 흩어져 적군 살상에 효과적으로 사용되었을 거야.

③ 화약이 터질 때의 소리와 연기가 공포감을 주기 때문에 적진을 혼란시킬 수 있었을 거야.

④ 몸체 아래의 날개는 사거리가 멀어도 목표물을 명중하도록 겨냥하는 데 도움을 주었을 거야.

⑤ 화차를 이용하면 한 번에 많은 양의 화살을 발사할 수 있어 적은 수의 병사로도 효율적으로 전쟁을 치를 수 있었을 거야.

2

'신기전'이 발사되는 원리를 설명하기에 가장 적절한 사례는?

① 고무풍선을 불어서 놓으면 바람이 나오는 반대 방향으로 풍선이 날아간다.

② 종이 위에 컵을 두고 재빠르게 종이를 당겨서 빼면 컵이 쓰러지지 않는다.

③ 사람이 단거리 달리기를 할 경우 시간이 지날수록 점점 속도가 빨라진다.

④ 우주 공간에서 우주선은 적은 양의 연료로도 무한거리의 비행이 가능하다.

⑤ 언덕 위에서 자동차와 자전거가 동시에 출발하면 자동차가 더 빠르게 내려온다.

인체나 규모가 큰 소재들을 다루는 큰 작품을 만들기 위한 예비적인 단계로 조각가들은 조그맣게 축소된 조각을 점토나 밀랍으로 만들어 본다. 그것을 '마케트'라 부른다. 그런데 이 작은 마케트들은 조각가가 작품을 구상하는 데 매우 쓸모가 있다. 특히 조각이 가지고 있는 서로 다른 두 개의 공간인 실공간(Positive space)과 허공간(Negative space)의 변화를 보는 데에 안성맞춤이다.

조각에서 실공간이란 작품이 차지하고 있는 실재의 공간을 뜻하고 허공간이란 작품에 실재하는 것은 아니지만 작품이 이루어내는 조형적인 가상공간을 말한다. 쉽게 말해 알베르토 자코메티의 '개'에서 개의 몸과 사지(四肢)가 차지하는 부피는 실공간이 되고 몸과 바닥 사이, 사지 사이의 공간 등은 허공간이 되는 셈이다. 노자가 말하던 그릇과 수레바퀴의 빈 공간처럼 이 허공간은 조각을 이루는 중요한 요소가 된다. 그것은 이 허공간에 어떤 다른 물체가 놓여 그 공간을 훼방 놓고 있다면 어떨까를 상상해 보면 금방 알 수 있다.

조각에 필요한 것이 이 실공간이나 허공간만은 아니다. 한 점의 조각이 제대로 보이기 위해서는 그것을 포용할 수 있는 넉넉한 공간이 있어야 한다. 예를 들면 피라미드가 아무 것도 거치적거리는 것이 없는 사막이 아니라 피라미드보다 높은 산에 둘러싸여 있다면 어떻게 보일까를 상상해 보면 금방 이해가 될 것이다. 오늘날 도시 여기 저기에 있는 빌딩 앞의 조각들의 일부는 바로 이런 자신들의 터전을 빼앗겨 버리고 있다. 때문에 사방 팔방에서 바라보아야 하는 조각을 제한된 방향에서밖에 볼 수 없게 만들어 버렸다. 조각이 살 수 있는 공간이 잠식되어 버린 것이다. 그럴 경우 조각은 환조라기보다는 부조에 가깝게 되어 버린다.

조각은 입체다. 그러나 조각이 공간을 차지하고 있는 입체라는 이 간단한 생각을 조각가들이 깨달은 것은 그렇게 오래되지 않았다. 조각이 건축에 종속된 것이 아니라 독립된 영역으로 자리잡는 데도 오래 걸렸지만 회화와는 다르다는 것을 인식하는 데도 오래 걸렸다. 미켈란젤로는 이에 대해 회화가 구도상의 문제에서 부조의 효과에 접근할 때는 매우 우수한 작품으로 평가받을 수 있지만 부조가 회화적인 효과를 내려고 든다면 그것은 훌륭하지 못하다고 한 적이 있다. 이는 회화란 평면 위에 3차원의 효과를 내기 위한 것이기 때문에 부조 같은 입체감을 가져도 괜찮겠지만, 그러나 부조가 평면적인 회화를 흉내 내는 것은 넌센스라는 뜻이다. 실제로 르네상스 시대 이후에도 대다수의 조각가들은 입체가 아니라 표면의 효과가 얼마나 그럴 듯한가에 매달렸다.

조각이 표면 효과가 아니라 입체 효과를 내야 한다는 사실을 정확히 인식한 사람은 로댕이었다. 영화 〈까미유 끌로델〉에서도 로댕은 끌로델이 만들고 있는 작품을 보고 ㉠'표면을 보지 말고 윤곽을 보라.'고 말한다. 로댕은 인체의 각 부분을 단순한 평면으로 생각지 않고 내부에 있는 볼륨이 터져 나올 듯이 표현할 때에야만 인체가 단순한 표면적인 형태가 아니라 꽃과 같이 밖으로 피어나는 생명체가 될 수 있다고 말했다.

1

위 글의 내용과 일치하지 않는 것은?

① 조각은 건축과는 별도의 영역이며 회화와도 구별된다.

② 자코메티의 '개'는 조각의 공간 이해에 적합한 작품이다.

③ 피라미드를 조각품으로 감상할 때 공간 배치가 잘못되었다.

④ 조각가들이 조각의 특성을 파악하기까지는 오랜 시간이 걸렸다.

⑤ 작품의 공간적 변화를 보기 위해 조각가들은 마케트를 이용한다.

2

위 글을 바탕으로 ㉠의 의미를 바르게 해석한 것은?

① 대상의 실공간에 주목하지 말고 허공간에 주목하라.

② 작품의 전체적 인상보다는 표면적인 형태에 치중하라.

③ 대상 그 자체를 중시하지 말고 대상이 놓일 위치를 중시하라.

④ 외부적 질감보다는 대상을 둘러싸고 있는 외부적 환경에 주목하라.

⑤ 회화적인 효과에 치중하지 말고 입체적 질감을 드러내는 데 치중하라.

(가) '아무리 퍼내도 쌀이 자꾸자꾸 차 오르는 항아리가 있다면 얼마나 좋을까….' 가난한 사람들에게는 이런 소망이 있을 것이다. 신화의 세계에는 그런 쌀독이 얼마든지 있다. 세계 어느 나라 신화(神話)를 들추어 보아도 이런 항아리가 등장하지 않는 신화는 없다. 신화에는 사람들의 원망(願望)*이 투사(投射)*되어 있다. 우리나라 민담에도 그런 항아리가 등장한다. 아무리 꺼내도 자꾸자꾸 먹을 것이 차오르는 '화수분 단지'가 바로 그런 기적의 항아리이다. 세상이 끝나는 날까지 쌀을 갈아 대는 '혼자 도는 맷돌'도 그런 기적의 맷돌이다.

(나) 신화란 신(神)이나 신 같은 존재에 대한 신비롭고 환상적인 이야기, 우주나 민족의 시작에 대한 초인적(超人的)인 내용, 그리고 많은 사람들이 믿는, 창작(創作)되거나 전해지는 이야기를 의미한다. 다시 말해 모든 신화는 상상력에 바탕한 우주와 자연에 대한 이해이다. 이처럼 신화는 상상력을 발휘하여 얻은 것이지만 그 결과는 우리 인류에게 유익한 생산력으로 나타나고 있다. 세계 여러 나라의 신화를 보면 신화의 창조란 바로 '혼돈과 무질서'에서 '정돈과 질서'를 찾는 과정이다. 신화 창조를 통해 우주 만물은 혼돈에서 정돈되고, 대자연의 질서 속에서 인간의 삶이 영위(營爲)되기 시작하는 것이다.

(다) 그런데, 신화는 단순한 상상력으로 이루어지는 것이 아니라 창조적 상상력으로 이루어지는 것이며, 이 상상력은 또 생산적 창조력으로 이어졌다. 오늘날 우리 인류의 삶을 풍족하게 만든 모든 문명의 이기(利器)들은, 그것의 근본을 규명(糾明)해 보면 신화적 상상력의 결과임을 알 수 있다. 오늘날 인류 최고의 교통 수단이 되고 있는 비행기도 우주와 창공을 마음껏 날아보려는 신화적 사유의 소산이며, 바다를 마음대로 항해해 보고자 했던 인간의 신화적 사유가 만들어낸 것이 여객선이다. 이러한 것들은 바로 『장자(莊子)』에 나오는, 물길을 차고 높이 날아올라 순식간에 먼 거리를 이동한 곤붕(鯤鵬)의 신화가 오늘의 모습으로 나타난 것이라고 볼 수 있다. 결국, 그것들은 인류가 부단한 노력을 통해 신화를 현실화한 것이다. 또한 신화는 고대인들의 우주 만물에 대한 이해로 끝나지 않고 현재까지도 끊임없이 창조되고 있고, 나아가 신화 자체가 문학적 상상력의 재료로 사용되는 경우도 있다.

(라) 신화적 사유(思惟)의 근간은 환상성(幻想性)이지만, 이것을 잘못 이해하면 현실성을 무시한 황당무계한 것으로 오해하기 쉽다. 그러나 이 환상성은 곧 상상력이고 이것이 바로 창조력이라는 점을 우리는 이해하지 않으면 안 된다. 그래서 인류 역사에서 풍부한 신화적 유산을 계승(繼承)한 민족이 찬란한 문화를 이룬 예를 서양에서는 그리스, 동양에서는 중국에서 찾아볼 수 있다. 우리나라에도 규모는 작지만 단군(檀君)·주몽(朱蒙)·박혁거세(朴赫居世) 신화 등이 있었기에 우리 민족 역시 오늘날 이 작은 한반도에서 나름대로의 민족 국가를 형성하여 살고 있는 것이다. 왜냐하면 민족이나 국가에 대한 이야기, 곧 신화가 그 민족과 국가의 정체성(正體性)*을 확보해 주기 때문이다.

(마) 신화는 물론 인류의 보편적 속성에 기반하여 형성(形成)되고 발전되어 왔지만 그 구체적인 내용은 각 민족마다 다르게 나타난다. 즉, 나라마다 각각 다른 지리 · 기후 · 풍습 등의 특성이 반영되어 각 민족 특유의 신화가 만들어지는 것이다. 그래서 고대 그리스의 신화와 중국의 신화는 신화적 발상과 사유에 있어서는 비슷하지만 내용은 전혀 다르게 전개되고 있다. 예를 들어 그리스 신화에서 태양은 침범 불가능한 아폴론신의 영역이지만 중국 신화에서는 후예가 태양을 쏜 신화에서 볼 수 있듯이 떨어뜨려야 할 대상으로 나타나기도 하는 것이다.

*원망(願望): 원하고 바람. '바람', '소원'으로 순화.
*투사(投射): 어떤 상황이나 자극에 대한 해석, 판단, 표현 따위에 심리 상태나 성격이 반영되는 일.
*정체성(正體性): 변하지 아니하는 존재의 본질을 깨닫는 성질. 또는 그 성질을 가진 독립적 존재.

1

위 글의 내용과 일치하지 않는 것은?
① 신화가 지향하는 세계는 정돈과 질서의 세계이다.
② 신화는 상상력에 바탕한 우주와 자연에 대한 이해이다.
③ 풍부한 신화적 유산이 훌륭한 문화 창조의 기반이 된 경우가 많다.
④ 신화에는 인류의 보편적 속성뿐만 아니라 개별 민족의 특성도 반영된다.
⑤ 신화는 과거에는 문학적 상상력의 재료로, 현재는 우주 만물 이해의 매개체로 사용되고 있다.

2

각 문단에 대해 설명한 것으로 적절하지 않은 것은?
① (가) : 신화를 인간의 소망과 연결시켜 설명하고 있다.
② (나) : 신화의 개념과 의의를 밝히고 있다.
③ (다) : 신화적 상상력이 갖는 특성을 설명하고 있다.
④ (라) : '환상성'이라는 말에 대한 오해를 불식시키고 있다.
⑤ (마) : 신화가 현재의 모습을 갖게 된 원인을 분석하고 있다.

우리는 지금 이제껏 한번도 경험해 보지 못한 새로운 세계를 맞이하고 있다. 정보 통신 기술의 급속한 발달과 함께 우리의 삶을 구성하고 있는 거의 모든 영역이 상품화되어 가고 있는 것이다. 가장 오래된 문화 산업이라고 할 수 있는 관광부터 시작해서, 스포츠, 예술, 여가 생활 등은 물론이고 사상이나 지식, 아이디어 등도 모두 상품화되고 있으며, 심지어는 의식주를 비롯한 생활 방식마저 상품으로 판매되는 상황이 벌어지고 있다. 리프킨(Jeremy Rifkin)은 접속과 '문화 자본주의'라는 개념으로 이러한 현상을 설명하고 있다.

접속은 인터넷은 물론 전자 제품, 자동차, 주택 같은 다양한 실물 영역에서도 일관되게 발견되는 포괄적 추세이다. 접속은 이들 상품을 일시적으로 사용하는 권한을 말하는 것으로 이의 상대 개념은 소유라고 할 수 있다. 산업 시대는 소유의 시대였다. 기업은 많은 상품을 팔아 시장 점유율을 높이고 소비자는 상품을 시장에서 구입하고 소유하여 자신의 존재 영역을 확대했다. 그러나 자동차 회사는 이제 자동차를 파는 것이 아니라 임대하여 고객이 평생토록 자신들과 관계 맺기를 원하고, 고객은 자동차를 소유하지 않고 임차하여 보다 나은 서비스를 받기를 원한다. 기업은 물건을 팔지 않고 서비스나 다른 영역의 접속에 관한 권리를 팔면서 고객의 시간을 장악해 나간다. 우리의 삶이 상품 교환에 바탕을 둔 체제에서 경험 영역의 접속에 바탕을 둔 체제로 변하고 있음을 의미한다.

이와 같은 접속의 시대에는 인간의 모든 경험이 다 서비스화될 수 있다. 문화라고 부를 수 있는 모든 것이 돈을 매개로 매매될 수 있는 상황이 되는 것이다. 사실상의 모든 인간 활동이 돈으로 거래되는 세계에서는 감정의 연대, 믿음 등에 기반을 둔 전통적인 인간 관계가 입회, 등록, 요금 등에 기반을 둔 계약 관계로 바뀐다. 사람들과 어울려 지내는 우리의 일상적 삶 속에서 이미 상당한 부분이 순전한 상업적 관계로 얽혀 있다. 타인의 시간, 타인의 배려와 애정을 돈으로 사는 경우가 점점 늘어나고 있다. 우리의 삶은 점점 상품화되고 공리와 영리의 경계선은 점점 허물어진다.

리프킨은 보다 편리한 생활을 영위하기 위해서 인간의 모든 경험을 상품화하는 현상이 사실은 우리 삶의 기저를 허물고 있다고 주장한다. 역사적으로 문화는 늘 상업에 선행했다. 상업은 문화의 파생물이었다. 그런데 지금은 사정이 바뀌어 문화가 상업화를 위한 재료 공급원으로 전락했다. 문화 자본주의는 인류가 수천 년 동안 발전시켜 온 문화적 다양성을 샅샅이 발굴하여 상품화하고 있는데, 역설적이게도 그 과정에서 문화적 다양성은 소멸되어 가고 있다. 인간 가치의 마지막 보루라 할 수 있는 문화 영역마저 상업 영역에 완전히 흡수당하게 되면 사회적 신뢰는 땅에 떨어지고 건강한 시민 사회의 기반은 완전히 허물어지고, 결국 인간의 문명은 위기에 처하게 된다.

리프킨은 지리적 공간에 뿌리를 둔 문화적 다양성을 지켜나가는 것만이 인간의 문명을 유지할 수 있는 유일한 길이라고 말하고 있다. 수천 년을 이어온 인간 체험의 풍부한 문화적 다양성을 상실하는 것은, 생물 다양성을 잃는 것 못지 않게 앞으로 우리가 생존하고 문명을 발전시켜 나가는 데 악영향을 미칠 것이다. 그러므로 문화와 산업의 적절한 균형을 복원시키는 일은 다가오는 시대에 우리가 해결해야 할 가장 중요한 과업이 되는 것이다.

1

위 글의 내용과 일치하지 않는 것은?

① 문화 영역이 상업 영역에 완전히 흡수되면 인류 문명은 위기에 처하게 된다.

② 접속은 인터넷은 물론 다양한 실물 영역에도 포괄적으로 적용되는 개념이다.

③ 정보 통신 기술의 발달에 힘입어 문화 산업이라고 하는 새로운 분야가 생겨났다.

④ 접속의 시대에는 인간의 모든 경험이 매매될 수 있어 인간의 삶이 점점 상품화된다.

⑤ 접속의 시대에서 기업은 물건보다는 그 물건을 이용할 수 있는 권리를 주로 판매한다.

2

글쓴이의 입장에 공감하는 사람이 보일 수 있는 반응으로 가장 적절한 것은?

① 다국적 기업의 상업주의가 문화적 다양성 파괴의 주요인이므로 이에 대항할 수 있는 우리 기업을 보호하고 육성하는 정책을 수립해야 해.

② 문화적 다양성 상실의 위기는 소유 관념의 약화에서 야기된 현상이므로 올바른 소유 관념을 정립하기 위한 시민 운동을 전개할 필요가 있어.

③ 지리적 공간에 뿌리를 둔 문화적 다양성을 지켜나가기 위해서는 생태계 파괴를 막아야 하므로 생물 다양성 확보를 위한 노력을 기울여야 해.

④ 사람들이 문화를 일시적으로 소비하는 상품이 아니라 자기 삶의 중요한 일부로 여길 수 있도록 만드는 각종 교육 프로그램을 개발할 필요가 있어.

⑤ 문화 상품은 소비자들에게 고양된 삶을 누릴 수 있는 기회를 제공할 뿐만 아니라 공급자들에게도 고급 문화 창조의 동기를 유발하고 있다는 점을 주목해야 해.

뇌는 우리의 모든 행동을 지휘하고 통제하고 있다. 이렇게 우리 몸을 유지하는 데 중요한 기능을 하는 뇌는 어떻게 이루어져 있을까? 인간의 뇌에는 약 1천억 개의 뇌 세포가 존재하는데, 이런 뇌 세포들은 신경 세포와 교세포로 이루어져 있다. 우리가 뇌 세포의 전부인 것처럼 알고 있는 신경 세포는 뇌 전체의 10% 미만이고, 뇌의 대부분은 교세포가 차지한다. 교세포는 신경 세포에 영양분을 전달하고 신경 세포를 보호하는 일을 하며 신경 세포가 제 기능을 충실하게 하도록 도와주는 역할을 수행한다. 이처럼 뇌의 구조를 보면 교세포가 귀찮은 일들을 모두 떠맡고 신경 세포는 본연의 임무인 신경 신호 전달에 전념하도록 조직화되어 있다.

뇌의 발생 과정을 보면 임신 초기의 배아기 중 신경 형성기에 수많은 신경 세포가 생겨났다가 차츰 그 수가 줄어드는 것을 볼 수 있다. 보통 완전한 뇌에 존재하는 신경 세포 숫자의 배 이상이 발생 초기에 생겼다가 사라진다. 신경 세포는 신호 전달이 목적이자 존재 이유이기 때문에 다른 세포와 제대로 연결되지 않으면 존재 의미가 없다. 따라서 초기에 다량으로 생긴 신경 세포들은 저마다 초기 상태의 신경 돌기들을 마구 뻗어서 서로서로 맞는 짝을 찾다가 제대로 기능할 수 있는 시냅스*를 형성한 것들만 살아남고 나머지는 죽는 과정을 거친다. 이들의 경쟁은 폭발적으로 시작해서 짧은 시간에 결판나고, 그 이후에는 되돌릴 수가 없다. 뇌와 척수 같은 중추 신경을 구성하는 신경 세포는 일단 만들어져 숙아지고 나면 더 이상 분열하지 않기 때문에 중간에 사고로 다치거나 없어지면 원래대로 재생되는 것이 불가능하다.

사람의 내장 기관 중 재생 능력이 가장 뛰어난 간의 경우, 건강한 사람은 간의 절반 정도를 잘라내도 다시 원래대로 재생되는 것이 관찰되었다. 나머지 다른 기관들도 어느 정도까지는 재생 능력이 있는데 가장 중요한 뇌 세포는 재생되지 않는다. 그동안의 연구 결과에 따르면 뇌 세포는 분열할 능력은 있지만 여러 가지 조건상 분열이 제한되어 있어 다른 기관과 달리 재생되지 않는 것이 밝혀졌다. 관찰 결과 뇌의 신경 세포가 상처를 입으면 주변을 둘러싸고 있는 교세포들이 신경 세포의 재생을 막는 방해물들을 내어 재생을 막는 것이 밝혀졌다. 그런데 실험실에서 신경 세포 하나만을 꺼내서 일부러 상처를 입힌 뒤, 방해 물질과의 접촉을 막고 신경 세포의 성장을 도와주는 물질들을 처리해주면 신경 세포가 재생되는 것이 관찰되었다.

그렇다면 왜 우리의 뇌는 원래 재생력이 없는 것도 아니면서 교세포가 방해 공작을 펴서 신경 세포의 분열과 재생을 막도록 진화해왔을까? 우리가 ㉠어떤 정보를 뇌 세포에 기억시키는 것은 그 정보를 신경 세포의 회로에 저장한다는 것이다. 이 신경 세포는 이후에 이동하거나 변화되면 안 된다. 정보를 저장한 뒤에도 신경 세포가 마구 분열한다면 이후 이 회로는 엉망이 되어 기억의 내용이 뒤죽박죽 되어버릴 것이기 때문이다. 그러므로 일단 정보를 저장하고 회로가 완성되면 신경 세포들은 더 이상 분열하지 않아야 한다. 그래야 기존의 기억을 제대로 보관할 수 있다. 그래서 우리의 뇌는 상처를 입었을 때 재생할 수 없다는 엄청난 위험 부담을 감수하고서라도 기존의 신경 전달 회로를 지키려는 전략을 택하게 되었다. 하나를 얻기 위해 다른 하나는 희생해야 하는 것, 진화는 그렇게 냉정하게 진행되어 왔다.

*시냅스: 신경 세포의 신경 돌기 말단이 다른 신경 세포에 접합하는 부위.

1

위 글이 해결하고자 한 주요한 의문으로 가장 적절한 것은?

① 교세포와 신경 세포가 하는 역할은 무엇인가?
② 뇌의 발생 과정에서 신경 세포는 어떻게 생겨나는가?
③ 손상된 뇌 신경 세포가 재생되지 않는 이유는 무엇인가?
④ 교세포가 신경 세포의 재생을 방해하는 과정은 어떠한가?
⑤ 재생하는 기관과 재생하지 않는 기관의 차이는 무엇인가?

2

㉠과 〈보기〉의 원리가 유사하다고 가정할 때, ㉮에 해당하는 내용으로 가장 적절한 것은?

〈보기〉

결혼식 과정을 비디오테이프에 녹화했다. 이 테이프의 내용을 영구 보존하려면, 다른 내용이 녹화되지 않게 녹화 탭을 떼어 두어야 한다. 녹화 탭을 떼어 두면 실수로 그 위에 다른 내용이 녹화되는 것을 막을 수 있다. 만약 ㉮녹화 탭을 떼는 것을 잊어서 테이프에 다른 내용이 녹화된다면 테이프는 여러 개의 내용이 뒤섞이게 된다.

① 정보를 뇌 세포에 저장하는 것
② 신경 세포의 회로가 완성되는 것
③ 교세포가 방해 물질을 분비하는 것
④ 신경 세포 회로에서 기억이 사라지는 것
⑤ 발생 과정에서 만들어진 신경 세포가 죽는 것

HDD와 SSD

컴퓨터를 구성하고 있는 여러 가지 장치 중에서 가장 핵심적인 역할을 담당하고 있는 3가지 요소는 중앙처리장치(CPU), 주기억장치, 보조기억장치이다. 보통 주기억장치로 '램'을, 보조기억장치로 'HDD(Hard Disk Drive)'를 쓴다. 이 세 장치의 성능이 컴퓨터의 전반적인 속도를 좌우한다고 할 수 있다.

CPU나 램은 내부의 미세 회로 사이를 오가는 전자의 움직임만으로 데이터를 처리하는 반도체 재질이기 때문에 고속으로 동작이 가능하다. 그러나 HDD는 원형의 자기디스크를 물리적으로 회전시키며 데이터를 읽거나 저장하기 때문에 자기디스크를 아무리 빨리 회전시킨다 해도 반도체의 처리 속도를 따라갈 수 없다. 게다가 디스크의 회전 속도가 빨라질수록 소음이 심해지고 전력 소모량이 급속도로 높아지는 단점이 있다. 이 때문에 CPU와 램의 동작 속도가 하루가 다르게 향상되고 있는 반면, HDD의 동작 속도는 그렇지 못했다.

그래서 HDD의 대안으로 제시된 것이 바로 'SSD(Solid State Drive)'이다. SSD의 용도나 외관, 설치 방법 등은 HDD와 유사하다. 하지만 SSD는 HDD가 자기디스크를 사용하는 것과 달리 반도체를 이용해 데이터를 저장한다는 차이가 있다. 그리고 물리적으로 움직이는 부품이 없기 때문에 작동 소음이 작고 전력 소모가 적다. 이런 특성 때문에 휴대용 컴퓨터에 SSD를 사용하면 전지 유지 시간을 늘릴 수 있다는 이점이 있다.

SSD는, 컴퓨터 시스템과 SSD 사이에 데이터를 주고받을 수 있도록 연결하는 부분인 '인터페이스', 데이터를 저장하는 '메모리', 그리고 인터페이스와 메모리 사이의 데이터 교환 작업을 제어하는 '컨트롤러', 외부 장치와 SSD간의 처리 속도 차이를 줄여주는 '버퍼 메모리'로 이루어져 있다. 이 중에 주목해야 할 것이 데이터를 저장하는 메모리다. 이 메모리를 무엇으로 쓰는지에 따라 '램 기반 SSD'와 '플래시메모리 기반 SSD'로 나뉜다.

램 기반 SSD는 매우 빠른 속도를 발휘하는데, 이것을 장착한 컴퓨터는 전원을 켠 후 1~2초 만에 윈도우 운영체제의 부팅을 끝낼 수 있을 정도다. 다만 램은 전원이 꺼지면 저장 데이터가 모두 사라지기 때문에 컴퓨터의 전원을 끈 상태에서도 SSD에 계속해서 전원을 공급해 주는 전용 전지가 반드시 필요하다. 이런 단점 때문에 램 기반 SSD는 많이 쓰이지 않는다.

그래서 일반적으로 SSD는 플래시메모리 기반 SSD를 지칭한다. 플래시메모리는 전원이 꺼지더라도 기록된 데이터가 보존되기 때문에 HDD를 쓰던 것처럼 쓰면 된다. 그리고 플래시메모리 기반 SSD를 장착한 컴퓨터는 램 기반 SSD를 장착한 컴퓨터보다 느리긴 하지만 HDD를 장착한 동급 사양의 컴퓨터보다 최소 2~3배 이상 빠른 부팅 속도와 프로그램 실행 속도를 기대할 수 있다.

1

위 글에서 확인할 수 있는 내용으로 적절하지 않은 것은?

① HDD의 발전 과정

② SSD의 구성 요소

③ 컴퓨터 속도를 결정하는 주요 장치

④ 램과 HDD의 데이터 처리 방식 차이

⑤ SSD를 휴대용 컴퓨터에 쓰면 좋은 이유

2

위 글에 대한 이해로 적절한 것은?

① HDD를 설치하는 것보다 SSD를 설치하는 방법이 복잡하다.

② HDD는 데이터 처리 방식의 한계 때문에 속도의 향상이 더딘 편이었다.

③ SSD의 소음이 큰 이유는 데이터를 읽을 때 자기디스크가 회전하기 때문이다.

④ 운영체제를 빠르게 쓰고 싶다면, SSD보다 HDD를 보조기억장치로 쓰는 것이 낫다.

⑤ 전자를 움직여 데이터를 읽는 것보다 자기디스크를 움직여 데이터를 읽는 것이 전력을 적게 쓴다.

사진, 세계와 관계 맺는 통로

사진이란 시간을 정지시킨 기록물이다. 정지된 시간은 카메라의 셔터가 찰칵거리는 찰나에 지나지 않는다. 그러나 사진 속에 포착된 시간은 과거의 모든 인과 관계를 담고 있다. 우리는 갈비뼈가 앙상하게 드러난 에티오피아 어린이의 사진을 보면서 그 아이가 그 동안 얼마나 굶었을까를 생각하고, 전쟁터에 쓰러진 병사의 사진을 보면서는 그 이전에 있었을 참혹한 전쟁의 상황과 병사의 고통을 떠올리게 된다. 이처럼 사진은 과거를 향해 열린 창이며 우리는 그 창을 통해 정지된 시간 이전의 사연들을 들여다본다.

사진은 세계의 이미지를 담은 기록물이다. 모든 초상화가 그렇듯이 사진으로 찍힌 그 시간은 사진이 없어질 때까지 하나의 기호 형태로 저장된다. 또한 인간이 사용하는 모든 기호들처럼 사진도 심리적인 특성들을 갖는다. 그리고 그 기호는 영상의 형태를 하고 있기 때문에 ㉠상형 문자 시대 이래 처음으로 다시 갖게 된 상형 문자라고도 말한다. 사진의 기호는 사람이 쓰는 언어와는 아주 다르다. 그것은 주어도 서술어도 없이, 단지 하나의 장면과 어떤 이미지들로 구성된 언어인 것이다. 이처럼 사진은 서술적이라기보다는 단편적이지만, 이미지를 통해 전달되는 그 의미는 단편적인 것 이상의 것이다.

미국의 사회파 사진 작가 워커 에반스가 1936년에 찍은 〈어린아이의 무덤〉을 보라. 이 사진이 미국의 대공황 시절의 각박하고 어려운 삶을 기록한 사진의 일부라는 것을 모른다고 하더라도, 이 사진은 단순한 한 장의 사진 이상의 것을 생각하게 한다. 흙으로 금방 만들어진 무덤과 무덤 한 가운데 올려진 낡은 그릇은 죽은 어린이와 그 부모의 삶이 결코 풍족하고 편안하지 않았음을 짐작하게 해 준다. 이 경우 사진은 하나의 상징인 것이다. 오래 살아 남는 사진일수록 이러한 상징성이 강하게 들어 있어서, 우리를 깊은 사색에 빠지게 하고 그 사진의 배후로 끌어들인다. 그래서 사진은 우리가 세계와 관계를 맺는 하나의 통로가 된다. 사진은 세계를 이미지로 만들어 기록하기 때문에, 사진을 찍는 사람에게도 그것을 보는 사람에게도 사진은 그 사람과 세계 사이에 어떤 관계를 만들어 준다.

사람들은 흔히 사진이 세계를 있는 그대로 담아낸 것이고 사진을 찍는 것은 사건에 개입하지 않고 있는 것이라는 착각을 하곤 하지만, 대부분의 사진에는 찍는 사람이나 찍히는 사람의 의도가 개입되어 있다. 그 의도는 나중에 사진을 보는 사람들이 사진을 통해서 어떤 이미지를 느끼고 어떤 사색을 하고 어떤 평가를 해 주기를 바라는 마음과 관계가 깊다. 사진을 찍는 일 자체가 자신을 포함한 세계에 대하여 의미를 부여하는 과정이 되는 것이다. 또한 보는 이에게 있어서도 사진은 어떤 대상의 대체물의 기능을 하거나 적어도 사색을 통해 그 대상과 간접적으로 만나게 함으로써, 세계와 관계를 맺게 한다. 사춘기의 청소년들이 좋아하는 연예인의 사진을 모으거나 여행자들이 명승지의 사진을 담은 그림 엽서를 모으는 일도, 결국은 사진을 대상의 대체물로 삼거나 사진을 통해 꿈꾸고 상상하고 평가하면서 세계와 관계를 맺는 하나의 형태라 할 수 있는 것이다.

1

위 글의 내용으로 교양 강의를 한다고 할 때, 이를 홍보할 문구로 가장 적절한 것은?

① 보도 사진의 진실성, 어디까지 믿어야 할까?

② 사진에 관한 모든 것, 작가론에서 작품론까지.

③ 현대 사진의 역사와 특징, 궁금하지 않으세요?

④ 사진으로 세상 읽기, 그 근거와 가능성을 보여 드립니다.

⑤ '사진사'인가, '사진 작가'인가? 사진의 예술성을 검증한다.

2

㉠에 담긴 의미와 거리가 먼 것은?

① 사진은 해석을 필요로 한다.

② 사진은 의미를 갖는 기호이다.

③ 사진은 기록의 수단으로 이용된다.

④ 사진은 과학 기술 발전의 산물이다.

⑤ 사진은 영상의 형태를 지니고 있다.

　　실존주의는 현대 과학 기술 문명과 전쟁 속에서 비인간화되어 가는 현실을 고발하는 과정에서 등장한 철학 사조로, 개인으로서의 인간의 주체적 존재성을 강조한다. 사르트르(J. P. Sartre)는 실존주의를 대표하는 철학자로, 이전의 철학자들이 인간의 본질이 무엇이냐는 근원적 물음을 탐구했다면, 사르트르는 개개인의 실존을 문제 삼았다. 그의 사상은 '실존은 본질에 선행한다.'로 집약할 수 있는데, 여기서 '본질'은 어떤 존재에 관해 '그 무엇'이라고 정의될 수 있는 성질을 뜻하고, '실존'은 자기의 존재를 자각하면서 존재하는 주체적인 상태를 뜻한다.

　　무신론자였던 사르트르는 인간은 사물과 달리 그 본질이나 목적을 가지고 판단할 수 없다고 보았다. 예를 들어, 연필은 처음부터 '쓴다'는 목적으로 만들어진다. 무엇인가를 쓴다는 것은 연필의 본질이므로, 연필의 존재는 그 본질로부터 나온다. 즉 사물은 본질이 그 존재에 선행하는 것이다. 그러나 인간은 사물과 다르다. 사르트르는 인간이 신의 뜻에 따라 만들어진 존재라는 기존의 통념을 거부하면서, 인간은 우연히 이 세계에 내던져진 채 스스로를 만들어 가는 존재라고 보았다.

　　사르트르는 이 세계의 모든 존재를 '의식'의 유무를 기준으로 의식이 없는 '사물 존재'와 의식이 있는 '인간 존재'로 구분하였다. 그리고 사물 존재를 '즉자존재(Being in itself)'로, 인간 존재를 '대자존재(Being for itself)'로 각각 명명하였다. 여기서 즉자존재는 일상의 사물들처럼 자기의식이 없기 때문에, 그 자리에 계속 그것인 상태로 남아 있다. 반면에 대자존재는 자기의식을 가진 존재이다. 따라서 자기 자신을 대상화*하여 스스로를 바라볼 수도 있고, 매 순간 자유로운 선택을 통해 자신을 만들어 갈 수도 있다. 그런데 모든 것이 인간의 선택으로 결정이 된다면, 그 선택에 따른 책임도 자기 스스로 져야 한다. 그래서 사르트르는 진실한 인간이라면 책임감이라는 부담 때문에 번민하고, 그 번민의 원인이 되는 자유로부터 도피하고 싶은 욕망이 생길 수 있다고 보았다.

　　또한 사르트르는 인간의 자유로운 선택이 타자와 연관된다고 여겼다. 왜냐하면 내가 주체적 의식을 지니고 살아가듯이 타자도 주체적 의식을 지니고 있어서, 내가 아무리 주체성을 지닌 존재라 하더라도 나를 바라보는 다른 사람은 나를 즉자존재처럼 객체화하여 파악할 수 있기 때문이다. 그래서 사르트르는 타인의 시선으로 규정되는 인간의 모습을 일컬어 '대타존재(Being for others)'라고 명명하였다. 예를 들어, 길을 걷다가 친구의 장난스러운 표정이 떠올라 웃었다고 가정해 보자. 그런데 그런 상황을 모르는 타자는 '저 사람 참 실없는 사람이네.'라는 시선을 보낼 수 있다. 이때 타자에 의해 '실없다'라고 규정되는 존재가 대타존재인 것이다.

　　그런데 이런 시선은 타자만 나에게 보내는 것이 아니라 나도 타자에게 보낼 수 있다. 왜냐하면 서로가 서로를 대상으로 삼아 객체화하려고 하기 때문이다. 그래서 사르트르는 나와 타자가 맺는 관계는 공존이 아니라 갈등과 투쟁으로 여겨서, '타자는 지옥이다.'라는 극단적인 표현까지 동원하기도 하였다. 그러나 그는 이렇게 자신이 타자의 시선에 노출되더라도 자신의 행위를 계속해 나가야 한다고 말한다. 자신의 선택에 따라 행동하며 그것을 타자가 받아들이도록 함으로써 타자를 자신의 선택 속에 끌어들일 수 있는 것이다. 그러니까 인간은 참된 자아를 찾기 위해 타자의 시선을 두려워하거나 피할 것이 아니라 이를 극복하고 계속 자신의 행위를 선택하며 살아가야 한다.

　사르트르의 실존주의는 개인이 사회적 관습에 의해 제약을 받는다는 사실을 간과하였다는 점, 나와 타자가 맺어가는 인간관계를 지나치게 비관적으로 설정하였다는 점 등에서 비판을 받기도 하였다. 하지만 그의 실존주의는 주체성을 상실한 채 획일화되어 가는 우리의 삶을 반성하게 하고, 주체적이고 개성적인 삶을 살아가도록 도움을 준다는 점에서 오늘날까지 그 가치가 높이 평가되고 있다.

*대상화: 자기의 주관 안에 있는 것을 객관적인 대상으로 구체화하여 밖에 있는 것처럼 다룸.

1

위 글의 표제와 부제로 가장 적절한 것은?

① 사르트르 실존주의의 장단점–인간과 사물의 차이점을 중심으로
② 사르트르 실존주의의 발생 배경–현대 과학 기술 문명의 발전을 중심으로
③ 사르트르 실존주의의 변천 과정–본질과 실존의 우선순위 변화를 중심으로
④ 사르트르 실존주의의 특성과 의의–사물, 나, 타자에 대한 이해를 중심으로
⑤ 사르트르 실존주의의 주요 개념과 한계–자유와 책임의 상호 관계를 중심으로

2

위 글의 '사르트르'의 견해로 적절하지 않은 것은?

① 사물의 본질은 존재에서 나온다.
② 선택의 자유가 번민의 계기가 될 수 있다.
③ 모든 존재는 의식의 유무로 양분할 수 있다.
④ 인간은 대자존재이자 대타존재로 규정될 수 있다.
⑤ 개인과 개인은 갈등과 투쟁의 관계로 맺어져 있다.

인간은 집단생활을 하기 때문에 분쟁이 발생할 수밖에 없다. 그래서 문제가 발생하는 것을 예방하거나 문제를 원만히 해결하기 위해 규칙을 만든다. 여러 규칙 중 사회 구성원들의 합의에 따라 만들어지고 강제성을 가진 규칙을 '법'이라고 한다. 이때 강제성은 공공의 이익을 실현하기 위해 사회 구성원들이 동의할 때만 발휘될 수 있다. 이러한 법은 몇 가지 특징이 있는데 먼저 법은 행동의 결과를 중시한다. 왜냐하면 다른 사람이 행동을 평가할 수 있고 그 변화도 확인할 수 있어야 하기 때문이다. 그리고 법은 국민의 자유와 권리를 보호한다. 만약 법이 없다면 권력자나 국가 기관이 멋대로 권력을 휘두를 수 있을 것이다. 마지막으로 법은 최소한의 간섭만 한다. 개인이 처리해도 되는 일까지 법이 간섭한다면 사람들은 숨이 막혀 평온하게 살기 힘들 것이다.

대표적인 법에는 민법과 형법이 있다. 민법은 국가 기관이 아닌, 사람들 간의 권리관계를 다루는 법률로서 재산 관계와 가족 관계로 구성되어 있다. 근대 사회에서 형성된 민법의 원칙은 오늘날까지도 중요하게 여겨지고 있다. 중요 원칙 중 하나는 개인의 사유 재산에 대해 절대적 지배를 인정하고 국가를 비롯한 단체나 개인은 다른 사람의 사유 재산 행사에 간섭하지 못한다는 것이다. 그리고 다른 사람에게 끼친 손해는 그 행위가 위법이고 동시에 고의나 과실에 의한 경우에만 책임을 진다는 원칙도 있다. 그런데 이 원칙들은 경제적 강자가 경제적 약자를 지배하는 수단으로 악용되기도 하여 20세기에 들면서 제한이 생겼다. 그 결과 개인의 사유 재산에 대한 지배는 여전히 보장되지만 공공복리에 적합하도록 행사해야 한다는 것과 같은 수정된 원칙들이 적용되고 있다.

반면, 형법은 범죄와 형벌을 규정하는 법률로서 ㉠'죄형법정주의'라는 기본 원칙이 있다. 죄형법정주의는 범죄의 행위와 그 범죄에 대한 처벌을 미리 법률로 정해 두어야 한다는 것이다. 그래서 범죄 발생 당시에는 없었던 법이 나중에 생겨도 그것을 소급해서 적용할 수 없다. 또한 민법과 달리 어떤 사항을 직접 규정한 법규가 없을 때, 그와 비슷한 사항을 규정한 법규를 유추하여 적용할 수도 없다.

형법을 위반한 범죄가 발생하면, 먼저 수사 기관이 수사를 한다. 수사를 개시하는 단서로는 고소, 고발, 인지가 있는데, 이 중 고소는 피해자가 하는 반면 고발은 제3자가 한다. 일반적으로 범죄는 수사기관이 인지하는 것만으로도 수사를 시작할 수 있다. 하지만 명예훼손죄, 폭행죄 등은 수사를 진행했더라도 피해자가 원하지 않으면 처벌하지 않는다. 수사 결과 피의자*가 죄를 범했다고 의심할 만한 충분한 이유가 있다면 구속 영장을 받아 체포해 구속한다. 만약 범죄를 실행 중인 경우는 구속 영장 없이 체포 가능한데, 이 경우 48시간 이내에 구속 영장을 신청해야 하고, 법원은 신청서가 접수된 시간으로부터 48시간 이내에 구속 영장의 발부 여부를 결정해야 한다. 수사 결과 범죄 혐의가 인정되면 검사는 재판을 청구하는데 이를 기소라고 한다. 이때 검사는 피의자의 나이, 환경, 동기 등을 참작하여 기소를 하지 않을 수 있다. 기소로 재판 절차가 시작되면 법원은 사건을 심리*하여 범죄 사실이 확인된 경우 유죄를 선고한다. 유죄가 인정되면 법원이 형을 선고하고 집행 절차에 들어간다.

그런데 만약 동물이 위법한 행동을 하여 다른 사람에게 손해를 끼치면 어떻게 될까? 결론부터 말하면 동물은 아무런 책임이 없다. 법에서는 인간 이외의 것들은 생명의 유무와 상관없이 모두 물건으로 보는데 물건에는 법적 권리가 없다. 법적 권리가 없는 것은 의무와 책임도 없다. 그러므로 동물은 민, 형법상의 책임을 지지 않아도 된다. 다만 손해를 입은 사람은 민법에 따라 동물의 점유자*에게 배상을 받을 수 있다.

*피의자: 수사 기관으로부터 범죄의 의심을 받게 되어 수사를 받고 있는 자.
*심리: 재판의 기초가 되는 사실이나 법률적 판단을 심사하는 행위.
*점유자: 어떤 물건을 소유하고 사실상 지배하는 사람.

1

'법'에 관한 설명으로 적절하지 않은 것은?
① 문제가 발생하는 것을 예방하기 위해 사회 구성원의 의사를 반영하여 만든다.
② 권력자의 권력 행사를 제한하여 국민들의 자유와 권리를 지키는 역할을 한다.
③ 법의 간섭이 지나치게 커지게 되면 개인이 삶을 평온하게 유지하기 힘들 것이다.
④ 다른 사람들이 행동을 평가하고 그 변화를 확인할 수 있어야 하므로 결과를 중시한다.
⑤ 목적이 공익과 무관하더라도 사회 구성원의 동의가 있다면 강제성이 발휘될 수 있다.

2

㉠과 관련 있는 말로 적절한 것은?
① 착한 사람은 법이 필요 없고 나쁜 사람은 법망을 피해 간다.
② 법의 생명은 논리에 있는 것이 아니라 경험에 있다.
③ 형법의 반은 이익보다는 해를 끼칠지 모른다.
④ 법률이 없으면 범죄도 없고 형벌도 없다.
⑤ 철학 없는 법학은 출구 없는 미궁이다.

사람들은 시간과 공간의 관계를 어떻게 이해했을까? 아인슈타인이 등장하기 전까지 사람들은 시간과 공간을 독립된 것으로 여겼다. 또한 물질이 존재하지 않더라도 시간과 공간은 그 자체로 존재할 것이라고 생각했다. 이러한 인식의 바탕에는 뉴턴의 고전 역학이 자리 잡고 있다. 뉴턴은 만유인력의 개념을 도입하면서 지구와 같은 물체는 다른 물체를 끌어당겨 중력을 발생시킨다고 보았다. 그런데 아인슈타인은 뉴턴의 그런 아이디어를 받아들이지 않고 중력이란 '공간의 휘어짐'이라고 주장했다.

뉴턴의 고전 역학에 따르면, 중력이 미치는 범위(중력장) 내에서는 빛이 직선 경로를 따라 전파된다. 하지만 아인슈타인은 중력장 내에서 빛은 휘어진다고 주장했다. 중력장 내에서 빛이 중력을 받아서 가속도 운동을 하기 때문이라는 것이다. 이것을 설명하기 위해 그는 어떤 물체든 그것이 공간에 실재하면 그 물체가 점유하고 있는 공간은 휘게 된다고 가정했다.

그렇다면 태양이나 지구 등과 같은 무거운 행성들도 그 무게 때문에 주위의 3차원 공간을 휘게 만들 것이다. 따라서 빛이 이 행성들 부근을 지날 때에는 직진하던 진로가 조금 틀어지게 된다. 아인슈타인의 이러한 가설은 영국의 천문학자 에딩턴이 이끄는 관측대에 의해 입증되었다. 1919년 5월 29일 지구 남반구에서 일어난 개기일식을 관측하기 위해 에딩턴의 관측대는 브라질의 수브랄과 서아프리카에 있는 프린시페라는 섬으로 떠났다. 관측대는 면밀한 관측을 통해 태양 뒤의 먼 곳에서 오던 빛이 태양 주위에서 휘며 그 휘는 정도가 아인슈타인의 예측과 일치한다는 것을 확인했다. 200여 년을 지탱해 온 뉴턴의 중력 법칙이 몰락하는 순간이었다.

중력을 아인슈타인의 견해처럼 '공간의 휘어짐'이라고 간주하면 중력장 안에서는 시간도 팽창하게 된다. 이것은 공간이 휘어져 있다는 사실로부터 자연스럽게 유도될 수 있다. 순간적으로 똑같은 빛의 신호가 주어졌다고 할 때 중력장이 없는 영역과 중력장이 있는 영역에서 빛의 경로는 서로 다르다. 즉 중력장이 없는 영역에 있는 관측자가 볼 때 중력장이 있는 영역에서는 빛이 휘게 되어 도달하는 시간이 더 길어진다는 것을 알게 된다. 특히 ㉠태양계 너머 우주에서는 시간의 지체가 더 크게 일어난다.

이러한 사실을 바탕으로 아인슈타인은 중력을 '공간과 시간의 휘어짐'이라고 정의했다. 우리 태양계는 중력장이 약하기 때문에 공간과 시간의 휘어짐이 아주 미미하다. 그렇기에 우리의 감각이 미치는 범위에서는 아인슈타인의 이론과 뉴턴의 역학 사이에 눈에 띌 만한 이론적 틈새를 찾기가 힘들다. 그런데 이와 달리 블랙홀처럼 무거운 물질이 있는 태양계 밖의 우주 공간에서는 아인슈타인의 이론이 아니면 해석할 수 없는 일들이 발생한다. 거기서는 뉴턴 역학은 무용지물이다. 바로 이 때문에 아인슈타인으로 인해 인간의 감각이 확대되고 인식의 지평이 확장되었다고 이야기하는 것이다.

1

위 글은 아인슈타인의 자료집에 실린 글의 일부이다. 이 글이 수록된 부분의 소제목으로 적절한 것은?

① 중력장 이론과 우주 형성의 관계
② 중력장 가설을 입증하려고 한 실험 과정
③ 중력에 대한 독창적인 개념과 이론의 제시
④ 중력장 이론으로부터 영향을 받은 물리학의 여러 분야
⑤ 끊임없는 관찰과 실험 과정을 통해 정립한 우주의 의미

2

아인슈타인의 이론으로 보아 ㉠의 이유로 가장 적절한 것은?

① 매우 무거운 물질이 존재하기 때문이다.
② 관측이 쉽지 않은 물질들이 존재하기 때문이다.
③ 운동 형태가 가변적인 물질이 존재하기 때문이다.
④ 특수한 공간을 차지하는 물질이 존재하기 때문이다.
⑤ 성격이 제대로 규명되지 않은 물질이 존재하기 때문이다.

　엘리베이터 군(群)관리시스템은 여러 대의 엘리베이터를 효율적으로 운행하기 위해 엘리베이터의 동작을 적절히 조절하는 시스템이다. 우리가 일상적으로 이용하는 엘리베이터는 상하의 호출 버튼을 누르면 엘리베이터가 승강장까지 오는 방식을 사용한다. 복수의 엘리베이터 중에 승객에게 가장 빨리 도착할 수 있는 엘리베이터가 호출이 들어온 승강장으로 이동하고, 승객은 엘리베이터에 탄 뒤에 각자 자신이 원하는 행선층의 버튼을 누른다. 이때 승객들의 선택이 다양할수록 엘리베이터를 이용하는 시간이 길어진다는 문제가 발생한다. 이런 문제에 좀 더 효과적으로 대응할 수 있는 방법이 행선 예보 방식이다.

　엘리베이터 군관리시스템 가운데 하나인 ㉠행선 예보 방식은 기존의 방식과 달리 승객이 엘리베이터를 타기 전에 승강장에 마련된 행선층 입력 장치를 통해 행선층을 미리 입력하게 한다. 그러면 승객들의 행선층 정보를 바탕으로 승객의 대기 시간과 이동 시간, 각 층에 타고 내리는 승객 수 등을 계산하여 그 승객이 타야 할 엘리베이터가 배정된다.

　예를 들어 1호기부터 4호기까지 엘리베이터가 있는 5층 건물의 1층에 각 층을 가려는 승객 20명이 대기하고 있다고 가정하자. 승객들이 자유롭게 엘리베이터에 탑승한다면 각 호기는 거의 매 층마다 정차하게 되어 승객들의 수송 시간이 길어진다. 하지만 행선층의 정보를 미리 분석하여 행선층이 같은 승객끼리 묶어서 엘리베이터를 배정한다면 모든 승객이 거의 한 번 만에 행선층에 도착할 수 있다.

　이때 하나의 엘리베이터에 같은 층을 가려는 사람들만 배정하면 승객의 수송 시간은 단축되지만, 대신 운행해야 하는 엘리베이터의 수가 많아져 전력 소비량은 늘어날 수 있다. 전력 소비량을 고려하면 여러 대의 엘리베이터를 운행하는 것보다 최소의 엘리베이터를 운행하는 것이 더 효율적이기 때문이다. 따라서 행선 예보 방식은 승객의 수송 시간과 전력 소비량을 고려하여 행선층이 비슷한 승객을 같은 엘리베이터에 타도록 배정하게 된다.

　㉡행선 예보 방식의 시스템은 주군제어기, 보조군제어기, 호기제어기, 행선층 입력 장치, 원격 모니터 장치로 구성된다. 승객이 각 층에 설치된 행선층 입력 장치를 통해 행선층을 입력하면, 주군제어기는 입력된 호출에 대한 최적의 호기를 결정하고, 이를 다시 행선층 입력 장치에 전달한다. 그러면 행선층 입력 장치가 승객이 타야 할 호기를 표시한다. 호기제어기는 주군제어기의 호출을 받아 이를 각 엘리베이터에 전달하여 엘리베이터가 호출된 층으로 이동할 수 있도록 한다. 보조군제어기는 주군제어기와 하드웨어 및 소프트웨어가 동일하며, 만약 주군제어기의 이상이 감지되면 즉시 주군제어기의 기능을 대신하게 된다. 원격 모니터 장치는 주군제어기와 통신하며 주군제어기의 작동 정보를 분석하고 표시한다.

1

㉠과 유사한 원리로 가장 적절한 것은?

① 놀이동산에서 자유 이용권을 발매하여 다양한 놀이 기구를 제약 없이 즐기게 한다.

② 복잡한 지하철에서 출입문 양쪽으로 순서대로 줄서게 하여 승객의 안전사고를 예방하게 한다.

③ 버스 정거장에서 도착할 버스의 정보를 미리 승객에게 제공하여 승객이 탈 수 있는 시간을 확인하게 한다.

④ 은행에서 대기표를 발급하고 고객의 순서가 되면 호출하여 고객이 기다리는 시간을 편안하게 사용하게 한다.

⑤ 식당에서 대기하는 손님들에게 미리 주문을 받아 음식을 종류별로 조리하여 음식을 기다리는 시간을 단축하게 한다.

2

㉡에 대한 설명으로 적절하지 않은 것은?

① 주군제어기는 입력된 호출을 바탕으로 승객이 타야 할 호기를 결정한다.

② 호기제어기는 주군제어기와 담당 엘리베이터를 연결하면서 주군제어기의 명령을 수행한다.

③ 보조군제어기는 주군제어기와 번갈아 가며 작동하며 주군제어기에 이상이 생기는 것을 예방한다.

④ 원격 모니터 장치는 엘리베이터 운행에 직접적으로 관계하지 않고 주군제어기의 작동 정보를 분석한다.

⑤ 행선층 입력 장치는 행선층의 정보를 전달하는 입력 기능과 결정된 호기를 표시하는 출력 기능을 담당한다.

한국 전통 춤이 가진 특성의 하나를 단적으로 일러 주는 것으로서 "손 하나만 들어도 춤이 된다." 라는 말이 있다. 이는 겉으로는 동작이 거의 없는 듯하면서도 그 속에 잠겨 흐르는 미묘한 움직임이 있어 수많은 움직임을 하나의 움직임으로 집중하여 완결시킨 경지이다. 이를 흔히 '정중동(靜中動)' 이라고 한다.

한국의 민속악이나 민속춤에서는 '장단을 먹어 주는' 대목이 많이 나온다. 바로 이러한 대목이야말로 불필요한 것이나 잡다한 에피소드를 없애는 순간이다. 그것은 곧 동양 회화에서의 여백에 해당되고, 한국 음악에서 음과 음 사이의 빈 시간·공간을 채워 주는 농현(弄絃)에 해당된다. 고요한 파문을 일으키는 '장단을 먹어 주는' 대목은 맺힌 것을 풀어 주는 이완일 경우도 있고 풀린 것을 맺어 주는 긴장일 경우도 있다. 모든 예술이 다 그렇긴 하지만, 긴장과 이완을 적절히 배합하여 맺고 풀고 어르고 당기는 데에 한국 춤의 묘미가 있다. 장단을 먹어 가며 보일 듯 말 듯, 어깨 짓이나 고개 놀림으로 우쭐거리는 '허튼 춤' 같은 데에서 더욱 그러한 맛을 느낀다.

이렇게 맺고 푸는 연결점의 고리 역할을 더 철저히 하면서도 더 자유 분방한 경우가 있는데, '엇박을 타는' 대목이 그러하다. '엇박을 타는' 대목은 평범한 순차적인 진행 구조에 한 가닥의 파란을 일으킨다. 이렇게 해서 일상성은 새로운 국면을 맞이하고 새로운 활기를 부여받는다. 그러나 그것은 어디까지나 순리적이고 동시에 우호적이어서 저항감보다는 오히려 친근감을 더해 준다. 이러한 자연스러운 파격으로 생성되는 흥은 한국적 해학이 되어 한국 예술 전반에 걸쳐 두루 나타난다. 제 흥을 못 이겨 약간 구부정한 몸놀림을 한다든지, 갓을 쓰되 비껴 쓰고, 말을 타되 몸을 곧추세우지 않고 비스듬히 비껴 앉는다든지 하는 한국인의 멋 부림은 일상적인 파격에 연유되어 있다.

이러한 일상적인 파격은 한국적 선에서도 찾아볼 수 있다. 한국의 지붕의 선은 직선도 아니고 곡선도 아닌, 그리고 무디지도 날카롭지도 않은, 기묘하게 휘어진 선이라고 한다. 조선 백자의 선 또한 그러하다. 기와 지붕의 처마 선처럼 하늘의 빛을 어깨 죽지에 받아 날렵하게 밑으로 흘리되 이를 그 끄트머리에서 다시 모아 고이게 했다가는 조금씩 조금씩 아래로 떨어뜨리는 한국적 선은 버선발의 선이나 소맷자락의 선을 최대한으로 살려내는 한국 춤의 선과 다르지 않다. 이는 멋과 흥을 어깨에 받아 태극선을 그리면서 이를 원심적으로 사지에 펼치며 오금과 돋움새로 발을 내디디는 한국 춤의 매무새와 일치한다.

한국인의 미적 심성에서는 판에 박은 듯한 글씨나 그림을 높이 평가하지 않고, 도자기를 굽더라도 서로 모양이 다른 것이 나올 때라야 묘미를 느낀다. 똑같은 것을 두 번 다시 되풀이하는 것을 재미없어 하는 것이다. 그만큼 공연 예술의 한 특성인 일회성이 강조되어 있기 때문이다. 한국 춤을 흔히 멋과 흥의 춤이라고 하는데, 이러한 일상적 파격의 요소들이 어우러져 음악과 춤이 앞서거니 뒤서거니 하면서, 때로는 음악과 춤이 전혀 다르게 제각기 제멋대로 공연되기도 하고, 때로는 휘모리로 마구 몰아대는 음악 반주에도 아랑곳없이 아주 느리고 태평스런 춤을 추기도 한다. 이러한 음악과 춤의 극단적인 대비로 오히려 역동이 드러나고, 더 나아가 춤과 음악이 자유로운 불일치를 이루는 데에서 오히려 극치의 조화를 이루어 내는 것이다. 결국 한국인은 일상성의 파격을 바탕으로 이미 삶을 예술화하면서 살고 있다고 할 수 있겠다. 그러므로 한국 춤은 춤추는 이는 말할 것도 없고, 보는 이까지도 어떤 정신적 깊이에 도달해 있지 않고서는 제대로 출 수 없고, 제대로 향유할 수도 없는 것이다.

1

위 글의 내용과 일치하지 않는 것은?

① 한국 춤은 자유 분방한 동작을 통해 흥을 돋운다.
② 한국 춤의 선은 버선발의 선과 유사한 속성을 지닌다.
③ 한국 춤의 묘미는 긴장과 이완의 적절한 배합에 있다.
④ 한국인의 미적 심성에는 일회성을 즐기려는 속성이 있다.
⑤ 한국 춤은 우리 민족의 역사를 반영하는 문화적 소산이다.

2

위 글을 바탕으로 한국 춤과 연극의 공통점을 알아보는 과제를 수행했다. 〈보기〉와 관련이 깊은 것은?

〈보기〉

일반적으로 연극 배우들은 극중 인물과 자신을 동일시한다. 우선 연기자는 대본을 통해 인물의 성격적 특성을 파악하고 내면화하여 연기에 몰입하게 된다. 그러므로 배우로서 작품에 몰입하는 순간, 배우는 무대 위에서 대본을 뛰어 넘는 대사와 행동을 자연스럽게 연기한다. 즉, 주어진 대사대로 연기하지 않고 대본을 뛰어 넘는 연기자의 기발함이 나타나는데, 툭툭 내뱉듯이 가볍게 흘리는 대사가 관객들의 심금을 울린다. 다시 말해 주어지지 않은 대사를 즉흥적으로 그때그때 표현함으로써 훨씬 더 살아 있는 작품이 되게 한다는 것이다.

① 정중동   ② 허튼 춤   ③ 몸놀림   ④ 일회성   ⑤ 일상성

　　역사가는 믿을 만한 지도를 손에 들고 과거라는 큰 도시를 찾아드는 여행가와 같다. 그렇다면 역사가의 지도란 무엇인가? 그것은 많은 사실 속에서 역사적 의미를 가려 낼 수 있게 하는 문제 의식이다. 또한 그것은 어느 시대를 역사적 전후 관계에 따라서 전체를 파악할 수 있게 하는 하나의 관점이다. 역사가의 사명은 바로 이러한 문제 의식과 관점을 확실하게 세워서 사회와 인간 생활을 정확하게 이해하는 데 있다. 결국 역사가의 문제 의식은 궁극적으로 역사가의 사관(史觀)과 밀접하게 관련되는 것이라 할 수 있다.

　　그러면 역사가의 사관은 어떻게 형성되는가? 역사가의 사관 형성은 무엇보다도 정직한 마음을 가지는 데서 가능하다. 그것은 자신의 과거와 현재를 솔직하게 보아야 한다는 것이다. 누구나 자기가 아는 것이 남보다 많다 하거나, 자기 민족의 역사는 영광의 역사라 주장하고, 설사 그러한 역사가 영광 아닌 고난의 역사라 해도 그런 대로 소위 '주체성'이 우수했음을 강조하고 싶을 것이다. 하지만 미화(美化)는 과거를 바꾸어 놓을 수 없고 또 상태를 개선할 수 있는 것도 아니다. 랑케는 이러한 역사가의 정직을 강조하면서 '일어났던 그대로' 사실을 재구성하라고 말한 바 있다.

　　다음으로 역사가의 사관 형성에 도움이 되는 덕성은 금욕주의이다. 스토아 철학자들이 금욕 원리에서 정신의 평화를 찾았듯이 역사가는 현실적 욕망의 테두리를 벗어남으로써 대상을 관조*할 수 있는 수준에 도달한다. 이러한 역사가의 관조의 위치는 잡다한 인간 사회의 모든 현상을 잘 관찰할 수 있도록 해준다. 역사학의 이런 '몰실리성'은 역사학을 진정한 기초 학문, 즉 인간 교양의 학문으로 승격시킨다. 역사가는 알렉산더 대왕 앞에서 태양볕을 즐기던 통나무 속의 디오게네스와 같다. 그는 권력자의 눈치를 살피지도 않으며 출세를 걱정하느라 눈이 어두워지지도 않을 것이기에 역사학이 진정한 아카데미시즘으로 승화될 수 있는 것이다.

　　그러나 역사학이 현실적 욕망의 테두리를 벗어나 관조하는 '몰실리성'을 지닌다고 해서 이것이 '현실 불감증'과 동일시될 수는 없다. 왜냐하면 역사학은 가장 현실에 민감하고 미래에의 전망과 결부되고 있기 때문이다. 바꾸어 말해서 역사학의 출발점은 현재에 있으며, 과거는 단순한 '죽은 과거'로 취급되는 데 있지 않다. 역사에서의 객관성이란 과거 사실 그 자체를 정확하게 기술하는 것만을 일컫는 것이 아니라 현재와의 연관성 속에서 과거를 인식하는 것이다. 일찍이 드로이젠이 랑케의 객관성을 가리켜 '환관(宦官)의 객관성'이라고 비난한 바 있다.

　　역사가의 사관 형성에 있어 덧붙일 것은 역사가의 지도 그 자체는 흠잡을 데 없는 완성품이 아니라는 사실이다. 역사학도들은 기성 역사가들이 만들어 놓은 지도에 따라 역사 연구를 시작하지만 점차로 그러한 지도에 부족한 점이 있음을 알게 된다. 마치 능숙한 여행가가 지도 위에 적색 연필로 가필하듯이 역사학도들은 차츰 기성의 사관을 보완·수정하거나 아니면 다른 사관으로 대체할 생각을 품게 될 것이다. 이와 같은 사관의 수정 내지 그 새로운 설정은 한 역사가의 생애에 걸친 작업이므로 어느 역사가의 독자적인 사관이 항구적 가치를 갖는가 아닌가를 판단하는 것도 오랜 시일에 걸쳐 평가되어야 할 성질의 것이다.

*관조(觀照): 고요한 마음으로 사물이나 현상을 관찰하거나 비추어 봄. 지혜로 모든 사물의 참모습과 나아가 영원히 변하지 않는 진리를 비추어 봄.

1

위 글의 서술상의 특징으로 적절한 것은?

① 추상적 내용을 구체적 사물에 빗대어 설명하고 있다.
② 일상적 사례를 통해 문제 해결의 방안을 제시하고 있다.
③ 상반된 견해를 절충하여 새로운 시각을 이끌어내고 있다.
④ 다른 대상과의 대조를 통해 대상의 특징을 부각시키고 있다.
⑤ 대상을 다양한 관점에 따라 조명하여 객관성을 높이고 있다.

2

위 글은 궁극적으로 어떤 질문에 답하는 글인가?

① 역사가의 순수성은 무엇인가?
② 역사가의 연구 대상은 무엇인가?
③ 역사가의 사회적 역할은 무엇인가?
④ 역사가가 지녀야 할 태도는 무엇인가?
⑤ 역사가의 사관은 어떻게 변해 왔는가?

영상 매체와 이미지

영상 매체는 문자가 아닌 이미지의 언어로 이루어져 있다. 오늘날 영상 이미지의 사용은 점점 더 일반화되고 있으며, 우리는 일상적으로 이미지를 사용하고 해독한다. 특히 매체의 영상은 언제 어디서나 흘러 넘치는 이미지로서 일상적 삶의 한 부분이 되어 버렸다. 그러나 이미지를 만드는 사람들은, 우리의 순진함을 이용하여 우리를 조종하고 은밀히 자신의 의도를 주입시킬 수도 있다.

광고에서 펼쳐지는 이미지는 결코 현재 우리의 삶이 어떠한가를 말하지 않는다. 그보다는 상품을 구입할 경우, 달라지게 될 세련되고 매력적인 미래의 삶에 대해 이야기한다. 처음에는 이러한 이미지를 자신의 미래 이미지로 받아들이지 않을지라도 반복해서 보게 되면 자신도 모르는 사이에 자연스럽게 광고 이미지 전체를 자신의 미래 이미지로 받아들이게 된다. 이렇게 ㉠광고는 초라한 일상의 나에서 벗어나 환상적인 미래의 나로 변신하고 싶다는 욕망을 자극한다.

광고 속의 이미지가 현실을 왜곡하고, 보는 이의 욕망을 자극하듯이 드라마나 영화도 마찬가지다. 드라마나 영화에 제시되는 삶의 모습 또한 ㉡현실의 삶을 있는 그대로 반영하기보다는 보는 이의 시선을 끌 만한 상황을 제시하는 경우가 많다. 또한 ㉢설정된 인물들의 성격이나 직업 등은 극적인 재미를 극대화하기 위해 현실 생활과는 다르게 왜곡되기 일쑤여서 시청자들로 하여금 편견을 갖게 한다.

문제는 이런 이미지에 길들여지면 이미지의 세계를 현실 세계로 여기게 된다는 점이다. 드라마에서 어떤 배우가 한 머리 모양이 인기를 끌고 광고 카피가 속담이나 격언보다 위력을 떨치며, 영화를 통한 모방 범죄 심리가 생기는 것도 이와 같은 이미지의 영향력 때문이다. 그리하여 이미지 사회에서는 사람들이 논리적이고 합리적인 사고를 통해 주체적인 삶을 살기보다는 이미지에 의해 연출된 삶을 감각적으로 소유하고, 현실과 다른 환상적인 행복을 추구하는 경우도 많이 생기게 된다.

그렇다고 해서 이미지가 사람들로 하여금 환상적인 세계 속에 젖어들게 하여 현실을 망각하고 자신의 정체성을 위협하는 위험성만 가지고 있는 것은 아니다. 이미지를 제대로 이해하고, 바르게 받아들인다면, 자유로운 상상력을 키워주는 긍정적인 기능도 있다.

이미지란 어떤 사건이나 대상을 구체적으로 보여주는 것이다. 이 과정에는 상상력이 절대적으로 필요하다. 특히, ㉣비현실적인 것을 형상화한 이미지는 고도의 상상력을 거쳐 탄생하기 마련이며 이것을 보는 것만으로도 사고의 영역을 확대할 수 있다. 그리고 ㉤살아 있는 이미지는 기존의 선입견이나 고정관념을 바꿀 수도 있다.

이미지가 팽배한 시대를 살아가기 위해서는 범람하는 이미지의 흐름에 자신을 맡긴 채 내버려 둘 것이 아니라, 이미지를 주체적으로 수용하는 자세가 무엇보다 중요하다. 우리는 이미지 속에 빠져드는 것이 아니라 그것을 읽어 내야 한다.

1

위 글의 논지 전개 방법으로 적절한 것은?

① 예상되는 반론을 제기하고 논거를 들어 반박하고 있다.

② 다양한 이론을 소개한 후 새로운 대안을 제시하고 있다.

③ 가설을 제시하고 구체적인 자료를 통해 이를 검증하고 있다.

④ 쟁점에 대한 상반된 견해를 소개하고 절충안을 도출하고 있다.

⑤ 대상을 대비적으로 분석한 후 올바른 수용 태도를 제시하고 있다.

2

위 글의 ㉠~㉤의 예로 적절하지 않은 것은?

① ㉠ : 미모의 배우가 등장하는 화장품 광고를 보고 그 화장품을 사서 쓰면 자신도 그 배우처럼 예뻐질 것으로 믿게 된다.

② ㉡ : 시청률이 높은 시간대에 다큐멘터리 프로그램을 편성하여, 현실 문제에 대한 관심을 높이고 사회 의식을 고취한다.

③ ㉢ : 영화에서 폭력장면을 합리화하고 미화하여 폭력에 대한 가치를 혼란하게 한다.

④ ㉣ : 공상 과학 영화의 주인공이 타임머신을 타고 과거, 현재, 미래를 오감으로써 시청자들에게 시공을 초월한 세계를 경험하게 한다.

⑤ ㉤ : '포돌이' 캐릭터는 근엄한 경찰과 천진한 어린이라는 이질적인 이미지를 서로 결합시킴으로써 경찰을 친근한 대상으로 느끼게 한다.

아직도 많은 사람들이 과학에 대해 선입견과 편견을 가지고 있다. 최근에는 과학이라는 말이 본래의 뜻과는 달리 '정확하다', '완벽하다' 또는 '좋다'는 뜻으로 널리 쓰이고 있다. 이러한 의미의 혼란은 오히려 과학이 무엇인지 알기 힘들게 만들었고, ㉠과학 방법에 충실한 과학을 그렇지 못한 유사 과학과 구별하는 것도 어렵게 만들어 버렸다. 흔히들 '과학이냐, 아니냐' 하는 것은 그 주장하는 내용이 '진실이냐, 아니냐'에 따라 구별하는 것으로 생각하고 있다. 과학의 내용은 항상 완전하고 정확하다고 생각하는 사람들에게 이러한 구분은 매우 설득력이 있어 보인다. 그러나 과학에 대해 이러한 정의가 의미를 가지기 위해서는 어느 것이 참이고 어느 것이 거짓인지를 가려낼 수 있는 능력이 전제되어야 한다. 무엇이 궁극적으로 진리인지를 가려내는 능력과 방법이 없다면, 결론이 '참이냐, 거짓이냐'에 의해 '과학이냐, 아니냐'를 결정할 수 없다.

따라서 '과학이냐, 아니냐'하는 것은 결론에 의해서가 아니라, 그 결론을 이끌어 내는 과정에 의해서 가려내야 한다. 어떤 결론이 과학적이기 위해서는 그 결론이 유도되는 과정이 합리적이어야 한다는 것이다. 합리적이라 함은 정상적인 이성을 가진 사람을 납득시킬 수 있다는 뜻이다. 과학을 과정의 학문이라고 하는 것은 이 때문이다.

이때 결론을 이끌어 내기 위해 사용하는 것이 바로 과학 방법이다. 과학 방법은 귀납법과 연역법이라고 하는 큰 틀을 기본으로 하고 있다. 귀납법은 실험, 관찰, 통계와 같은 방법으로 개별적 사실로부터 일반 원리를 발견해 가는 과정이다. 반면에 연역법은 우리가 확연히 알 수 있는 공리에서부터 출발하여 논리적 추론에 의해 결론을 이끌어 내는 방법이다.

또한 과학을 이야기할 때 꼭 언급하고 지나가야 할 문제는 '과학적인 방법으로 얻어진 결과를 어느 정도 신뢰할 수 있느냐?' 하는 문제이다. 과학은 인간의 이성으로 진리를 추구해 가는 가장 합리적인 방법이기에 그 결론은 우리가 얻을 수 있는, 가장 신뢰할 수 있는 결론이라고 해야 할 것이다. 그러나 이것은 인간의 이성으로 얻은 결론이므로 인간이라는 한계를 뛰어넘을 수는 없다. 인간의 지식이나 이성이 완벽하지 못하다는 것은 누구나 인정하고 있는 사실이다. 따라서 과학적인 방법으로 얻어진 결론도 완벽하다고 할 수는 없다. 과학 발전의 과정에서 많은 이론이나 학설들이 새로운 이론이나 학설에 의해 부정되었다. 인류가 알아낸 가장 완벽한 자연 법칙이라고 생각했던 뉴턴 역학도, 상대성 이론도 양자론에 의해 수정되고 보완되어야 했다.

충실하게 과학 방법을 적용하여 얻어진 결론도 이와 같은 한계가 있을 수밖에 없으므로 과학 방법을 적용하지 않고 얻어 낸 결론이 오류의 가능성을 가지고 있는 것은 당연하다고 할 수 있을 것이다. 통제된 실험을 할 수 없는 분야에서 상반된 결론들이 나와 사람들을 어리둥절하게 하는 경우를 볼 수 있는데, 그것은 그 분야의 특성상 엄밀하게 과학 방법을 적용할 수 없기 때문에 생기는 일이다. 특히 인간을 대상으로 하는 분야에서 이런 오류가 자주 빚어지는 것은 사람을 실험 대상으로 사용하는 데는 한계가 있을 수밖에 없기 때문이다. 과학을 이해하기 위해서는 과학이 가지고 있는 이러한 한계도 이해해야 할 것이다.

1

위 글의 내용을 강연으로 전달하고자 할 때, 제목과 부제로 가장 적절한 것은?

① 과학의 발전 방향에 대한 예측 – 학설과 이론을 근거로 주장해야
② 과학적인 결론을 얻기 위한 방안 – 귀납법과 연역법을 먼저 이해해야
③ 무에서 유를 창조하는 과학의 힘 – 인간의 생활을 송두리째 흔들 수도
④ 과학의 이해를 위한 올바른 접근 방안 – 선입견을 불식하고 한계를 이해해야
⑤ 과학적 지식이 갖는 한계의 근본적 원인 – 완벽을 추구하나 오류는 피할 수 없어

2

㉠의 문맥적 의미로 적절한 것은?

① 다수의 합의에 의한
② 합리적인 과정에 따른
③ 새로운 관점에서 보는
④ 궁극적인 진리가 담긴
⑤ 다방면에 응용될 수 있는

열차 운행의 중요한 과제는 열차를 신속하게 운행하면서도 열차끼리의 충돌 사고를 방지하는 것이다. 열차를 운행할 때는 일반적으로 역과 역 사이에 일정한 간격으로 구간을 설정하고 하나의 구간에는 한 대의 열차만 운행하도록 하는데, 이러한 구간을 '폐색구간'이라고 한다. 폐색구간을 안전하게 관리하면서도 열차 운행의 속도를 높이는 데 도움을 주기 위해서 열차나 선로에는 다양한 안전장치들이 설치되어 있다.

'자동폐색장치(ABS)'는 폐색구간의 시작과 끝에 신호를 설치하고 궤도회로*를 이용하여 열차의 위치에 따라 신호를 자동으로 제어하는 장치이다. 폐색구간에 열차가 있을 때에는 정지 신호인 적색등이 켜지고, 열차가 폐색구간을 지나간 후에는 다음 기차가 진입해도 좋다는 녹색등이 표시된다. 이를 바탕으로 뒤따라오는 열차의 기관사는 앞 구간의 열차 유무를 확인하여 열차의 운행 속도를 제어하고 앞 열차와의 안전거리를 유지하며 열차 사고를 방지한다.

그런데 악천후나 응급 상황으로 기관사가 신호기에 표시된 정지 신호를 잘못 인식하거나 확인하지 못해 충돌 사고가 발생하는 경우가 있다. 이러한 충돌 사고를 방지하기 위한 장치를 설치하는데, 이를 '자동열차정지장치(ATS)'라고 한다. ATS는 선로 위의 지상장치와 열차 안의 차상장치로 구성되는데, 열차가 지상장치를 통과할 때 지상장치에서 차상장치로 신호기 점등 정보를 보낸다. 이때 차상장치에 '정지'를 의미하는 적색등이 켜지면 벨이 울려 기관사에게 알려 준다. 그러면 기관사는 이를 확인하고 제동장치를 작동하여 열차를 감속하거나 정지시키는 등 열차 전반의 운행을 제어하고 앞 열차와의 안전거리를 유지해야 한다. 그런데 벨이 5초 이상 계속 울리고 있는데도 열차 속도가 줄어들지 않으면 ATS는 이를 위기 상황으로 판단하고 제동장치에 비상 제동을 명령하여 자동으로 열차를 멈춰 서게 한다. 이렇게 ATS는 위기 상황으로 인한 충돌 사고를 예방해 준다. 하지만 평상시 기관사의 운전 부담을 줄여 주는 데는 한계가 있다.

'자동열차제어장치(ATC)'는 신호에 따라 여러 단계로 나누어진 열차 제한 속도 정보를 지상장치에서 차상장치로 전송한다. 그리고 전송된 제한 속도를 넘지 않도록 열차의 속도를 자동으로 감시하고 제어함으로써 선행 열차와의 충돌을 막아주고 좀 더 효율적인 열차 운행이 가능하게 해준다. ATC는 송수신장치, 열차검지장치, 속도신호생성장치, 속도검출기, 처리장치, 제동장치 등으로 구성되어 있다.

여러 개의 궤도회로로 나뉜 선로 위를 A열차와 B열차가 달리고 있다고 가정해보자. A, B열차가 서로 다른 궤도회로에 각각 진입하면 지상의 송수신장치에서 열차검지장치로 신호를 보내고 열차검지장치는 이 신호를 바탕으로 선로 위에 있는 A, B열차의 위치를 파악한다. 속도신호생성장치는 앞서가는 A열차의 위치와 뒤따라오는 B열차의 위치를 바탕으로 B열차가 주행해야 할 적절한 속도를 연산하여 B열차의 제한 속도를 결정한다. 이 속도는 B열차가 위치하고 있는 궤도회로에 전송되고 지상의 송수신장치를 통해 B열차에 일정 시간 간격으로 계속 전달된다.

그러면 B열차의 운전석 계기판에는 수신된 제한 속도와 속도검출기를 통해 얻은 B열차의 현재 속도가 동시에 표시되어 기관사가 제한 속도를 확인하며 운전할 수 있도록 한다. 이때 열차의 현재 속도가 제한 속도를 초과하면 처리장치에서 자동으로 신호를 보내고 신호를 받은 제동장치가 작동되며 열차의 속도를 줄여 준다. 속도가 줄어 제한 속도 이하가 되면 제동이 풀리고 기관사는 속도를 높이게 된다. ATC는 열차가 제한 속도를 넘지 않도록 자동으로 속도를 조절하기 때문에 과속으로 인한 사고를 예방해 주지만, 제한 속도 안에서는 기관사가 직접 속도를 감속하고 가속해야 한다는 점에서 기관사의 부담은 여전히 남아 있다.

많은 사람들이 이용하는 열차의 특성상 열차 충돌 사고가 발생하면 큰 인명 피해로 이어진다. 그래서 현재까지도 열차 사이의 안전거리를 확보하면서도 운행 간격을 최대한 단축하고 열차의 운행 속도를 높이는 기술에 대한 연구가 지속적으로 이루어지고 있다.

*궤도회로: 레일을 전기회로의 일부로 사용하여 레일상의 열차를 검지하는 회로. 신호와 경보기 등을 제어하고 지상에서 차상에 정보를 전달함.

1

위 글의 표제와 부제로 가장 적절한 것은?

① 열차 운행의 과제 – 안전장치의 종류와 작동 원리를 중심으로
② 열차 안전사고의 현황 – 폐색구간에서의 발생 사례를 중심으로
③ 열차 운행 구간의 종류 – 안전장치의 필요성과 운행 속도를 중심으로
④ 열차 사이의 운행 간격 조절 – 속도검출기의 작동 과정을 중심으로
⑤ 열차 속도 검출 방식의 역사 – 자동열차정지장치와 자동열차제어장치를 중심으로

2

위 글의 내용과 일치하지 않는 것은?

① '폐색구간'은 한 대의 열차만 운행하도록 정해진 구간이다.
② '자동폐색장치'는 정지 신호를 오인하여 발생하는 사고를 예방해 준다.
③ '자동폐색장치'는 궤도회로를 이용하여 열차 위치에 따라 신호를 자동으로 제어한다.
④ '자동열차정지장치'는 지상장치와 차상장치로 구성되어 있다.
⑤ '자동열차정지장치'는 위기 상황에서 자동으로 작동하여 열차를 정지시킨다.

조선시대 초상화의 가장 큰 특징은 무엇일까? 조선시대에 그려졌던 초상화 제작의 원칙은 모델을 사실적으로 그리는 데에 있었다. '일호불사 편시타인(一毫不似 便是他人 : 터럭 하나라도 같지 않으면 곧 다른 사람)'이라는 정신이 밑바닥에 깔려 있었던 것이다. 퇴계 이황 같은 분은 끝까지 자신의 초상화를 그리는 것을 허락하지 않았는데, 조금이라도 자신을 닮지 않으면 다른 사람이 될 수 있다는 염려 때문이었다. 그러나 조선시대의 초상화가 반드시 얼굴 모양을 정확히 닮게 그리는 데에만 치중하지는 않았다. 왕의 초상화인 어진(御眞)을 그리는 데도 얼굴의 겉모습은 칠분모(七分模 : 70%만 닮음)면 족하다는 기준이 정해져 있었지만, 그보다도 대상 인물이 지닌 정신과 성격을 표현해 내는 것을 더 높이 샀다. 이것이 바로 조선조 초상화의 '전신사조(傳神寫照)' 정신이다.

'전신사조'는 중국 육조 시대의 화가 고개지가 처음 사용한 것으로, '사조'란 작가가 바라보고 관찰한 대상의 형상을 묘사하는 것을 뜻하고, '전신'이란 그 대상의 내부에 들어 있는 정신과 성격을 그려낸다는 뜻이다. 쉽게 말해 대상의 겉모습을 묘사하되 그 속에 숨어 있는 정신까지를 표현해 내야 한다는 말이다. 그런데 그 '정신'은 형태가 없는 것이므로 반드시 형태가 있는 겉모습을 통해야만 드러낼 수 있다. 그렇기에 전신 없는 사조는 없으며 사조 없는 전신도 없는 것이라고 할 수 있다.

전신사조 정신은 초상화 제작 과정에서 치밀한 관찰로 구현된다. 초상화를 그리는 화가는 먼저 대상이 되는 인물을 치밀하게 관찰해야 한다. 이 때 대상이 일반 사대부이거나 잘 아는 사람이라면 일이 비교적 쉬웠다. 예를 들면 숙종 때 윤승의 초상화를 그린 변량은 3개월 동안 대상의 특징과 동작 등을 자세히 관찰한 결과 뛰어난 초상화를 그릴 수 있었다.

반면 관찰이 미진하면 초상화가 잘 나오지 않았다. 조선시대의 공신을 그린 초상화의 경우 대개 그 수준이 떨어지는 까닭은 왕명에 의해 관복을 차려 입은 화원(畵員)이 역시 관복을 입은 채 엄숙한 자세를 취하고 있는 대상의 모습을 보고 그려야 했기에 충분한 관찰이 이루어지지 못했기 때문이다. 초상화의 대상이 왕일 경우에는 관찰이 여의치 않아 어려움이 더 많았다. 왕의 초상화는 '어진도사도감'이라는 관청에서 화원이 그렸는데, 그 종류에는 ㉠도사(圖寫), ㉡추사(追寫), ㉢모사(模寫) 세 가지가 있었다. 도사란 살아 있는 왕의 모습을 보고 그리는 것이고, 추사란 왕이 죽은 뒤 추정에 의해 그리는 것이며, 모사란 그려진 초상이 훼손된 경우 원본을 바탕으로 새로 그려낸 것이다. 도사의 경우에는 왕의 모습을 직접 보고 그려야 했지만, 워낙 지엄한 존재라서 그것이 수월하지 않았다. 그래서 왕을 닮은 사람을 수없이 그려 미리 연습을 한 후에 그리기도 하였다.

조선시대의 초상화는 관찰을 중시하여 대상의 외모뿐만 아니라 성격과 특징까지 드러내고자 하였다. 얼굴에 있는 작은 주름 하나까지도 빠뜨리지 않고 그리면서 대상의 진면목을 보여 주려고 하였던 것이다. 그런 점에서 조선시대의 초상화는 단순한 그림에 그치지 않고 대상 인물과 동일시되는 사물로 인식되기도 하였다.

1

위 글의 내용과 일치하는 것은?

① 조선시대 공신들의 초상화는 화원이 직접 관찰하지 않고 그렸다.

② 조선시대 초상화의 특징은 대상을 추상적으로 그리는 데 있었다.

③ '전신사조'라는 말은 우리나라의 고유한 초상화 제작의 정신이다.

④ 초상화의 대상이 일반 사대부일 경우에는 그리기에 어려움이 따랐다.

⑤ 조선시대 때 왕의 초상화는 어진도사도감이라는 관청에서 제작을 담당했다.

2

㉠, ㉡, ㉢에 대한 판단으로 가장 적절한 것은?

① ㉠은 왕을 오래 관찰한 결과를 반영한 그림이다.

② ㉡은 왕이 정사로 바쁠 때 편법으로 그려진 그림이다.

③ ㉢은 아무런 근거 자료 없이 그려진 상상적 그림이다.

④ ㉠은 ㉡보다 왕의 실제 모습을 잘 드러냈을 것이다.

⑤ ㉡과 달리 ㉢은 전문 화원에 의해서 그려졌을 것이다.

(가) 한 아이가 길을 가다가 골목에서 갑자기 튀어나온 큰 개에게 발목을 물렸다고 하자. 아이는 이 일을 겪은 뒤 개에 대한 극심한 불안에 시달렸다. 멀리 있는 강아지만 봐도 몸이 경직되고 호흡 곤란을 느꼈으며 심할 경우 응급실을 찾기도 하였다. 이것은 한 번의 부정적인 경험이 공포증으로 이어진 경우라고 할 수 있다.

(나) '공포증'이란 위의 경우에서 보듯이 특정 대상에 대한 과도한 두려움으로 그 대상을 계속해서 피하게 되는 증세를 말한다. 특정한 동물, 높은 곳, 비행기나 엘리베이터 등이 공포증을 유발하는 대상이 될 수 있다. 물론 일반적인 사람들도 이런 대상을 접하여 부정적인 경험을 할 수 있지만 공포증으로까지 이어지는 경우는 드물다.

(다) 심리학자 와이너는 부정적인 경험을 한 상황을 어떻게 해석하느냐에 따라 이러한 공포증이 생길 수도 있고 그렇지 않을 수도 있으며, 공포증이 지속될 수도 있고 극복될 수도 있다고 했다. 그는 상황을 해석하는 방식을 설명하기 위해 상황의 원인을 어디에서 찾느냐, 상황의 변화 가능성에 대해 어떻게 인식하느냐의 두 가지 기준을 제시했다. 상황의 원인을 자신에게서 찾으면 '내부적'으로 해석한 것이고, 자신이 아닌 다른 것에서 찾으면 '외부적'으로 해석한 것이다. 또 상황이 바뀔 가능성이 전혀 없다고 생각하면 '고정적'으로 인식한 것이고, 상황이 충분히 바뀔 수 있다고 생각하면 '가변적'으로 인식한 것이다.

(라) 와이너에 의하면, 큰 개에게 물렸지만 공포증에 시달리지 않는 사람들은 개에게 물린 상황에 대해 '내 대처 방식이 잘못되었어.'라며 내부적이고 가변적으로 해석한다. 이것은 나의 대처 방식에 따라 상황이 충분히 바뀔 수 있다고 생각하는 것이므로 이들은 개와 마주치는 상황을 굳이 피하지 않는다. 그 후 개에게 물리지 않는 상황이 반복되면 '나도 어떤 경우라도 개를 감당할 수 있어.'라며 내부적이고 고정적으로 해석하는 단계로 나아가게 된다.

(마) 반면에 공포증을 겪는 사람들은 개에 물린 상황에 대해 '나는 약해서 개를 감당하지 못해.'라며 내부적이고 고정적으로 해석하거나 '개는 위험한 동물이야.'라며 외부적이고 고정적으로 해석한다. 자신의 힘이 개보다 약하다고 생각하거나 개를 맹수로 여기는 것이므로 이들은 자신이 개에게 물린 것을 당연한 일로 받아들인다. 하지만 공포증에 시달리지 않는 사람들처럼 상황을 해석하고 개를 피하지 않는 노력을 기울이면 공포증에서 벗어날 수 있다.

1

(가)~(마)의 핵심 화제로 적절하지 않은 것은?

① (가) : 공포증이 생긴 구체적 상황

② (나) : 공포증을 유발하는 대상과 개념

③ (다) : '와이너'가 제시한 상황 해석의 기준

④ (라) : 공포증을 겪지 않는 사람들의 상황 해석의 방식

⑤ (마) : 공포증을 겪는 사람들의 행동 유형

2

'공포증'에 대한 글쓴이의 관점으로 가장 적절한 것은?

① 공포증은 시간이 지나면 자연스럽게 사라진다.

② 자신의 의지와 노력으로 공포증을 통제할 수 있다.

③ 감정을 숨김없이 발산시킬 때 공포증을 극복할 수 있다.

④ 주변 사람의 도움이 있어야만 공포증에서 벗어날 수 있다.

⑤ 공포증에서 벗어나려면 유사한 상황에 일관되게 반응해야 한다.

(가) 일찍이 아리스토텔레스는 '사람은 정치적 동물'이라고 규정하였다. 이 말에는 두 가지 의미가 담겨 있다. 사람은 혼자서 살 수 없고 다른 사람들과 어울려 국가라는 공동체를 이루며 살아간다는 것과 국가는 구성원들의 올바른 사회 생활을 보장해야 한다는 것이다. 그러나 아리스토텔레스 이후 현대까지 대부분의 국가에서, 국가의 주인이요 수혜자이어야 할 국민들은 거꾸로 국가를 위하여 복종과 희생을 강요당해 왔다. 아직도 많은 국가에서 소수 권력자들이 권력을 독점하고 있으며, 일반 국민들은 주요 정치적 결정 과정으로부터 배제되고 있다. 민주주의의 지속적 성장에도 불구하고, 주권 재민(主權在民)은 아직도 교과서의 한 구절로 남아 있다.

(나) 역사의 흐름에 따라 민주주의에 대한 국민들의 열망은 계속 성장해 왔으며, 정보 통신 기술의 획기적인 발달에 의하여 그 열망은 보다 구체적인 현실로 나타나게 되었다. 첨단 정보 통신 기술은 신속하고 광범위한 여론 수렴과 민주적 의사 결정을 가능하게 함으로써 민주주의의 획기적 발전을 이룰 수 있는 탄탄한 토대를 형성하고 있다. 그러나 정보화가 진전됨에 따라서 민주주의가 아무런 방해를 받지 않고 순조롭게 확대될 것이라고 단정할 수는 없다. 실제로 정보화의 전개와 민주주의의 발전이 어떤 관계를 지니는가에 대해서는 낙관론과 비관론이 대립하고 있다.

(다) 낙관론자들은, 기술이 사회적 변화를 주도한다는 기술결정론적 입장에서, 디지털 혁명은 정보의 공개와 분산을 촉진하여 민주주의를 적극적으로 고양할 것이라고 말한다. 이들은, 최첨단 정보 통신 기술은 선거에서 후보자와 유권자 간의 쌍방향 통신을 활성화하고, 각종 정책 결정 과정과 관련된 정보의 공유가 신속히 이루어져 국가에 대한 국민의 신뢰감을 높이며, 지역 정보화를 통해 지역 발전이 촉진될 것임을 강조한다.

(라) 반면에 비관론자들은, 기술적 잠재력은 사회적 조건에 따라서 재구성된다는 사회 구성론의 입장에서, 현재와 같이 자본주의적 불평등 체제와 중앙 집권적인 지배 구조가 존속하는 한 정보화의 잠재력은 부정적인 방향으로 왜곡돼 불평등의 심화로 나타날 가능성이 크다고 믿는다. 정보에 대한 접근이 쉽고 개방성이 큰 포함적 정보의 이용에서는 큰 차이가 나지 않지만, 배타적 정보를 수집하고 생산하는 능력에서 정보 약자와 정보 강자 간의 차이가 심화되면서 사회적 힘의 차이와 빈부의 격차는 더 커지게 될 것이며, 사회 계층 간의 정보 격차는 지역적으로 재생산되어 중앙에 대한 지방의 예속화※가 증대될 것이라고 주장한다. 나아가, 국가의 권력 기구들은 정보 통신 기술을 활용하여 국민들의 동태를 더욱 철저하게 감시하고 정확하게 파악할 수 있는 지배 관리 체제를 구축함으로써 국민들에 대한 통제를 강화해 결국 민주주의는 나락의 길로 빠져들게 될 것임을 이들은 경고한다.

(마) 이들 두 주장은 모두 나름대로 설득력을 지닌다. 그러므로 우리는 일단 적극적인 관점에서 정보화를 통하여 미래 사회를 더 민주주의적으로 재구성할 수 있다는 신념을 갖되, 정보 통신 기술에 의한 통제 가능성이 예고하고 있는 위협을 최소화할 수 있는 노력을 철저히 해 나가야 한다. 만약 우

리가 비관론에 빠져 민주주의의 발전을 위한 노력을 게을리 한다면, 기존의 비민주적 지배 권력자들은 정보 통신 기술을 더욱 악용하려 들 것이며, 이에 대항하는 시민 운동은 대중적 기반을 상실하여 시민 사회는 점차 무기력해지고 말 것이다.

*예속화(隷屬化): 남의 지배나 지휘 아래 매이게 됨. 또는 그렇게 만듦.

1

위 글을 통해 해결할 수 없는 질문은?

① 국가와 국민 간의 바람직한 관계는 어떠해야 하는가?

② 정보 통신 기술의 발달은 민주주의의 발전에 어떤 영향을 줄 것인가?

③ 민주주의의 성장이 정보 통신 기술의 발달에 미치는 영향은 무엇인가?

④ 정보화와 민주주의의 관계에 대한 의견 차이는 어디에서 비롯되는가?

⑤ 아리스토텔레스가 말한 '사람은 정치적 동물'이라는 말의 의미는 무엇인가?

2

위 글의 논지 전개 과정을 가장 잘 나타낸 것은?

① 개념 규정 → 대상 분석 → 요약

② 화제 제시 → 상반된 주장의 대비 → 절충

③ 주장 제시 → 사례 소개 → 주장의 재확인

④ 통념 소개 → 통념의 문제점 비판 → 새 이론 제시

⑤ 자료 제시 → 자료의 일반적 의미 소개 → 독창적 해석

우리 몸은 '자연적 치유'의 기능을 가지고 있다. 여기서 '자연적 치유'라는 것은 무슨 의미일까? '자연적 치유'라는 것은 우리 몸에 바이러스(항원)가 침투하더라도 외부의 도움 없이 이겨낼 수 있는 면역 시스템을 가지고 있다는 것을 의미한다. 이를 보다 정확하게 말하자면, 면역 시스템은 여러 가지 방법으로 바이러스에 감염된 세포를 찾아 바이러스를 제거한다. 그런데 이러한 면역 시스템에 관여하는 세포 중에서 매우 중요한 역할을 하는 세포가 있다. 그것은 바로 바이러스에 감염된 세포를 직접 찾아내 제거하는 '킬러 T세포'(killer T cells)이다. 킬러 T세포는 우리 몸을 지키는 파수꾼인 셈이다.

킬러 T세포는 혈액이나 림프액을 타고 몸속 곳곳을 순찰하는 일을 담당하는 림프세포의 일종이다. 림프세포에는 킬러 T세포 말고도 헬퍼 T세포와 B세포가 더 있다. 헬퍼 T세포는 바이러스가 침투하면, B세포를 활성화시켜 항체를 생산하게 하고 이로 하여금 바이러스를 파괴하게 한다. 반면 킬러 T세포는 감염된 세포를 직접 공격한다. 한편 킬러 T세포는 도로에서 모든 운전자를 대상으로 음주 단속을 하는 경찰처럼 세포 하나하나를 점검하여 바이러스에 감염된 세포를 찾아낸다. 이 과정에서 바이러스에 감염된 세포가 킬러 T세포에게 발각이 되면 죽게 된다. 그렇다면 킬러 T세포는 어떤 방법으로 바이러스에 감염된 세포를 파괴할까?

면역 시스템에서 먼저 활동을 시작하는 것은 세포 표면에 있는 'MHC(주요 조직 적합성 유전자 복합체)'이다. MHC는 꽃게 집게발 모양의 단백질 분자로 세포 안에 있는 단백질 조각을 세포 표면으로 끌고 나오는 역할을 한다. 이 과정을 조금 더 자세히 살펴보자. 본래 세포 속에는 자기 단백질이 대부분이지만, 일단 바이러스에 감염되면 원래 없던 바이러스 단백질이 세포 안에 만들어진다. 이렇게 만들어진 자기 단백질과 바이러스 단백질은 단백질 분해효소에 의해 펩티드※ 조각으로 분해되어 세포 속을 떠돌아다니다가 MHC와 결합해 세포 표면으로 배달되는 것이다.

이번에는 킬러 T세포가 활동한다. 킬러 T세포는 자기 표면에 있는 'TCR(T세포 수용체)'을 통해 세포의 밖으로 나온 MHC와 펩티드 조각이 결합해 이루어진 구조를 인식함으로써 바이러스 감염 여부를 판단한다. 만약 MHC와 결합된 펩티드가 자기 단백질의 것이라면 T세포는 자신이 만난 세포를 정상 세포로 인식하고 그냥 지나친다. 하지만 MHC와 결합된 펩티드가 바이러스 단백질의 것이라면 T세포는 활성화되면서 세포를 공격하는 단백질을 감염된 세포 속으로 보낸다. 이렇게 T세포의 공격을 받은 세포는 곧 죽게 되며 그 안의 바이러스 역시 죽음을 맞이하게 된다.

지금도 우리 몸의 이곳저곳에서는 비정상적인 세포분열이나 바이러스 감염이 계속되고 있다. 하지만 우리 몸에 있는 킬러 T세포가 병든 세포를 찾아내 파괴하는 메커니즘이 정상적으로 작동하고 있는 한 건강한 상태를 유지할 수 있다. 이렇듯 면역 시스템은 우리 몸을 지켜주는 수호신이다. 또한 우리 몸이 유기적으로 잘 짜인 구조임을 보여주는 좋은 예라고 할 수 있다.

*펩티드: 단백질 분자와 구조적으로 비슷하면서 보다 작은 유기물질

1

위 글의 설명 방식으로 적절하지 않은 것은?

① 기존 이론을 보완한 새 이론을 소개하고 있다.
② 대상이 역할을 수행하는 과정을 소개하고 있다.
③ 비유적 표현을 사용하여 독자의 이해를 돕고 있다.
④ 유사한 기능을 하는 두 대상을 서로 비교하고 있다.
⑤ 질문을 던지는 방식을 통해 독자의 관심을 유도하고 있다.

2

위 글을 과학 잡지에 기고하고자 할 때, 내용을 가장 잘 반영한 표제와 부제는?

① 면역 시스템을 가진 우리 몸 – 바이러스 퇴치의 첨병, 킬러 T세포
② 생체 신비의 현장인 우리 몸 – 신기한 생체 현상을 만드는 마술가, 킬러 T세포
③ 힘센 바이러스들의 각축장인 우리 몸 – 바이러스들 간의 충돌을 막는 중재자, 킬러 T세포
④ 세포들의 삶과 죽음의 공간인 우리 몸 – 세포들의 삶과 죽음을 관장하는 관리인, 킬러 T세포
⑤ 자립적 유기체인 우리 몸 – 외부의 도움 없이 세포를 생산하는 활동가, 킬러 T세포

　　리모컨은 리모트 컨트롤(Remote Control)의 준말로 원격 제어 장치를 뜻하며, 원격 제어 장치를 이용하여 기계를 조작하는 것을 원격 조작이라고 한다. 이때, 텔레비전처럼 움직이지 않으면서도 가까운 곳에 놓여 있는 장치는 제어가 용이하지만, 로봇처럼 끊임없이 움직이고 있는 기계를 먼 거리에서 뜻대로 조작하기는 쉽지 않다. 하지만 현재의 원격 조작 기술력은 이미 상당한 수준에 도달해 있다.

　　원격 조작되는 로봇은 인간의 접근이 불가능하거나 위험한 환경, 예컨대 원자력 발전소나 깊은 바닷속, 우주 공간 또는 사람의 혈관 안 등에서 임무를 수행할 수 있는데, 지금까지의 가장 중요한 활동 무대 중 하나는 바닷속이었다. 1985년에는 빙산과 충돌하여 침몰한 영국의 호화 여객선 타이타닉 호를 73년만에 북대서양에서 찾아낸 것도 해저 탐사 로봇이다. 이러한 원격 로봇은 해저 케이블 매설에서부터 대륙붕 탐사, 해저 광물의 채취, 해저 지도의 작성에 이르기까지 다양하게 활용되고 있다.

　　원격 조작 시스템은 기본적으로 '센서, 원격 도구, 표시 장치, 제어 장치, 통신 수단'의 다섯 가지 요소를 갖추어야 한다. '센서'는 원격 로봇의 눈에, '원격 도구'는 원격 로봇의 손발에 해당되며 '표시 장치' 및 '제어 장치'는 원격 로봇을 조작하는 사람의 눈과 머리인 셈이다. 이때 로봇과 사람은 '통신 수단'을 이용하여 상황을 보고하고 활동 지시를 내리는 등 정보를 교환한다. 원격 로봇이 '센서'로 작업 상황과 주변 환경에 관한 정보를 수집하여 멀리 떨어져 있는 조작실로 보내면, '표시 장치'의 화면에 그대로 재현된다. 조작실에서는 상황에 따라 원격 로봇이 취할 행동을 결정하게 되고, '제어 장치', 즉 컴퓨터를 통해 하달된 지시는 '통신 수단'을 통해 로봇에 전달된다. 그러면 원격 로봇은 조작자의 지시대로 '원격 도구'를 사용하여 이를 행동에 옮기게 되는 것이다.

　　그러므로 원격 조작 시스템 운용의 성패는 인간과 기계 사이에 교환되는 정보의 종류와 분량, 정확성 등 정보가 가진 특성에 달려 있다. 조작실의 조작자가 작업 환경에 대하여 생생하게 느낄수록 그만큼 더 정확하게 원격 로봇을 제어할 수 있으며, 원격 로봇이 조작자의 판단이나 지시를 생생하게 전달받을수록 그만큼 더 성공적으로 작업을 수행할 수 있기 때문이다. 원격 조작 시스템이 완벽에 가까워지면 조작자는 착각에 빠지기도 한다. 즉 원격 로봇이 어떤 물체를 다루고 있을 때, 조작자는 자신이 작업을 직접 하고 있다고 생각하게 되며, 결과적으로 자신이 그 곳에 실제로 존재하는 것 같은 느낌을 갖게 되는 것이다. '원격 존재 기술'은 인간이 원격 조작 시스템을 통해 조작자와 거의 동일한 가상의 존재를 구현하는 기술로, 조작자와 원격 로봇 사이의 완벽한 상호 작용을 통해 이루어진다. 이러한 '원격 존재 기술'에 의해 구현된 가상의 존재를 '원격 존재'라고 한다. 곧 원격 존재는 다른 곳에 존재하는 또 하나의 자신이다.

　　원격 존재는 1979년 마빈 민스키가 처음 사용한 용어이다. 미국의 스리마일섬에 있는 원자력 발전소에서 냉각 장치 파열로 핵연료가 누출된 사고가 났을 때, 민스키는 인간의 지각 및 인지 능력으로 로봇을 제어하는 원격 존재 기술의 개발을 제안하였다. 그 후 원격 존재 기술은 짧은 시간 동안 많은 발전을 이루어 왔지만, 현재의 원격 존재 기술은 시각 위주의 수준에 머물러 있는 것이 사실이다. 앞으로 시각, 촉각, 후각, 미각, 청각 등 오감을 완벽하게 갖춘 원격 존재 기술이 초고속 인터넷망을 통해 본격화되면 인류는 현재와는 다른 ㉠새로운 형태의 생활이 가능할 것이라고 전망된다.

1

위 글의 내용과 일치하지 않는 것은?

① 우리는 원격 제어 장치를 일상생활에서 사용하고 있다.
② 원격 로봇은 사람이 할 수 없는 위험한 일을 할 수 있다.
③ 원격 존재 기술 개발은 사고를 수습하는 과정에서 제안되었다.
④ 원격 조작 시스템 운용의 성패는 제어 장치의 정밀도에 달려 있다.
⑤ 원격 존재 기술은 공간의 한계를 어느 정도 극복할 수 있게 해 준다.

2

위 글을 바탕으로 ㉠의 모습을 추리한 것으로 적절하지 않은 것은?

① 침대에 누운 채 지중해로 여행을 가서 일광욕을 즐기는 느낌을 가질 수 있다.
② 인터넷에 접속하여 다양한 음식의 맛을 느끼면서 주문할 음식을 결정할 수 있다.
③ 거실에 앉아서 TV쇼핑몰 매장에 진열된 의류의 착용감을 느껴보고 원하는 것을 선택할 수 있다.
④ 기상 시간에 맞춰 깨워주고 출근 후에는 아이를 돌보고 청소도 하는 로봇과 함께 생활할 수 있다.
⑤ 판문점에 직접 가지 않고 각자의 집에서 남과 북의 이산가족이 서로의 체온을 느끼며 기쁨을 나눌 수 있다.

　사진적 시각이란 현실을 사진 영상으로 번역해 낼 때 필요한 문법이다. 문법을 모르고 한 나라의 말을 다른 나라의 말로 바꾸어 낼 수 없듯, 사진적 시각이 무시될 때 현실은 영상으로 바뀌지 않는다. 비록 어떤 영상이 만들어졌다 해도 그 영상이 어떤 뜻을 가지기는 어렵다. 문법에 맞지 않는 말이 단순한 '소리'일 뿐 말을 이루지 못하는 것과 마찬가지이다.

　인간의 시각은 일정한 시야를 지니고 있어서 그 바깥의 영역은 보지 못한다. 그 대신 눈이나 목을 움직임으로써 사실상 시야의 한계를 느끼지 않는다. 더구나 눈이나 목은 거의 무의식적으로 움직이기 때문에 시야의 한계에 대해 생각조차 해보지 않은 사람이 아마 대부분일 것이다. 그에 비해 사진은 일정한 범위만 찍히기 때문에 시야가 고정되고 주위와 분리되기 마련이다.

　사진은 시야가 고정되기 때문에 인간의 눈이 주위를 함께 파악하듯 화면 밖과 안을 동시에 파악할 수가 없다. 사진 영상의 '고립성'은 여기에서 온다. 주위 환경과의 관계에서 파악되던 어떤 사물이 틀 안에 갇혀 따로 떼어져 놓여 있을 때 애초의 느낌이나 의미가 그대로 전달된다고 보기는 어렵다. 여기에서 주위 현실과 분리된 영상만으로 어떻게 현실적 느낌을 전할 수 있을 것인가에 대한 연구가 필요하게 된다. 따라서 촬영에 임해서는 그 장면 하나만이 고립된다는 것을 전제로, 그 고립된 한 장의 사진으로 어떻게 자신의 생각이나 느낌을 영상화할 것인가를 생각해 보아야 한다.

　분리된 영상의 의미가 판연히 달라지는 것은 클로즈업 사진에서 흔히 볼 수 있다. 한 개의 사물이나 어떤 부분이 그것만 따로 클로즈업되면 그 사물이나 부분 자체가 현실과는 동떨어진 독자적 의미나 분위기를 형성하게 된다. 그 사물의 크기 또한 짐작하기 어렵게 된다.

　또한 ㉠같은 사물, 같은 현실도 어떻게 프레임*을 잡아 따내느냐에 따라 그 의미가 달라진다. 그 사물이 현장에 놓여 있을 때는 스스로가 어떤 의미를 가지고 있었겠지만 그것을 찍는 사람이 프레임을 어떻게 잡는가에 따라 의미가 갖가지로 변하기도 한다. 이는 사진이 현실에서 분리되고 틀이 씌워져 고정되기 때문에 일어나는 사진적 현상이다.

　따라서 사진을 찍을 때에는 사물의 의미를 정확히 파악하고, 그 느낌이나 의미를 전달하기 위해 어떻게 프레이밍을 할 것인가에 대한 명확한 판단을 가지고 셔터를 눌러야 한다. 판단이 서지 않았을 때, 프레이밍도 애매해질 뿐만 아니라 사진에도 아무런 의미가 들어갈 수가 없어 쓸모 없는 사진, 무엇을 말하고자 하는지 알 수 없는 사진이 되고 만다.

*프레임(frame): 영상을 의미화하기 위하여 촬영자가 파인더(카메라의 들여다보는 창)를 통해 결정한 대상이나 현실의 범위. 프레임을 통해 주관적 의지를 드러내는 작업(행위)을 '프레이밍(framing-따내기)'이라고 한다.

1

위 글의 표제와 부제로 가장 적절한 것은?

① 사진 예술의 본질 – 사물과 현실의 객관적 재현

② 사진의 약점에 대한 해명 – 현실의 모방을 통한 미의 창조

③ 사진 영상의 진실에 대한 의문 – 현실의 축소와 왜곡, 그리고 연출

④ 사진을 찍기 전 지녀야 할 기본적인 시각 – 현실로부터 분리된 영상의 틀에 대한 이해와 판단

⑤ 사진 작품의 완성도를 높이는 방법, 바로 여기에 있다 –결정적인 순간의 포착과 형식미를 갖춘 구도의 자연스런 조화

2

㉠에 대한 이해를 돕기 위해 들 수 있는 사례로 적절한 것은?

① 가까이 서 있는 인물을 찍은 사진에서, 서서 찍은 것보다 앉아서 찍은 것이 날씬하게 보인다.

② 삼각대에 카메라를 고정시켜 꽃을 찍은 사진에서, 물을 뿌리고 찍은 것이 그렇게 하지 않고 찍은 것보다 더 생생하게 보인다.

③ 문화재를 찍은 사진에서, 같은 구도라 하더라도 햇빛이 앞에서 비출 때 찍은 것보다 옆에서 비출 때 찍은 것이 더 질감과 입체감을 살려준다.

④ 풍경을 찍은 사진에서, 같은 조건에서도 빛에 반응하는 속도가 빠른 필름보다 빛에 반응하는 속도가 느린 필름을 사용한 것이 더 해상도가 높고 부드러운 느낌을 준다.

⑤ 카메라를 고정시키고 찍은 증명 사진에서, 인물의 시선이 카메라를 향하고 있을 때 찍은 것보다 카메라의 오른쪽이나 왼쪽 위를 향하고 있을 때 찍은 것이 더 자연스럽다.

(가) 바라는 욕구가 있지만 그것이 원만히 충족되지 못하는 경우에 우리는 긴장하거나 불편함을 느낀다. 이것이 우리가 흔히 말하는 스트레스이다. 운 좋게 스트레스가 저절로 해소될 수도 있지만 매번 이러한 요행을 바랄 수는 없으므로 우리는 스트레스를 해소할 수 있는 적절한 방법을 강구해야 한다.

(나) 스트레스를 효과적으로 해소하려는 것을 '대처'라고 하는데, 여기에는 두 가지 방법이 있다. 하나는 '문제 중심적 대처 방법'이고, 다른 하나는 '정서 중심적 대처 방법'이다. 전자는 스트레스를 일으키는 상황을 적극적으로 변화시키거나 문제 상황을 직접 해결하기 위한 여러 가지 방법을 생각한 후 가장 적합한 방법을 선택하여 스트레스 상황을 없애는 방법이다. 반면 후자는 문제를 직접 해결하기보다는 스트레스 상황을 인식하는 방법을 바꾸어 스트레스를 해소하는 방법이다.

(다) 특히, 후자의 방법을 '방어기제(defense mechanism)'라고 부른다. 방어기제는 무의식적으로 사실을 왜곡함으로써 불안을 줄이고 자아를 보호하려는 것이다. 방어기제에는 고통스러운 생각을 의식에 떠오르지 않도록 하는 '억압', 불안을 일으키는 생각과 반대로 행동하거나 불안이 없다고 생각하는 '부인', 사회적으로 용납되지 않는 감정이나 행동에 대해 논리적으로나 사회적으로 그럴 듯한 이유를 붙여 자신의 행동을 정당화하고 보호하는 '합리화' 등이 있다. 합리화에는 몇 가지 유형이 있다. 어떤 목표를 달성하기 위해 노력했으나 실패했을 때, 원래 그 목표 달성을 원하지 않았다고 생각하는 '신 포도형', 현재의 불만족스러운 상황을 자신이 가장 원했던 것이라고 믿는 '달콤한 레몬형', 자신의 능력에 대해 허구적 신념을 가짐으로써 실패의 원인을 정당화하는 '망상형' 등이 그것이다. 이러한 방어기제는 거짓말이나 변명과 달리 무의식적으로 이루어진다.

(라) 한편 방어기제는 스트레스 상황에 대처하기 위해 사용하는데, 이를 사용한다고 해서 그 사람을 미숙하다고 볼 수는 없다. 때에 따라서는 문제 중심적 대처 방법보다 더 효과적으로 스트레스를 해소할 수도 있다. 방어기제는 대체로 실패에 따른 부정적 정서를 완화하여 긴장과 불안을 줄여 주기 때문이다. 그러나 방어기제를 사용한다 하더라도 스트레스를 주는 상황 자체를 바꾸지는 못한다. 방어기제는 사실을 왜곡하고 자기를 기만하며 고통스런 상황을 일시적으로 벗어날 수 있게 할 뿐이다.

1

위 글의 글쓰기 방식에 대한 설명으로 적절한 것은?

① 중심 화제를 유형별로 나누어 설명하고 있다.

② 구체적 사례를 제시하여 개념의 이해를 돕고 있다.

③ 전문가의 견해를 토대로 현상의 원인을 분석하고 있다.

④ 시간의 흐름에 따른 대상의 변화 과정을 제시하고 있다.

⑤ 고정관념에 대한 의문을 제기하여 호기심을 유발하고 있다.

2

(라)문단을 통해 추리할 수 있는 내용으로 가장 적절한 것은?

① 방어기제로는 스트레스를 주는 상황을 근본적으로 해결할 수 없다.

② 스트레스를 해소하기 위해서는 사실을 왜곡하는 것을 피할 수 없다.

③ 방어기제로 스트레스를 해소하는 것은 사회적인 윤리 기준에서 벗어나는 것이다.

④ 정신적으로 성숙한 사람은 방어기제보다 문제 중심적 대처 방법을 더 선호한다.

⑤ 육체적인 고통을 치유하는 데에는 문제 중심적 대처 방법보다 방어기제가 더 효과적이다.

근대 초기의 여성상은, 가족의 생계 부양자이자 가장으로서의 남성상을 보완하는 모습이었다. 모성, 의존, 감정, 사랑스러움 등이 그 여성상의 내용을 이룬다. 그러나 후기로 가면서 여자들이 고등 교육의 기회를 얻고 경제 활동에 대거 참여하게 되자, 이런 변화는 '근대적 여성성'의 위기로 이어졌다. 여자들은 효율성을 중시하는 일터에서는 여성적이기보다 중성적이기를 요구받으면서도, 가정에 들어가면 남편의 요구를 충실히 들어 주는 종전의 여성성을 그대로 갖추고 있어야 했던 것이다.

이러한 근대적 여성성의 위기는 20세기 말에 들어서면서 크게 완화되었다. 20세기 초반부터 여성 중심의 남녀평등주의자들은 남성과 여성의 차이는 있지만, 그 차이는 대부분 통계적인 차이이지 절대적인 차이는 아님을 강조해 왔다. 만일 성에 따른 생득적* 차이가 있다면 그 차이는 그냥 두어도 드러날 것이니, 미리 성별에 따라 다르게 사회화시킬 필요가 없다는 주장이었다. 이렇게 여성들이 여성성을 스스로 규정하는 운동을 펼친 결과, 여성들은 가정과 일터 모두에서 스스로의 자신 있는 모습을 그대로 드러낼 수 있게 되었다. 가장 선진적 조직인 벤처 회사들의 탁월한 최고경영자(CEO) 가운데 상당수가 여성이라는 사실은 이러한 변화를 시사한다.

여성들이 스스로 여성성을 새롭게 규정하기 시작하면서 '여성성의 딜레마'를 나름대로 극복해 갈 즈음, 남자들은 남성성의 위기를 겪게 된다. 영국의 경우, 전통적으로 책임감 있고 용감한 신사들이 급격히 사라지는 한편, 책임을 회피하고 감상적이며 나약한 '신종 남자'들이 생기고 있다는 것이다. 이들 '신세대' 남자는 남자됨을 자랑스러워하기는커녕 기피하거나 거부하려 든다. 사회로부터 분리되고 아늑한 공간인 가정을 더 이상 유지하기 어려운 고실업 시대로 접어들면서, 가장이 되는 꿈을 꾸던 남자들이 위기를 느끼기 시작한 것이다.

새로운 시대에 가장 큰 거부감을 드러내는 집단은 전통적인 남성성에 자존심을 걸고 있는 보수적 남성들이다. 자신의 존재 가치를 여자를 보호하는 '강한 자' 또는 가장이라는 점에서 찾았던 남자들은, 여성이 더 이상 보호의 대상이 되고 싶어하지 않는 상황에서 큰 혼란을 경험하게 된다. 자존심이 상한 남자는 무리한 방식으로 자신의 남성성을 회복해 보려 하게 되는데, 남성들의 폭력은 상당 부분 이런 근대적 남성성의 붕괴 현상과 관련이 있다.

지금 우리는 여성성보다 남성성에 대한 새로운 정의를 필요로 하고 있는 시점에 살고 있다. 정복과 경쟁의 표상으로서의 남성성이 해체되어야 할 지점에 온 것이다. 상호 협력과 네트워킹이 중요해지는 사회에서 사실상 근대적 남성성의 덕목인 독립성과 경쟁심, 권력 지향성은 오히려 사회적 성공에 걸림돌이 된다. 심각한 위기 상황에 처한 현재 우리 사회에서 이루어지고 있는 선각자적 논의들은 모두 소통과 보살핌의 원리를 강조하고 있다. 최근 눈물을 흘리는 남자, 감정으로 소통할 줄 아는 남자, 평등 의식과 보살핌의 능력을 가진 남자에 대한 이야기들이 소설이나 영화에 자주 등장하는 것도 이러한 변화를 반영한다.

1

위 글의 내용과 일치하지 않는 것은?

① 사회적 상황의 변화에 따라 여성들은 스스로 여성성을 새롭게 규정함으로써 자신들에게 주어진 모순을 극복해 나가고 있다.

② 여성성의 모순이 해결되면서 위기를 느낀 남성들은 여성성의 수용을 통해 위기로부터 벗어나고자 하였다.

③ 여성들이 대거 사회에 진출함으로써 가정과 직장에서 요구되는 근대적 여성성에 모순이 생겨났다.

④ 근대적 남성성은 소통과 상호 협력을 중시하는 현대 사회의 성격과 어울리지 않는다.

⑤ 여성들을 대상으로 행해지는 남성들의 폭력은 근대적 남성성의 위기와 관련이 있다.

2

위 글을 읽은 독자의 반응으로 적절하지 않은 것은?

① 보수적인 남성들은 사회가 변화한 사실을 인정하고 전통적 남성성에서 벗어나야 할 거야.

② 필자는 근대적 남성성의 긍정적 측면은 도외시하고, 부정적 측면만 지나치게 강조하고 있어.

③ 필자는 소통과 보살핌의 능력을 갖춘 여성들이 폭력적인 남성조차 포용해야 한다고 주장하고 있군.

④ 필자는 남편과 아내가 가사를 공평하게 분담하는 가정을 여성성과 남성성이 잘 조화된 상태로 평가할 것 같아.

⑤ 아직까지 미해결 상태로 남아 있는 사회 현안을 해결하기 위해 여성성의 덕목을 적용해 보는 것도 좋은 방법이 되겠는 걸.

촉매는 자기 자신은 변하지 않고 활성화 에너지만을 변화시켜서 반응 속도를 조절하는 물질이다. 활성화 에너지는 화학 반응이 일어나기 위해 필요한 최소한의 에너지를 말한다. 활성화 에너지를 낮추어서 반응 속도를 빠르게 하는 물질을 '정촉매'라고 하는데, 대부분의 촉매가 여기에 속한다. 반대로 활성화 에너지를 높여서 반응 속도를 늦추는 물질을 '부촉매'라고 한다. 촉매로 반응 속도를 조절하는 방법은 적은 비용으로 큰 효과를 얻을 수 있기 때문에 산업 현장에서 가장 널리 쓰이는 방법 중의 하나이다. 만약 촉매가 사라진다면 화학 공장의 70%는 당장 문을 닫아야 하고, 우리는 자동차 연료나 플라스틱, 인공 비료, 생고무 등을 지금처럼 사용할 수 없게 된다.

우리 몸에서도 화학 반응은 끊임없이 일어나고 있다. 생명체가 생명을 유지하려면 몸 속에서 끊임없이 화학 반응이 일어나야 하는데, 이 같은 반응이 일어날 수 있는 것은 바로 우리 몸 안에서 촉매 역할을 하는 효소가 있기 때문이다. 효소는 화학 반응에 필요한 에너지 양을 감소시켜 반응이 빠르게 일어나게 한다. 효소는 단백질이기 때문에 촉매와는 달리 온도나 pH(수소 이온 농도) 등 환경 요인에 크게 영향을 받는다. 즉 모든 효소는 활성(活性, 촉매의 반응을 촉진시키는 능력)이 크게 나타나는 온도 범위가 정해져 있다. 대개의 효소는 35℃~45℃에서 활성이 가장 크다. 일반적으로 온도가 올라가면 화학 반응 속도가 빨라지면서 효소의 촉매 작용도 활발해지지만, 온도가 일정 범위를 넘으면 효소 단백질의 구조가 변형되어 촉매 기능이 오히려 떨어지게 된다. 또 효소는 pH가 일정 범위를 넘으면 그 기능이 급격히 떨어진다. 이것은 단백질의 구조가 그 주변 용액의 pH의 변화에 따라 달라지고, 효소 작용은 특정 구조를 유지하고 있을 때에만 나타나기 때문이다.

효소는 아무 반응에서나 촉매 역할을 하는 것이 아니라, 한 가지 효소는 한 가지 반응만을 또는 아주 유사한 몇 가지 반응만을 선택적으로 촉매 역할을 하는 기질 특이성을 가지고 있다. 기질이란 효소에 의하여 반응 속도가 빨라지는 물질 – 효소가 촉매로 작용하는 물질 – 을 말한다. 즉 한 가지 자물쇠는 한 가지 열쇠로만 열 수 있듯이, 효소도 결합 부위가 동일한 종류의 기질에만 반응하는 특이성을 지닌다. 효소 가운데 비교적 잘 알려져 있는 소화 효소를 예로 들어보자. 침 속에 있는 아밀라아제는 녹말만을 말토오스(맥아당)로 분해하는 촉매로 작용하고, 또 위 속의 펩신은 단백질만을 가수분해하는 기능을 가지고 있다.

인류는 효소의 존재를 과학적으로 규명하기 훨씬 이전부터 알게 모르게 효소를 사용해 왔다. 고대 그리스나 이집트에서 포도 껍질에 묻은 효모를 이용하여 포도의 글루코오스를 발효시켜 포도주를 만든 것이 그 예이다. 우리 조상들도 된장이나 술을 만드는 과정에서 곰팡이류의 효모가 가지고 있는 효소를 이용했다. 일설에 따르면 메주를 발효시키는 과정에서 메주를 짚으로 엮어 매다는데, 이 때 지푸라기 속에 있던 효소가 작용하여 독특한 된장 맛을 낸다고 한다. 이제는 전세계적으로 유명해진 우리의 대표적인 발효 식품 김치도 박테리아의 효소를 이용한 것이다.

최근에는 생물 공학에도 효소가 이용되고 있다. 가령 반딧불이가 빛을 낼 수 있는 것은 꼬리 부분에 있는 효소 때문이다. 이 효소의 유전자를 다른 생물에 넣으면 그 생물 역시 빛을 낸다. 송사리 몸에 이 유전자를 넣으면 송사리 몸에서 빛이 나며, 식물에 넣어도 역시 빛이 난다. 이 효소의 유전자를 대장균에 넣으면 대장균도 빛을 내는데, 이런 대장균을 이용해 발암 물질을 찾아내기도 한다.

1

위 글의 내용과 일치하지 않는 것은?

① 김치는 효소를 이용한 식품이다.

② 생물 공학에 효소가 이용되고 있다.

③ 촉매는 산업 현장에서 폭넓게 쓰이고 있다.

④ 온도가 너무 높으면 단백질의 구조가 변형된다.

⑤ 대장균을 제거하는 데에 효소가 이용되고 있다.

2

위 글의 전개 방식을 가장 잘 설명한 것은?

① 문제의 원인을 분석하여 해결책을 제시하고 있다.

② 여러 주장을 바탕으로 새로운 주장을 내세우고 있다.

③ 대상의 특성을 알기 쉽게 설명하는 데 초점을 두고 있다.

④ 가설을 제시하고 구체적 자료를 통해 이를 검증하고 있다.

⑤ 상반된 두 주장을 절충하여 새로운 결론을 이끌어 내고 있다.

　지역난방은 열병합 발전소에서 전기 생산을 위해 사용된 열을 회수하여 인근 지역의 난방에 활용하는 것이다. 지역난방에서는 회수된 열로 데워진 물을 배관을 통해 인근 지역으로 공급함으로써 열을 수송하는 방식을 주로 사용하는데, 근래에는 열 수송의 효율성을 높이기 위해 상변화 물질을 활용하는 방식을 개발하고 있다.

　열 수송에 사용되는 상변화 물질이란, 상변화를 할 때 수반되는 ㉠잠열을 효율적으로 사용하기 위해 활용되는 물질을 말한다. 상변화란, 물질의 상태를 고체, 액체, 기체로 분류할 때, 주변의 온도나 압력 변화에 의해 어떤 물질이 이전과 다른 상태로 변하는 것을 의미하는데, 얼음이 물이 되거나 물이 수증기가 되는 것 등이 이에 해당한다. 이러한 변화에는 열이 수반되는데, 이를 '잠열'이라고 한다. 예를 들어 비커에 일정량의 얼음을 넣고 가열하면 얼음의 온도가 올라가게 되고, 0℃에 도달하면 얼음이 물로 변하기 시작하여 비커 속에는 얼음과 물이 공존하게 된다. 그런데 비커 속 얼음이 모두 물로 변할 때까지는 온도가 올라가지 않고 계속 0℃를 유지하는데, 이는 비커에 가해진 열이 물질의 온도 변화가 아닌 상변화에 사용되었기 때문이다. 이렇게 상변화에 사용된 열이 잠열인데, 이는 물질의 온도 변화로 나타나지 않는 숨어있는 열이라는 뜻이다. 잠열은 물질마다 그 크기가 다르며, 일반적으로 물질이 고체에서 액체가 되거나 액체에서 기체가 될 때, 또는 고체에서 바로 기체가 될 때에는 잠열을 흡수하고 그 반대의 경우에는 잠열을 방출한다. 한편 비커를 계속 가열하여 얼음이 모두 녹아 물이 된 후에는 다시 온도가 올라가기 시작한다. 이렇게 얼음의 온도가 올라가거나 물의 온도가 올라가는 것처럼 온도 변화로 나타나는 열을 '현열'이라고 한다.

　그렇다면 상변화 물질의 특성을 이용하여 열 수송을 하면 어떤 장점이 있는 것일까? 상변화 물질을 활용하여 열병합 발전소에서 인근 지역 공동주택으로 열을 수송하는 과정을 통해 이를 살펴보자. 열병합 발전소에서는 발전에 사용된 수증기를 열교환기로 보낸다. 열교환기로 이동한 수증기는 열 수송에 사용되는 물에 열을 전달하여 물을 데운다. 이 물 속에는 고체 상태의 상변화 물질이 담겨 있는 마이크로 단위의 캡슐이 섞여 있다. 이 상변화 물질의 녹는점은 물의 어는점과 끓는점 사이에 있기 때문에, 물이 데워져 물의 온도가 상변화 물질의 녹는점 이상이 되면 상변화 물질은 액체로 상변화하게 된다. 액체가 된 상변화 물질이 섞인 물은 열교환기에서 나와 온수 공급관을 통해 인근 지역 공동주택 기계실의 열교환기로 이동한다. 이 과정에서 상변화 물질이 고체로 상변화되지 않아야 하므로 이동하는 물의 온도는 상변화 물질의 녹는점 이상으로 유지되어야 한다.

　공동주택 기계실의 열교환기로 이동한 물과 캡슐 속 상변화 물질은 공동주택의 찬물에 열을 전달하면서 온도가 내려간다. 이렇게 공동주택의 찬물을 데우는 과정에서 상변화 물질의 온도가 상변화 물질의 녹는점 이하로 내려가면 캡슐 속 상변화 물질은 액체에서 고체로 상변화하면서 잠열을 방출하게 되는데, 이 역시 찬물을 데우는 데 사용된다. 즉 온수 공급관을 통해 이동해 온 물의 현열과 캡슐 속 상변화 물질의 현열, 그리고 상변화 물질의 잠열이 공동주택의 찬물을 데우는 데 모두 사용되는 것이다. 이렇게 데워진 공동주택의 물은 각 세대의 난방기로 공급되어 세대 난방을 하게 되고, 상변화 물질 캡슐이 든 물은 온수 회수관을 통해 다시 발전소로 회수되어 재사용된다.

이와 같이 상변화 물질을 활용한 열 수송 방식을 사용하면 현열만 사용하던 기존의 열 수송 방식과 달리 현열과 잠열을 모두 사용할 수 있으므로 온수 공급관을 통해 보내는 물의 온도를 현저히 낮출 수 있어 열 수송의 효율성이 개선된다. 이때 상변화 물질 캡슐의 양을 늘릴수록 열 수송에 활용할 수 있는 잠열의 양은 증가하겠지만 캡슐의 양이 일정 수준 이상으로 늘어나면 물이 원활하게 이동할 수 없으므로 캡슐의 양을 증가시키는 데에는 한계가 있다.

1

위 글의 내용과 일치하지 않는 것은?

① 상변화는 주변의 온도나 압력 변화에 의해 물질의 상태가 변하는 것을 의미한다.

② 열병합 발전소에서는 전기 생산에 사용된 수증기의 열을 회수하여 인근 지역으로 공급한다.

③ 상변화 물질이 들어 있는 캡슐의 양은 물의 이동을 고려해야 하므로 일정 수준 이상 늘릴 수 없다.

④ 상변화 물질을 활용하여 열을 수송하는 방식을 사용하는 것은 열 수송의 효율성을 높이기 위해서이다.

⑤ 상변화 물질을 활용한 열 수송 방식에서는 온수 공급관으로 보내는 물의 온도를 기존 방식보다 높여야 한다.

2

㉠에 대한 설명으로 적절하지 않은 것은?

① 물질마다 크기가 각기 다르다.

② 물질의 온도 변화로 나타나지 않는다.

③ 숨어 있는 열이라는 뜻을 지니고 있다.

④ 물질의 상변화가 일어날 때 흡수되거나 방출된다.

⑤ 상변화하고 있는 물질의 현열을 증가시키는 역할을 한다.

음악은 비물질성을 가지고 있다. 이러한 비물질성은 음악을 만드는 소리가 물질이 아니며 외부에 존재하는 구체적 대상도 아니라는 점에 기인한다. 소리는 물건처럼 눈에 보이는 곳에 있지 않고 냄새나 맛처럼 그 근원이 분명하게 외부에 있지도 않다. 소리는 어떤 물체의 진동 상태이고 그 진동이 공기를 통해 귀에 전달됨으로써만 성립한다. 음악의 재료인 음 역시 소리이기 때문에 음악은 소리의 이러한 속성에 묶여 있다.

소리의 비물질성은 인간의 삶과 문화에 많은 영향을 남기게 된다. 악기가 발명될 무렵을 상상해 보자. 원시인은 줄을 튕기거나 서로 비빔으로써, 나뭇잎을 접어 불거나, 가죽을 빈 통에 씌워 두드림으로써 소리를 만들었다. 이때 그들은 공명되어 울려 나오는 소리에 당황했을 것이다. 그 진원지에서 소리를 볼 수 없기 때문이다. 지금은 공명 장치의 울림을 음향학적으로 설명할 수 있지만, 당시에는 공명 장치 뒤에 영적인 다른 존재가 있다고 믿었을 것이다. 따라서 소리의 주술성은 소리의 진원이 감각으로 확인되지 않았기 때문에 시작된 것으로 보아야 한다. 음악 역시 주술적인 힘을 가진 것으로 믿었다. 고대 수메르 문명에서는 ㉠풀피리 소리가 곡식을 자라게 하고, 북 소리가 가축을 건강하게 만든다고 믿었다. 풀피리는 풀로, 북은 동물의 가죽으로 만들어졌기 때문에 그런 힘을 가졌다고 생각한 것이다. 재료를 통한 질료적 상징이 생겨나게 된 것이다.

이러한 상상과 믿음은 발전하여 음악에 많은 상징적 흔적을 남기게 된다. 악기의 모양과 색깔, 문양뿐 아니라 시간과 공간에 이르기까지 상징적 사고가 투영되었다. 문묘*와 종묘*의 제사 때에 쓰이는 제례악의 연주는 악기의 위치와 방향 그리고 시간을 지키도록 규정되어 있으며, 중국이나 우리나라 전통 음악에서의 음의 이름[음명(音名)]과 체계는 음양오행의 논리적 체계와 연관되어 있다. 일반적으로 타악기는 성적 행위를 상징하는데, 이로 인해 중세의 기독교 문명권에서는 타악기의 연주가 금기시되기도 하였다.

소리와 음이 비물질적이라는 말은, 소리가 우리의 의식 안의 현상으로서만 존재한다는 뜻이기도 하다. 따라서 의식 안에만 있는 소리와 음은 현실의 굴레에서 벗어나 있다. 소리는 물질의 속박인 중력으로부터 자유로운 반면, 춤은 중력의 속박으로부터 벗어나고 싶어한다. 춤은 음악의 가벼움을 그리워하고 음악은 춤의 구체적 형상을 그리워한다. 따라서 음악은 춤과 만남으로써 시각적 표현을 얻고 춤은 음악에 얹힘으로써 가벼움의 환상을 성취한다.

음악의 비물질성은 그 자체로서 종교적 위력을 가진 큰 힘이기도 하였다. 악기를 다루는 사람은 정치와 제사가 일치되었던 시기에 권력을 장악했을 것이다. 소리 뒤에 영혼이 있고 그 영혼의 세계는 음악가들에 의해 지배될 수 있었기 때문이다. 제정일치의 정치 구조가 분열되어 정치와 제사가 분리되고 다시 제사와 음악이 분리되는 과정을 거쳤던 고대 이집트 문명에서 우리는 이를 확인할 수 있다.

*문묘(文廟): 공자를 모신 사당.
*종묘(宗廟): 조선 시대에, 역대 임금과 왕비의 위패를 모시던 왕실의 사당.

1

위 글의 내용과 일치하지 않는 것은?

① 음악의 비물질성은 그 재료의 비물질성에서 비롯된다.

② 음악의 상징성은 음악의 비물질성에 그 근원을 두고 있다.

③ 음악에 대한 고대인들의 믿음은 논리적 체계를 이루고 있었다.

④ 장르적 속성으로 보아 음악과 춤은 상보적인 관계를 이루고 있다.

⑤ 제정일치 사회에서 음악가는 영혼의 세계를 지배하는 존재로 여겨졌다.

2

㉠으로 보아 '질료적 상징'에 가장 가까운 것은?

① 장례식에서는 엄숙한 곡조의 음악을 연주한다.

② 상을 당한 사람은 흰색이나 검은색의 옷을 입는다.

③ 병을 치료하기 위해 건강한 사람의 초상화를 그린다.

④ 어떤 원시 부족은 사냥을 나가기 전에 모두 모여 춤을 춘다.

⑤ 사냥할 때의 두려움을 없애기 위해 호랑이 발톱을 지니고 다닌다.

정약용 유학 사상의 특징

(가) 정약용 유학 사상의 핵심은 주체의 자유의지를 도입했다는 것이다. 하지만 그가 측은지심(惻隱之心)처럼 인간이 선천적으로 지니고 있는 ㉠도덕 감정을 부정한 것은 아니다. 다만 주체의 자율적 의지나 결단을 통해서만 도덕 감정도 의미를 지닐 수 있다는 점을 지적한 것이다.

(나) 선천적인 도덕 감정을 긍정한다는 점에서 정약용은 주희의 논의를 수용한다고 볼 수 있지만, 그것 자체를 선이라고 보지 않는다는 점에서 그는 주희로부터 벗어나 있다. 어린아이가 우물에 빠지려고 할 때 인간에게는 항상 측은지심이라는 동정심이 생기는데, 주희는 이 측은지심이 인간 본성의 실현이라고 강조한다. 따라서 그에게는 측은지심이 마지막 결과이고 인간 본성이 원인이 되는 셈이다. 이와 달리 정약용은 측은지심을 결과라고 생각하지 않는다. 오히려 인간의 윤리적 행위의 처음 원인이라고 생각한다. 그가 주희로부터 근본적으로 달라지는 부분이 바로 이 지점이다.

(다) 정약용은 인간의 마음을 세 가지 차원에서 볼 수 있다고 주장한다. 본성, 권형, 행사가 그것이다. 우선 본성은 인간만이 가진 도덕 감정으로 천명지성(天命之性), 즉 '선을 즐거워하고 악을 부끄러워하는' 윤리적 경향을 말한다. 권형은 마치 소용돌이치는 물과 같이 선과 악이 섞여 있는 갈등상태에서, 주체적 선택과 결단을 할 수 있는 자유의지를 말한다. 행사는 주체가 직접 몸을 움직여서 자신의 선택을 행하는 것이다. 즉 선을 좋아하는 경향에 따른 실천을 말한다. 그러나 인간은 육체의 제약을 가지고 살아가는 유한한 존재이고 욕망에 흔들리기 쉽기 때문에, 본성이 아무리 선을 좋아하더라도, 실제로 선을 행하는 것이 그리 쉽지 않다.

(라) 가령 우물에 빠진 아이를 구하기 위해 내가 죽을 수도 있는 상황에서 아이를 구하려는 의지를 포기하지 않을 수 있을까? 과연 내가 죽는다면 선과 악이 무슨 의미가 있느냐고 하면서, 아이를 구하는 것을 포기할 수도 있지 않을까? 정약용은 이런 상황에서도 아이를 구하고자 하는 마음을 도덕 감정으로서의 본성이 그대로 기능하는 '도심(道心)'이라 부르고, 그렇지 않은 마음을 자신의 육체적 안위를 우선시하는 '인심(人心)'이라 부른다. 이와 같은 도심과 인심 중에서 주체는 확고하게 도심을 따라야 한다고 그는 강조한다.

(마) 정약용은 측은지심과 같은 도덕 감정 자체를 문제 삼지는 않았다. 다만 그 감정은 윤리적으로 선을 행할 수 있도록 한다는 데 의미가 있으며, 그 도덕 감정이 실천에까지 이어져야 한다는 것을 강조한 것이다. 그러므로 유학 전통에서 정약용이 차지하고 있는 위상은 주체의 실천과 관련된 자유의지를 강조했다는 데에서 찾을 수 있다. 그는 이를 통해 주희가 강조한 내면적 수양을 넘어, 유학을 실천적 책임의 윤리학으로 바꿀 수 있었던 것이다.

1

(가)~(마)의 중심 화제로 적절하지 않은 것은?

① (가) : 정약용 유학 사상의 핵심 내용
② (나) : 정약용 유학 사상의 발전 과정
③ (다) : 정약용이 주장하는 마음의 세 가지 차원
④ (라) : 주체가 따라야 할 마음에 대한 정약용의 입장
⑤ (마) : 유학의 전통에서 정약용이 차지하고 있는 위상

2

㉠에 대해, 주희와 차별되는 정약용의 견해로 옳은 것은?

① 선천적으로 타고나는 것이다.
② 주체가 자유의지를 갖게 만든다.
③ 주체의 실천으로 이어질 때 의미가 있다.
④ 선과 악 사이에서 항상 선을 택하게 한다.
⑤ 선을 즐거워하고 악을 부끄러워하는 마음이다.

(가) 개인의 합리성과 사회의 합리성은 병행할 수 있을까? 이 문제와 관련하여 고전 경제학에서는, 각 개인이 합리적으로 행동하면 사회 전체적으로도 합리적인 결과를 얻을 수 있다고 말한다. 물론 여기에서 '합리성'이란 여러 가지 가능한 대안 가운데 효용의 극대화를 추구하는 방향으로 선택을 한다는 의미의 경제적 합리성을 의미한다. 따라서 각 개인이 최대한 자신의 이익에 충실하면 모든 자원이 효율적으로 분배되어 사회적으로도 이익이 극대화된다는 것이 고전 경제학의 주장이다.

(나) 그러나 개인의 합리적 선택이 반드시 사회적인 합리성으로 연결되지는 못한다는 주장도 만만치 않다. 이른바 '죄수의 딜레마' 이론에서는, 서로 의사소통을 할 수 없도록 격리된 두 용의자가 각각 개인 수준에서 가장 합리적으로 내린 선택이, 오히려 집합적인 결과에서는 두 사람 모두에게 비합리적인 결과를 초래할 수 있다고 설명하고 있다. 즉 다른 사람을 고려하지 않고 자신의 이익만을 추구하는 개인적 차원의 합리성만을 강조하면, 오히려 사회 전체적으로는 비합리적인 결과를 초래할 수 있다는 것이다. 죄수의 딜레마 이론을 지지하는 쪽에서는, 심각한 환경오염 등 우리 사회에 광범위하고 보편적으로 존재하는 문제의 대부분을 이 이론으로 설명하고 있다.

(다) 일부 경제학자들은 이러한 주장에 대하여 강하게 반발한다. 그들은 죄수의 딜레마 현상이 보편적이고 광범위한 현상이라면, 우리 주위에서 흔히 발견할 수 있는 협동은 어떻게 설명할 수 있느냐고 반문한다. 사실 우리 주위를 돌아보면, 사람들은 의외로 약간의 손해를 감수하더라도 협동을 하는 모습을 곧잘 보여주곤 한다. 그들은 이런 행동들도 합리성을 들어 설명한다. 안면이 있는 사이에서는 오히려 상대방과 협조를 하는 행동이 장기적으로는 이익이 된다는 것을 알기 때문에 협동을 한다는 것이다. 즉 협동도 크게 보아 개인적 차원의 합리적 선택이 집합적으로 나타난 결과로 보는 것이다.

(라) 그러나 이런 해명에도 불구하고 우리 주변에서는 각종 난개발이 도처에서 자행되고 있으며, 환경오염은 이제 전 지구적으로 만연해 있는 것이 엄연한 현실이다. 자기 집 부근에 도로나 공원이 생기기를 원하면서도 정작 그 비용은 부담하려고 하지 않는다든지, 남에게 해를 끼치는 일인 줄 뻔히 알면서도 쓰레기를 무단 투기하는 등의 행위를 서슴지 않고 한다. '합리적인 개인'이 '비합리적인 사회'를 초래하고 있는 것이다.

(마) 그렇다면 죄수의 딜레마와 같은 현상을 극복하고 사회적인 합리성을 확보할 수 있는 방안은 무엇인가? 그것은 개인적으로는 도덕심을 고취하고, 사회적으로는 의사소통 과정을 원활하게 하는 것이라고 할 수 있다. 각 개인들이 자신의 욕망을 적절하게 통제하고 남을 배려하는 태도를 지니면 죄수의 딜레마 같은 현상에 빠지지 않고도 개인의 합리성을 추구할 수 있을 것이다. 아울러 서로 간의 원활한 의사소통을 통해 공감의 폭을 넓히고 신뢰감을 형성하며, 적절한 의사수렴과정을 거친다면 개인의 합리성이 보다 쉽게 사회적 합리성으로 이어지는 길이 열릴 것이다.

1

(가)~(마)에 대한 설명으로 적절하지 않은 것은?

① (가) – 논제를 제시하고 이에 대한 기존의 견해를 설명하고 있다.

② (나) – 기존 견해의 타당성에 의문을 제기하는 반론을 소개하고 있다.

③ (다) – 재반박을 통해 기존 견해를 보강하는 입장을 보여주고 있다.

④ (라) – 구체적인 사례 분석을 통해 두 견해의 공통분모를 도출해 내고 있다.

⑤ (마) – 앞에서의 논의를 바탕으로 글쓴이 자신의 대안을 제시하고 있다.

2

위 글을 읽고 보일 수 있는 반응으로 가장 적절한 것은?

① 사회가 기계라면 개인은 그 기계의 부속품에 불과한 거야.

② 사회의 이익은 개인의 이익을 모두 합한 것이라고 할 수 있군.

③ 사람들은 이기심보다 협동심이 더 강한 존재라는 것을 알겠어.

④ 경제학자들은 개인의 이익보다 사회 전체의 이익을 중시하는 게 틀림없어.

⑤ 사회적 합리성을 확보하기 위해서는 우리 모두의 공동 노력이 필요하겠군.

동물의 눈동자

동물들은 홍채에 있는 근육의 수축과 이완을 통해 눈동자를 크게 혹은 작게 만들어 눈으로 들어오는 빛의 양을 조절하므로 눈동자 모양이 원형인 것이 가장 무난하다. 그런데 고양이와 늑대와 같은 육식동물은 세로로, 양이나 염소와 같은 초식동물은 가로로 눈동자 모양이 길쭉하다. 특별한 이유가 있는 것일까?

육상동물 중 모든 육식동물의 눈동자가 세로로 길쭉한 것은 아니다. 주로 매복형 육식동물의 눈동자가 세로로 길쭉하다. 이는 숨어서 기습을 하는 사냥 방식과 밀접한 관련이 있는데, 세로로 길쭉한 눈동자가 사냥감과의 거리를 정확히 파악하는 데 효과적이기 때문이다.

일반적으로 매복형 육식동물은 양쪽 눈으로 초점을 맞춰 대상을 보는 양안시로, 각 눈으로부터 얻는 영상의 차이인 양안시차를 하나의 입체 영상으로 재구성하면서 물체와의 거리를 파악한다. 그런데 이러한 양안시차뿐만 아니라 거리지각에 대한 정보를 주는 요소로 심도 역시 중요하다. 심도란 초점이 맞는 공간의 범위를 말하며, 심도는 눈동자의 크기에 따라 결정된다. 즉 눈동자의 크기가 커져 빛이 많이 들어오게 되면, 커지기 전보다 초점이 맞는 범위가 좁아진다. 이렇게 초점의 범위가 좁아진 경우를 심도가 '얕다'고 하며, 반대인 경우를 심도가 '깊다'고 한다.

이런 원리로 매복형 육식동물은 세로로는 커지고, 가로로는 작아진 눈동자를 통해 세로로는 심도가 얕고, 가로로는 심도가 깊은 영상을 보게 된다. 세로로 심도가 얕다는 것은 영상에서 초점이 맞는 범위를 벗어난, 아래와 위의 물체들 즉 실제 세계에서는 초점을 맞춘 대상의 앞과 뒤에 있는 물체들이 흐릿하게 보인다는 것이고, 가로로 심도가 깊다는 것은 초점을 맞춘 대상이 더욱 뚜렷하게 보인다는 것을 말한다. 세로로 길쭉한 눈동자를 통해 사냥감은 더욱 선명해지고, 사냥감을 제외한 다른 물체들이 흐릿해짐으로써 눈동자가 원형일 때보다 정확한 거리 정보를 파악하는 데 유리해진다.

한편, 대부분의 초식동물은 가로로 길쭉한 눈동자를 지니고 있으며 눈의 위치가 좌우로 많이 벌어져 있다. 이는 주변을 항상 경계하면서 포식자의 출현을 사전에 알아채야 하는 생존 방식과 관련이 있다. 초식동물은 가로로 길쭉한 눈동자를 통해 세로로는 심도가 깊고 가로로는 심도가 얕은 영상을 얻게 되는데, 이로 인해 초점이 맞는 범위의 모든 물체가 뚜렷하게 보여 거리감보다는 천적의 존재 자체를 확인하는 데 더욱 효과적이다. 게다가 눈동자가 가로로 길쭉하기 때문에 측면에서 들어오는 빛이 위아래에서 들어오는 빛보다 많아 영상을 밝게 볼 수 있다. 또한 양안시인 매복형 육식동물과 달리 초식동물은 한쪽 눈으로 초점을 맞추는 단안시여서 눈의 위치가 좌우로 많이 벌어질수록 유리하다. 두 시야가 겹쳐 입체 영상을 볼 수 있는 영역은 정면뿐이지만 바로 뒤를 빼고 거의 전 영역을 볼 수 있기 때문이다.

이렇게 동물의 눈동자 모양은 동물들의 생존과 밀접한 관련이 있다. 생태학적 측면에서 포식자가 될지, 피식자가 될지 그 위치에 따라 각각의 동물들은 생존을 위해 가장 최적화된 형태로 진화해 온 것이다.

1

위 글의 표제와 부제로 가장 적절한 것은?

① 동물의 생태학적 위치 – 포식자와 피식자의 관계를 중심으로
② 육상동물의 눈동자 모양 – 원형인 눈동자의 장점을 중심으로
③ 눈동자 모양의 결정 요인 – 눈동자의 색과 구조를 중심으로
④ 효과적인 심도 조절 방법 – 양안시와 단안시의 차이점을 중심으로
⑤ 눈동자 모양과 생존 방식 – 매복형 육식동물과 초식동물의 차이를 중심으로

2

위 글의 내용과 일치하지 않는 것은?

① 동물들은 눈동자의 크기에 따라 초점이 맞는 범위가 달라진다.
② 매복형 육식동물은 양안시차를 통해 물체와의 거리를 파악한다.
③ 동물들은 홍채에 있는 근육의 수축과 이완을 통해 빛의 양을 조절한다.
④ 단안시인 초식동물은 눈의 위치가 좌우로 벌어질수록 시야가 넓어진다.
⑤ 매복형 육식동물은 초식동물과 달리 두 눈을 통해 입체 영상을 얻는다.

여름철에는 열대야가 길어지고, 겨울철에는 한파가 이어지거나 폭설 등의 기상 이변이 발생하면서 지구 환경 생태계에 변화를 주고 있다. 우리의 삶에 위협을 주는 이러한 이상 기온 현상의 주원인으로 전문가들은 에너지 남용으로 인한 과도한 온실가스의 배출을 지적하고 이 문제의 해결을 위한 다양한 방안들을 제시하고 있다. 그 중 주목받는 것 중의 하나가 '블루 이코노미(blue economy)'이다.

블루 이코노미란 단순히 친환경적인 소재나 기술의 개발이 아닌 보다 능동적으로 자연 생태계의 순환 시스템을 모방한 방식이다. 이에 따라 최소한의 에너지 사용만으로도 충분한 효과를 거두는 시스템들이 개발되고 있다. 유럽에서 유행하기 시작한 '블루 이코노미'가 주목받기 시작한 것은 최근의 일이지만, 사실 이러한 시스템은 오래 전부터 이미 사용되고 있었다.

이란의 '야즈'라는 도시에 가면 연기가 나오지 않는 오래된 굴뚝들이 많이 서 있는 모습을 볼 수 있다. 이 굴뚝들은 집 안을 시원하게 하거나, 얼음을 보관하는 창고의 냉각 장치로도 이용되는 것으로 '바람탑'이라 불린다. 바람이 불어오는 방향으로 '바람탑'의 입구를 내면 외부의 시원한 바람이 집 안으로 들어오게 된다. 그러면 집 안의 뜨거운 공기는 위로 상승하여 '바람탑'의 출구를 통해 외부로 배출되는 것이다. 이는 건물 내부와 외부 공기의 온도차와 관련된 대류현상을 이용한 것으로 외부에서 들어온 차가운 공기가 집 안을 시원하게 유지시켜 주어 다른 에너지의 소비 없이 냉방을 가능하게 했던 것이다.

또한 '바람탑'은 지하 수로와 연계한 천연냉장고의 냉각 장치로도 사용되었다. 이는 공기의 속력과 압력은 반비례한다는 원리와 공기의 흐름은 압력이 높은 곳에서 낮은 곳으로 이동한다는 원리가 적용된 것이다. '바람탑'의 입구로 들어온 바람은 입구의 좁은 통로를 지나면서 속력이 빨라지게 되어 창고 내부에 저압 구역을 형성하게 된다. 또한 지면에서 부는 뜨거운 바람이 지하 수로와 연결된 좁은 통로를 만나게 되면, 공기의 속력이 빨라져 지면보다 상대적으로 압력이 낮아지게 된다. 압력 차로 인해 수로에 유입된 공기는 차가운 지하수와 접촉하면서 열을 빼앗긴 상태로 창고 내부의 저압 구역으로 공급된다. 그렇게 되면 창고 내부의 뜨거운 공기가 대류현상에 의해 상승하여 배출되는 것이다. 이러한 방식을 통해 이란에서는 오래전부터 시원한 냉장고를 사용할 수 있었던 것이다.

생태계의 균형을 깬 대가를 치르고 있는 요즈음, 환경 문제를 해결하고 지속적으로 성장하기 위해서는 선인(先人)들의 지혜에서 그 해답을 찾아야 할 것이다.

1

위 글에 적용된 서술 방식을 〈보기〉에서 골라 바르게 짝지은 것은?

〈보기〉

ㄱ. 대상에 적용된 원리를 설명하고 있다.

ㄴ. 대상의 개념을 정의하여 이해를 돕고 있다.

ㄷ. 대상의 변모 과정을 통시적으로 밝히고 있다.

ㄹ. 대상의 유용성과 한계를 지적하여 전망을 제시하고 있다.

① ㄱ, ㄴ   ② ㄱ, ㄹ   ③ ㄴ, ㄷ   ④ ㄴ, ㄹ   ⑤ ㄷ, ㄹ

2

'블루 이코노미'의 구체적 사례로 가장 적절한 것은?

① 화학 성분 대신 야자유 지방산을 넣은 친환경 세제를 개발하였다.

② 열에 약해 수명이 짧았던 기존 조명등의 문제를 내열 처리 기술을 사용해 해결하였다.

③ 실내의 오염된 공기를 다양한 식물로 이루어진 벽에 통과시켜 맑은 공기로 정화하였다.

④ 자동차의 이산화탄소 배출을 줄이기 위해 기존의 석유 연료와 전기 에너지를 동시에 사용하였다.

⑤ 불필요한 난방 에너지를 소비하지 않도록, 적절한 온도와 습도를 자동으로 조절하는 홈시스템을 구축하였다.

　소재나 표현 분위기로 보아 한국화처럼 보이는 서양화가 있는가 하면 서양화처럼 보이는 한국화도 있다. 박수근의 〈소와 유동(遊童)〉은 우리 주변에 있는 토속적 소재를 다룬, 한국적 정서가 잘 나타나 있는 그림이다. 우리 전통과 친근한 바지 저고리를 입은 농촌 아이들과 소를 소재로 했지만, 이 그림을 한국화라 하지 않고 작자 박수근을 한국화 화가라고도 부르지 않는다.

　그렇다면 한국화와 서양화를 구분하는 기준은 무엇인가? 대체로 먼저 재료와 용구에 의해 구분한다. 재료적인 측면에서 동양의 전통적 재료를 썼으면 한국화이고, 그 외에 서양 회화의 재료를 썼으면 모두 서양화로 보는 것이다. 미술은 정신적 내용을 담고 있지만 동시에 재료와 용구의 물질적 제한을 받는다. 한국화와 서양화의 구분은 기본적으로 양식에 따른 것이나 이 양식을 형성하는 데 가장 크게 관여한 요소가 바로 재료와 용구이다. 따라서 사용한 재료와 용구가 무엇이냐에 따라 한국화, 서양화가 구분된다.

　한국화는 전통적 재료와 용구로서 우선 화선지 또는 비단과 먹을 사용하고, 붓은 끝이 뾰족한 전통적 모필(毛筆)을 쓰며, 물감은 아교를 고착제로 사용한 물감을 쓴다. 만약 한지와 먹을 사용하지 않고 캔버스에 유화 물감으로 그렸다면, 아무리 한국화 양식을 흉내내서 그렸다 하더라도 한국화로 보기 어려울 것이다. 우리의 전통적 작화 재료인 먹과 한지, 한국화 물감을 사용해 표현했으면 거의 대부분 한국화로 취급한다. 거기다 작품 주제와 소재가 한국적이거나, 필법(筆法), 화법(畵法) 등에서 한국에서만 써 오던 전통적인 방법을 그대로 유지하고 있다면 더욱 명확하게 한국화가 되는 것이다.

　그러나 현대 회화에서는 이렇게 재료와 용구만으로 한국화와 서양화를 구분할 수 없는 경우가 많다. 요즘은 그리는 재료가 다양해지고 그리는 방법이 수없이 분화됨에 따라, 세부적으로 따져 보면 어떤 것이 한국화이고 어떤 것이 서양화인지 구분하기가 어려워진다. 이는 단지 가정을 해 보는 것이 아니라 실제로 요즘에는 이러한 작품들을 심심치 않게 볼 수 있다. 이때는 관습적으로 행해 오던 '재료, 용구에 의한 분류'가 무의미해진다.

　이런 경우 굳이 한국화니 서양화니 장르 구분을 해야 한다면, 이때는 작자 본인의 의도가 중시되어야 할 것이다. 평소 어떤 양식을 주로 그리는 화가인가, 또 작자 자신이 어떤 양식을 염두에 두고 작품 제작을 했는가, 작자 자신이 어떤 양식으로 분류하고 싶은가에 따라 결정될 수 있다. 예를 들어 평소 한국화 화가가 도화지에 먹이나 물감으로 풍경을 그렸더라도, 화가 자신이 전통적 산수를 새로운 방법으로 표현하고자 의도했다면 그것은 한국화로 보아야 할 것이다.

　그러나 이때도 화가가 자기 그림을 한국화로 주장하기 위해서는 합리적인 근거를 내세울 수 있어야 할 것이다. 그리고 한국화가 우리의 전통적 회화 양식이기 때문에 전통에서 그 근거를 찾는 것이 바람직하다. 한국화라는 회화 양식은 전통적으로 어떤 것이라고 명시해 둔 것은 없지만 오랜 세월 내려오면서 은연중에 형성되어 있는 기본적인 약속이 있다. 그 약속은 재료, 용구, 소재, 기법, 그리고 예술관에 있어서의 약속이다. 이런 것에서 한국화의 유전인자를 찾아 그것과 연관지어 생각해야 한다. 이들 모두를 충족한다면 말할 것도 없이 한국화이지만, 이 중에 몇 가지만이라도 한국적이라야 한국화일 수 있다.

1

위 글은 어떤 질문에 대한 대답으로 볼 수 있는가?

① 한국화란 무엇인가?

② 한국화의 전통은 무엇인가?

③ 한국화는 어떻게 형성되었는가?

④ 한국화와 서양화는 어떤 차이가 있는가?

⑤ 한국화에 끼친 서양화의 영향은 무엇인가?

2

위 글의 내용을 잘못 이해한 사람은?

① 윤아 : 토속적인 소재와 한국적인 정서만으로 한국화라 규정할 수 없다는 걸 알 수 있어.

② 다연 : 그래, 한국화를 그리는 데는 전통적인 재료와 용구가 있어. 이를 사용하지 않았으면 한국화라고 부를 수 없지.

③ 정호 : 요즘처럼 재료와 용구가 다양한 시대에는 화가의 의도도 중요한 것 같아.

④ 안나 : 하지만 화가의 의도를 알 수 없는 경우를 생각하면 감상자가 그림을 어떤 양식으로 이해하느냐가 중요해.

⑤ 태원 : 한국화냐 아니냐를 결정할 때는 은연중에 형성된 기본적인 어떤 약속이 있어야 해.

'인간의 역사가 결국 어디로 가고 있는가?'하는 물음에 대해 많은 역사학자, 철학자들이 나름대로 대답을 내놓았다. 종말론(終末論)적인 해답도 있었고 발전론적인 해답도 있어 왔지만, 지금까지의 인류 사회가 지향해 온 역사의 길은 인간들이 살기에 한층 더 나은 사회를 만드는 길이었으며, 그것은 또 많은 우여곡절이 있었음에도 불구하고 일정하게 이루어져 왔다고 생각된다.

좀더 구체적으로 말해 보면, 인류의 역사는 모든 인간들이 정치적인 속박에서 점점 벗어나는 방향으로 발전해 왔다. 헤겔(Hegel)은 '역사의 발전이란 곧 자유의 확대 과정'이라 말했다. 역사는 정치적으로 자유로워지는 인간의 수가 점점 많아지는 방향으로 발전해 온 것이다. 고대 사회에서는 왕과 귀족들만이 정치적 자유를 누렸지만, 근대 사회로 오면서 그 정치적 자유가 시민 계급에까지 확대되었으며, 현대 사회로 오면서는 노동자, 농민층에게까지 실질적으로 확대되어 가고 있다. 인류 사회의 이상 가운데 하나는 정치적 민주주의가 더 확대되는 것이고, 그것이 곧 인류 역사가 나아갈 방향이기도 하다. 인간이 정치적으로 자유로워지는 길은 곧 스스로 권력을 가지는 길이며, 권력을 가지고 행사하는 인간이 많아지는 길, 즉 국민 주권주의(國民主權主義)가 확대되는 길이 곧 역사가 나아가는 길인 것이다.

또한 인간의 역사는 경제적으로 빈부의 차가 적어지는 길로 발전해 왔고 또 앞으로도 계속 그렇게 나아갈 것이다. 신라 시대나 고려 시대에는 소수의 귀족층만이 재부(財富)⁕의 대부분을 차지하여 피지배층의 생활은 처참했다. 조선 사회에도 양반 지배층의 생활과 일반 농민의 생활 사이에는 상상하기 어려울 만큼 차이가 있었다. 근대 사회로 내려오면서 자산 계급과 서민 대중 사이의 생활 양식은 어느 정도 접근해 갔으나 소유한 재부의 차이는 여전히 크다. 그러나 재부의 편중을 억제하고 사회적 평등을 촉진하는 운동과 정책이 계속 추진되고 있으며, 그것이 바른 역사의 길이라는 인식이 확대되어 가고 있다. 이와 같은 현상은 앞으로도 더 발전될 수밖에 없을 것이다.

인간의 역사는 또 생각하고 표현하는 자유, 즉 사상의 자유가 꾸준히 확대되는 방향으로 발전해 왔다. 종교적 독단 때문에 지구가 도는 것이 아니라 태양이 도는 것이라는 믿음이 강요되기도 하였고, 정치적 권력의 강제에 의하여 역사란 지배자의 능력에 따라 좌우되는 것이라 가르쳐지기도 했지만, 아무리 무서운 권력이나 뿌리 깊은 인습(因襲)⁕도 인간의 '생각하고 말하는 자유'를 계속 누를 수는 없었다. 사상의 자유야말로 인간의 역사를 앞으로 나아가게 하는 원동력 중 하나였던 것이다.

하나의 역사적 사실이 가진 의미는 시대에 따라, 보는 사람의 눈에 따라 변하는 것이다. 따라서, 역사의 변화에 일정한 방향이 없으면 인간 사회는 그야말로 바람 부는 대로 물결 치는 대로 갈 수밖에 없으며, 역사의 의미가 바뀌는 데 일정한 기준이 없으면 역사의 해석이야말로 귀에 걸면 귀걸이, 코에 걸면 코걸이가 되지 않을 수 없다. 그렇게 되면 역사의 길, 역사적 발전, 역사적 진리란 말이 있을 수 없으며 역사학 자체도 남아날 수 없다.

수천 년에 걸친 인간의 역사를 분석해 온 학자들은 역사의 변화에 일정한 방향이 있다고 말한다. 그 방향은 크게 말해서 인간이 정치적인 속박을 벗어나는 길, 경제적인 불평등을 극복하는 길, 사상의 자유를 넓혀 가는 길이라고 한다.

*재부(財富): 가치 있고 소중한 것.
*인습(因襲): 예전의 풍습, 습관, 예절 따위를 그대로 따름.

1

필자가 설득력을 높이기 위해 선택한 글쓰기 전략은?

① 예상되는 다른 의견을 비판하고 있다.
② 각 나라의 역사 발전 과정을 설명하고 있다.
③ 각 항목에 대하여 구체적으로 설명하고 있다.
④ 역사에 대한 의식 조사 결과를 언급하고 있다.
⑤ 우리나라와 외국의 실정을 비교, 분석하고 있다.

2

위 글에서 이끌어 낸 생각으로 가장 적절한 것은?

① 역사를 이해하고 해석할 때 시대 구분은 무의미해.
② 서양의 역사 연구 방법을 우리 역사 연구에 적극 도입해야 해.
③ 역사 서술에 있어 역사가의 양심이 매우 중요하다는 것을 알았어.
④ 역사와 철학의 경계를 확실히 하고 역사적 사실에 대한 판단을 내려야 해.
⑤ 우리나라의 현대사도 자유와 평등을 확대하는 방향으로 나아가고 있는지 살펴 보아야겠어.

법률은 사회에서 발생하는 모든 법적 문제에 대한 해결 기준을 정하려고 한다. 하지만 다양한 사례를 모두 법률에 망라할 수는 없기에, 법조문은 그것들을 포괄할 수 있는 추상적인 용어로 구성될 수밖에 없다. 따라서 이러한 법률의 조항들이 실제 사안에 적용되려면 해석이라는 과정을 거쳐야 한다.

법조문도 언어로 이루어진 것이기에, 원칙적으로 문구가 지닌 보편적인 의미에 맞춰 해석된다. 일상의 사례로 생각해 보자. "실내에 구두를 신고 들어가지 마시오."라는 팻말이 있는 집에서는 손님들이 당연히 글자 그대로 구두를 신고 실내에 들어가지 않는다. 그런데 팻말에 명시되지 않은 '실외'에서 구두를 신고 돌아다니는 것은 어떨까? 이에 대해서는 금지의 문구로 제한하지 않았기 때문에, 금지의 효력을 부여하지 않겠다는 의미로 당연하게 받아들인다. 이처럼 문구에서 명시하지 않은 상황에 대해서는 그 효력을 부여하지 않는다고 해석하는 방식을 반대 해석이라 한다.

그런데 팻말에는 운동화나 슬리퍼에 대하여도 쓰여 있지 않다. 하지만 누군가 운동화를 신고 마루로 올라가려 하면, 집주인은 팻말을 가리키며 말릴 것이다. 이 경우에 '구두'라는 낱말은 본래 가진 뜻을 넘어 일반적인 신발이라는 의미로 확대된다. 이런 식으로 어떤 표현을 본래의 의미보다 넓혀 이해하는 것을 확장 해석이라 한다.

하지만 팻말을 비웃으며 진흙이 잔뜩 묻은 맨발로 들어가는 사람을 말리려면, '구두'라는 낱말을 확장 해석하는 것으로는 어렵다. 위의 팻말이 주로 실내를 깨끗이 유지하기 위하여 마련된 규정이라면, 마루를 더럽히며 올라가는 행위도 마찬가지로 금지된다고 보아야 할 것이다. 이렇게 해석하는 방식이 유추 해석이다. 규정된 행위와 동등하다고 평가될 수 있는 일에는 규정이 없어도 같은 효력이 주어져야 한다는 논리이다.

그런데 구두를 신고 마당을 걷는 것은 괜찮다고 반대 해석하면서도, 흙 묻은 맨발로 방에 들어가도 된다는 반대 해석은 왜 받아들이기 어려운가? 이것은 보편적인 상식이나 팻말을 걸게 된 동기 등을 고려하며 판단하기 때문일 것이다. 법률의 해석에서도 마찬가지로 그 법률의 목적, 기능, 입법 배경 등을 고려한다. 한 예로 형벌권의 남용으로부터 국민의 자유와 권리를 보호하려는 죄형법정주의라는 헌법상의 요청 때문에, 형법의 조문들에서는 유추 해석이 엄격히 배제된다.

1

위 글의 서술상 특징에 대한 설명으로 가장 적절한 것은?

① 하나의 사례를 매개로 하여 여러 가지 개념들이 비교될 수 있도록 구성하였다.

② 이론적으로 설정한 가설에 대해 현실적 사례를 들어가며 논증하였다.

③ 문제를 상정하고 그와 유사한 상황들을 분석하여 대안을 모색하였다.

④ 단계적 추론을 통해 타당한 해결책에 이르도록 논의를 전개하였다.

⑤ 다양한 원리를 제시하고 평가하여 종합적 결론을 도출하였다.

2

위 글에서 설명된 법률 해석에 대한 이해로 옳지 않은 것은?

① 법률은 해석을 통해 구체적 사안에 적용된다.

② 죄형법정주의 때문에 형법에서는 유추 해석을 금지한다.

③ 법률이 갖는 목적이나 성격은 그 법조문의 해석에 영향을 끼친다.

④ 법률과 현실 사이에 생길 수 있는 간극을 법률의 해석으로 메우려 한다.

⑤ 법률의 해석에서는 논리적 맥락보다 직관적 통찰을 통해 타당한 의미를 찾아낸다.

집중 호우 메커니즘

일반적으로 1시간에 30mm 이상, 또는 하루에 80mm 이상의 비가 내릴 때, 그리고 연 강수량의 10%에 해당하는 비가 하루에 내릴 때, 이를 '집중 호우'라고 한다. 그런데 짧은 시간 내에 어떻게 이처럼 많은 비가 내릴 수 있을까?

찬 공기가 따뜻한 공기 쪽으로 이동하면 상대적으로 밀도가 낮은 따뜻한 공기는 찬 공기 위로 상승하게 된다. 이때 상승하는 공기가 충분한 수분을 포함하고 있다면 공기 중의 수증기가 냉각되어 작은 물방울이나 얼음 알갱이로 응결되면서 구름이 형성된다. 이 과정에서 열이 외부로 방출된다. 이때 방출된 열이 상승하는 공기에 공급되어, 공기가 더 높은 고도로 상승할 수 있게 한다. 그런데 공기에 포함된 수증기의 양이 충분하지 않으면 상승하던 공기는 더 이상 열을 공급받지 못하게 되면서 주변의 대기보다 차가워지게 되고, 그렇게 되면 공기가 더 이상 상승하지 못하고 구름도 발달하기 어렵게 된다. 만일 상승하는 공기가 일반적인 공기에 비해 매우 따뜻하고 습한 공기일 경우에는 상승 과정에서 수증기가 냉각, 응결하며 방출하는 열이 그 공기에 지속적으로 공급되면서 일반적인 공기보다 더 높은 고도에서도 계속 새로운 구름들을 만들어 낼 수 있다. 그렇기 때문에 따뜻하고 습한 공기는 상승하는 과정에서 구름을 생성하고 그 구름들이 아래쪽부터 연직*으로 차곡차곡 쌓이게 되어 두터운 구름층을 형성하게 된다. 이렇게 형성된 구름을 ㉠적란운이라고 한다. 적란운은 형성되는 높이에 따라 소나기를 내릴 수도 있고 집중 호우를 내릴 수도 있다.

일반적으로 적란운은 지표로부터 2~3km 이내에서 형성된다. 적란운에서 비가 내리면 적란운 아래에 있는 공기는 온도가 내려가 밀도가 높아지면서 밀도가 낮은 주위로 넓게 퍼져 나가게 된다. 이때 주위에 퍼진 차가운 공기가 원래의 적란운으로부터 떨어진 장소에서 다시 따뜻하고 습한 공기와 만나는 경우가 있다. 그렇게 되면 이 따뜻하고 습한 공기가 상승하면서 새로운 적란운을 만들게 된다. 이때 새로 만들어진 적란운은 기존 적란운과 떨어져 있기 때문에 각각의 적란운 바로 아래 지역에만 30분에 30mm에 못 미치는 비가 내린 후 그치게 된다. 이때 내리는 비가 바로 소나기이다.

그런데 만일 기존의 적란운에서 가까운 곳에 새로운 적란운이 생기면 어떻게 될까? 이때는 두 개 이상의 적란운이 겹쳐지면서 한 지역에 동시에 많은 양의 비를 쏟아붓는 집중 호우가 발생하게 된다. 집중 호우를 발생시키는 적란운을 형성하는 공기는 일반적인 적란운을 형성하는 공기보다 그 온도와 습도가 훨씬 더 높다. 그래서 일반적인 적란운보다 고도가 더 낮은 곳에서부터 구름이 형성될 수 있기 때문에, 지표에서 수백 미터에 불과한 높이에 적란운이 형성된다. 이렇게 형성된 적란운의 바닥과 지표 사이의 공간이 좁기 때문에 이 공간에 있는 공기의 양이 적다. 그래서 비가 내리더라도 차가워진 공기가 멀리 퍼지지 못한다. 이런 상황에서 매우 따뜻하고 습한 공기가 유입되면 이 공기가 상승하면서 기존의 적란운 바로 가까이에 새로운 적란운을 형성하게 된다. 이러한 과정이 반복되면서 기존의 적란운과 동일한 장소에 여러 개의 적란운들이 몰리어 형성되기 때문에 특정한 지역에 엄청난

양의 비가 일시에 집중적으로 쏟아지게 된다. 이것이 집중 호우의 메커니즘이다.

*연직: 지면에서 수직인 방향.

1

위 글의 내용과 일치하지 않는 것은?

① 소나기와 집중 호우는 적란운에서 내린다.
② 구름이 생성될 때는 열의 방출이 일어난다.
③ 구름에는 작은 물방울이나 얼음 알갱이가 포함되어 있다.
④ 상승하는 공기의 온도가 주변 대기보다 낮아질수록 구름은 더 크게 발달한다.
⑤ 하루에 연 강수량의 10% 이상의 비가 내렸다면 '집중 호우'에 해당한다고 볼 수 있다.

2

위 글로 미루어 볼 때, ㉠의 형성과 가장 관련이 깊은 요인은?

① 지표면 주변의 하강 기류
② 상승하는 공기 주변의 지형
③ 상승하는 공기의 온도와 습도
④ 구름 속 얼음 알갱이의 존재 유무
⑤ 구름이 상승하는 과정에서의 바람 작용

자동차에서 배출되는 오염 물질로 인한 대기 오염 및 기후 변화 문제가 심각해지면서 세계 각국은 온실가스의 배출 억제를 위해 자동차 분야 규제를 강화하고 있어 오염 물질의 배출이 적은 친환경차가 주목을 받고 있다.

친환경차에는 전기차, 수소전기차, 하이브리드차가 있는데 이 중 ㉠전기차와 수소전기차는 전기에너지를 운동에너지로 변환하여 주는 모터만으로 구동되고, ㉡하이브리드차는 모터와 함께 ㉢내연기관차처럼 연료를 연소시킬 때 발생하는 열에너지를 운동에너지로 바꿔 주는 엔진을 사용하여 구동된다. 내연기관차는 마찰 제동장치를 사용하므로 차가 감속할 때 운동에너지가 열에너지로 변환된 후 사라지는 반면, 친환경차는 감속 시 운동에너지를 전기에너지로 변환하여 배터리에 충전해 다시 사용할 수 있게 하는 회생 제동장치도 사용해 에너지 효율을 높이고 있다.

하이브리드차는 출발할 때에는 전기에너지를 이용하여 모터를 구동하고 주행 시에는 주행 상황에 따라 모터와 엔진을 적절히 이용하므로 일반 내연기관차보다 연비가 좋고 배기가스가 저감되는 효과가 있다. 전기차와 수소전기차는 엔진 없이 모터를 사용해 전기에너지만으로 달리는 차라 할 수 있다. 전기차는 고전압 배터리에 충전을 해 전기에너지를 모터로 공급하여 움직이고, 수소전기차는 연료 탱크에 저장된 수소를 연료전지를 통해 전기에너지로 변환하여 동력원으로 사용한다. 연료전지는 차량 구동에 필요한 수준의 전기에너지를 발전시키기 위해 다수의 연료전지를 직렬로 연결하여 가로로 쌓아 만드는데 이를 스택(stack)이라 한다. 연료전지는 저장된 수소와 외부로부터 공급되는 공기 속 산소가 만나 일어나는 산화·환원 반응 과정을 통해 전기에너지를 생성하는데, 산화란 어떤 물질이 전자를 내어 주는 것을, 환원이란 전자를 받아들이는 것을 의미한다. 이렇게 물질이 전자를 얻거나 잃는 것을 이온화라고도 하는데 물질이 전자를 얻으면 음이온이, 전자를 잃으면 양이온이 된다.

수소전기차에는 백금을 넣은 촉매와 고분자전해질막을 지닌 연료전지를 많이 사용하는데 다른 연료전지에 비해 출력이 크고 저온에서도 작동이 되며 구조도 간단하다. 연료전지의 −극과 +극에 사용되는 촉매 속에 들어있는 백금은 −극에서는 수소의 산화 반응을, +극에서는 산소의 환원 반응을 활성화한다. 그리고 두 극 사이에 있는 고분자전해질막은 양이온의 이동은 돕고 음이온과 전자의 이동은 억제하는 역할을 한다.

연료전지에서 전기에너지가 생성되는 과정은 수소를 저장한 연료 탱크로부터 수소가 −극으로, 공기공급기로 유입되는 외부의 공기 속 산소가 +극으로 공급되며 시작된다. −극에 공급된 수소는 촉매 속 백금에 의해 수소 양이온(H^+)과 전자(e^-)로 분리되고, 수소 양이온은 고분자전해질막을 통과해 +극으로, 전자는 외부 회로를 통해 +극으로 이동한다. 이렇게 전자가 외부 회로로 흐르며 전기에너지가 발생하는데, 생성된 전기에너지는 모터로 전해져 동력원이 되고 일부는 배터리에 충전된다. +극에서는 공급된 산소가 외부 회로를 통해 이동해 온 전자(e^-)와 결합해 산소 음이온(O^-)이 된 후, 수소 양이온(H^+)과 만나 물(H_2O)이 되어 외부로 배출된다.

수소전기차에 사용되는 수소는 가솔린의 세 배나 되는 단위 질량당 에너지 밀도를 지니고 있어 에너지 효율이 높다. 그리고 수소와 산소의 반응을 이용하므로 오염 물질이나 온실가스의 배출이 적고 외부로부터 공급되는 공기를 필터로 정화하여 사용한 후 배출하므로 공기를 정화하는 기능도 한다. 그러나 고가인 백금과 고분자전해질막을 사용해 연료전지를 제작해 가격이 비싸다는 점, 수소는 고압으로 압축해야 하므로 폭발할 위험성이 커 보관과 이동에 어려움이 있다는 점 등 해결해야 할 문제들이 남아 있다.

1

위 글에 대해 이해한 내용으로 적절하지 않은 것은?

① 고압으로 압축한 수소는 폭발할 위험이 크니 보관이나 이동에 어려움이 많겠군.

② 수소전기차는 공급되는 외부 공기를 필터로 걸러 사용하므로 정화된 공기가 배출되겠군.

③ 수소가 연료로 쓰이는 이유는 가솔린보다 에너지 효율은 낮지만 친환경적이기 때문이겠군.

④ 백금과 고분자전해질막을 대신할 저가의 원료를 개발한다면 연료전지의 가격을 낮출 수 있겠군.

⑤ 수소전기차를 구동할 수준의 전기에너지를 만들어 내려면 다수의 연료전지를 직렬로 연결해 만들어야겠군.

2

㉠~㉢에 대한 이해로 적절하지 않은 것은?

① ㉠은 ㉡, ㉢과 달리 연료 탱크를 제작할 필요가 없다.

② ㉡은 ㉠에 쓰이는 모터와 ㉢에 쓰이는 엔진을 주행 상황에 따라 이용한다.

③ ㉢은 ㉠, ㉡과 달리 감속할 때 발생하는 에너지를 자동차의 주행에 활용하지 못한다.

④ ㉠, ㉡은 ㉢에 비해 배출되는 오염 물질과 온실가스의 양이 적다.

⑤ ㉠, ㉡은 ㉢과 달리 전기에너지를 운동에너지로 변환하여 출발한다.

　　우리는 흔히 예술 작품을 감상한다는 말 대신에 예술 작품을 향유(enjoyment)한다고 하기도 하며, 예술 작품을 평가(appreciation)한다고 하기도 한다. 향유한다거나 평가한다는 것은 곧 예술 작품에서 쾌감을 얻거나 예술 작품의 가치를 따지는 것을 의미하는데, 이러한 의미 속에는 예술 작품은 감상의 주체인 감상자의 수용을 기다리는 존재이며, 고정된 채 가치를 측정당하는 대상이라는 인식이 내포되어 있다. 하지만 예술 작품은 그 가치가 확정되어 있거나 감상자의 수용을 기다리기만 하는 존재가 아니다.

　　예술 작품은 창작자와 창작된 시간, 문화적 환경과의 관계 속에서 창작되는데, 예술 작품의 창작과 관계되는 이 요소들에는 사회 규범과 예술 전통, 작가의 개성 등이 포함되어 있다. 하지만 그런 것들로 예술 작품의 의미를 확정할 수는 없다. 그런 것들은 창작자에 의해 텍스트로 조직되면서 변형되어 단지 참조 체계로서의 배경으로만 존재할 따름이다.

　　예술 작품의 의미는 역사의 특정한 순간에 만나게 되는 감상자에 의해 해석된다. 그런데 의미를 해석하기 위해서는 반드시 일정한 준거*틀이 있어야 한다. 준거틀이 없다면 해석은 감상자의 주관적 이해를 벗어나기 어렵기 때문이다. 해석의 준거틀 역할을 하는 것이 바로 참조 체계이다. 감상자가 예술 작품과 만나는 역사적 순간의 참조 체계는 과거와는 다른 새로운 관계를 만들어 내며, 이러한 새로운 관계에 의거해 감상자는 예술 작품으로부터 새로운 의미를 생산해 낸다.

　　따라서 예술 작품이 계속 전해지기만 한다면, 그것은 끊임없이 새로운 참조 체계를 통해 변화하며 새로운 의미를 부여받게 된다. 근본적으로 예술 작품의 의미는 무궁하다. 이것은 ㉠"셰익스피어는 모두 다 말하지 않았다."라는 말과도 같다. 이때 '다 말하지 않았다'는 것은 의미가 예술 작품 그 자체에서 기인한다는 뜻이 아니다. 작품의 의미는 예술 작품 밖에 존재하는 참조 체계의 무궁함에서 기인하는 것이다. 텍스트는 끊임없이 새로운 감상자를 찾으며 그로부터 새로운 참조 체계를 획득하고, 끊임없이 새로운 관계를 형성하며 새로운 의미를 생산한다.

　　감상의 과정은 주체와 주체의 대화이다. 감상 과정에서 예술 작품과 감상자는 서로 다른 관점과 개성을 지닌 두 명의 개인과 마찬가지로 묻고 대답하면서 서로의 관점을 교정해 가는 개방적 태도를 갖는다. 자신의 시계(視界) 속으로 상대방을 끌어들이는 것이 아니라 대화를 통해 진리로 나아간다. 감상자는 예술 작품 속에 존재하는 진리를 얻는 것이 아니라 대화 방식의 감상을 통해 예술 작품과 소통함으로써 새로운 진리를 만들어 낸다. 예술 작품을 자신이 갖고 있는 전이해(前理解)의 예증(例證)으로 삼는 것이 아니라 외재(外在)하는 예술 작품을 통해 이를 초월·확대·변화시킴으로써 새로운 시야(視野)를 획득한다. 그렇게 함으로써 예술 작품도 자신과는 다른 감상자를 통해 자신의 의미를 초월하게 된다.

　　감상은 감상자와 예술 작품이 양방향으로 초월하는 미적 체험의 과정이다. 예술 작품은 감상자를 향하여, 감상자는 예술 작품을 향하여 서로 열려 있는 것이다.

*준거(準據): 사물의 정도나 성격 따위를 알기 위한 근거나 기준.

1

위 글의 주제로 가장 적절한 것은?

① 예술 작품 감상의 의의
② 예술 작품 감상의 배경
③ 예술 작품의 창작과 감상
④ 향유로서의 예술 작품 감상
⑤ 소통으로서의 예술 작품 감상

2

㉠"셰익스피어는 모두 다 말하지 않았다."의 문맥적 의미를 바르게 설명한 것은?

① 셰익스피어 작품의 의미는 준거틀이 달라짐에 따라 변화한다.
② 셰익스피어는 모든 것을 말해 버려서 더 이상 할 말이 남아 있지 않았다.
③ 셰익스피어의 작품은 새로운 감상자들에게 언제나 한결같은 의미로 다가간다.
④ 셰익스피어는 그의 작품에서 그가 전달하고자 하는 의미를 모두 다 말하지 않았다.
⑤ 셰익스피어 작품에서 감상자들은 셰익스피어가 말하고자 한 의미를 모두 읽어 내지 못했다.

조선 시대 교육에서 주목할 점은 교육에 대한 백성들의 집념과 열의가 대단했다는 것이다. 조선 시대에는 양반은 말할 것도 없고 평·천민들까지도 교육에 대해 커다란 관심을 가졌으며 그래서 어떻게 해서든지 자제들을 가르치려고 노력했다. 양반과 평·천민들이 어려운 살림 속에서도 기금을 마련하여 학계와 서당계 등을 조직하고 훈장을 초빙하여 자제들을 교육시킨 것은 바로 교육에 대한 이러한 열의와 집념의 산물이었다. 이와 같은 교육열과 집념으로 말미암아 양반은 말할 것도 없고 평·천민 중에서도 상당히 많은 사람들이 문자를 읽고 쓸 줄 알았으며, 민원과 관련하여 관에 소장(訴狀)을 제출하거나 혹은 토지 등을 매매할 때 직접 문서를 작성할 정도로 문자 해독력이 크게 높아졌다. 한국의 조선 시대와 중국의 명·청 시대 및 일본의 막부 시대에 살았던 백성들의 문자 해독력을 비교해 본다면 조선의 백성이 중국이나 일본의 백성보다 월등히 앞섰다고 말할 수 있다.

조선 시대의 교육 목표는 백성들에게 삼강 오륜 등의 예의를 가르쳐 이를 실천하게 하는 것이었다. 조선 시대에는 백성을 다스리는 일은 곧 백성을 기르는 일이요, 백성을 기르는 일은 곧 백성을 가르치는 일이었으며, 백성을 가르치는 일은 곧 백성에게 예의를 알게 하는 일이었다. 백성을 직접 다스리는 수령을 '목민관'이라고 부른 것이나 정약용이 ≪목민심서≫에서 '목민관의 직책으로서 가장 중요한 것은 백성을 교화하는 일이며 교화는 예속, 즉 예의를 가르치고 권장하는 일'이라고 말한 것은 이러한 생각을 단적으로 보여주는 예이다.

위정자들은 백성들에게 충과 효를 바탕으로 한 예의를 가르치면 백성들은 자연히 왕에 충성하고 부모에 효도하며 어른을 공경하고 가난하고 외로운 이웃을 돌보게 되어 사회는 안정되고 정치는 스스로 이루어진다고 믿었다. 왕을 위시한 집권자들이 교육에 대해 커다란 관심을 가졌던 이유가 바로 여기에 있었던 것이다.

교육의 목표가 이처럼 백성에게 오로지 예의를 가르치고 이를 실천하도록 하는 데 있었기 때문에 그로 인한 문제점도 적지 않았다. 우선 무예 교육에 너무 소홀했다는 점을 지적할 수 있다. 무과 응시자를 위한 별도의 교육 기관이 설립되지 않았다는 점은 두 차례의 외침을 겪은 이후에도 시정되지 않아 군사력이 거의 증강되지 않았으며, 그 결과 개항기에 열강의 침탈에 대해 적절히 대처하지 못하는 원인이 되기도 했다. 또 각종 기술 교육을 경시하고 이에 종사하는 관료들을 천대했기 때문에 조선 시대 내내 이렇다 할 기술적 진보를 이루지 못했으며, 이로 말미암아 조선 말기의 근대화 과정에서도 많은 어려움을 겪어야 했다는 점도 지적되어야 할 것이다. 이것이 예의를 중시했던 조선 시대의 유교적 교육관으로 인하여 빚어진 어두운 측면이다.

1

위 글의 제목으로 알맞은 것은?

① 조선 시대의 교육 과정

② 조선 시대의 교육 수준

③ 조선 시대의 교육열과 교육관

④ 조선 시대의 교육 기관 변천사

⑤ 조선 시대의 교육 제도와 교육자

2

위 글의 내용과 일치하지 않는 것은?

① 조선의 위정자들은 충효를 중요한 교육 이념으로 삼았다.

② 중국이나 일본의 백성보다 조선의 백성이 문자 해독력이 높았다.

③ 조선 시대에는 양반뿐만 아니라 평민층과 천민층도 교육열이 높았다.

④ 조선 시대에 기술 교육을 경시하던 풍조는 근대화 과정에 부정적인 영향을 미쳤다.

⑤ 조선은 두 차례의 외침을 겪은 후, 무술 교육에 힘쓰는 등 국방력을 크게 강화하였다.

　　언론사의 취재·보도의 자유와 개인의 명예권이 충돌하는 경우가 종종 있다. 명백히 개인의 명예를 훼손시키는 보도인데도 언론사는 언론의 자유라는 이름으로 이를 정당화시키려 하기 때문이다. 반대로 국민의 알 권리의 차원에서 반드시 보도되어야 할 내용인데도 개인은 자신의 명예권을 주장하기도 한다. 양측의 입장 모두 민주 사회에서 존중되어야 할 가치임에는 분명하지만 둘 사이의 충돌을 어떻게 조절하느냐 하는 문제는 간단하지가 않다.

　　언론사의 자유를 절대적으로 주장하다 보면 개인의 권익이 침해되고, 개인의 명예를 무조건적으로 앞세우다 보면 언론의 자유가 위축되는 결과를 가져오기 쉽다. 더구나 오늘날은 언론사들 간의 경쟁이 심한 관계로 지나치게 언론사들이 특종 의식을 앞세운다든지, 사실을 제대로 확인하지 않거나 허위 또는 과장 보도를 하여 무고한 개인의 명예를 손상시키는 경우가 많은 것이 사실이다. 그렇다고 해서 개인의 명예권을 우선적으로 보호할 수도 없다. 언론의 자유가 위축되어 사회 전체적으로 큰 손실이 예상되기 때문이다. 이렇게 본다면 개인의 명예보다는 언론 자유의 보장이 좀 더 중시되어야 하는 가치임에는 분명하다. 그러나 이것이 절대적인 원칙일 수는 없고 객관 타당한 원칙과 준거가 있어야 한다. 그 대표적인 것이 진실 증명의 원칙이다.

　　진실 증명의 원칙이란 한 마디로 진실에 입각한 보도는 설령 그것으로 인해 개인의 명예가 훼손되었다 하더라도 명예 훼손죄가 성립하지 않는다는 원칙이다. 이는 개인의 명예를 훼손시키는 보도에 모두 다 법적 제재를 가한다면 언론의 자유는 심각하게 위축될 수밖에 없기 때문에 생긴 것이다. 물론 여기에는 한 가지 조건이 따른다. 보도의 내용이 공공의 이익에 관한 사항이어야 한다는 것이다. 즉 공익에 관한 사항을 진실에 입각해서 과장되거나 왜곡됨이 없이 보도했다면 명예 훼손죄가 성립되지 않는 것이다.

　　그러면 진실은 어느 정도까지 입증되어야 하며 공익이란 무엇을 의미하는가. 만일 사실의 앞뒤가 조금도 틀림이 없기를 원한다면 이 또한 언론의 보도를 위축시키게 될 것이다. 약간의 잘못된 사실이 있다는 이유로 처벌을 받게 된다면 그것을 감수하면서 기사를 쓸 사람은 아무도 없다. 그래서 대체적으로 진실이 증명되면 면책이 되는 것으로 간주한다. 미국의 판례에서도 공표된 내용이 대체적으로 진실인 것으로 입증되면 사실로 인정하고 있으며 세부에 걸쳐서까지 완전한 진실을 증명할 필요는 없다고 한다.

　　다음으로 공익의 개념이다. 무엇을 어디까지 공공의 이익에 관한 사항으로 인정하여 면책을 할 것인가의 문제이다. 공익성을 판단하는 것은 그리 간단한 문제는 아님이 분명하다. 일본에서 공익은 대체로 사회 전체의 관심사와 이익에 기여하는 것이라고 정의하고 있다. 윌리엄 프로서는 "공공의 이익을 단순히 뉴스 가치를 갖는다는 것과 동일시해서는 안 된다. 그것은 사회 전체의 이익에 올바른 영향력을 갖는다는 이유에서 사회 일반이 정당한 관심을 갖는 사항에 한정되는 것이어야 한다."라고 지적하였다.

1

위 글로부터 알 수 있는 사실이 아닌 것은?

① 언론의 자유와 개인의 명예권은 충돌하기도 한다.

② 언론의 자유가 침해받으면 사회적인 손실이 크다.

③ 허위 또는 과장 보도가 언론사 간의 과도한 경쟁을 낳았다.

④ 진실에 입각한 보도를 했을 때 개인의 명예는 훼손될 수도 있다.

⑤ 사회 전체의 관심사와 이익에 기여한다면 공익성이 있다고 판단한다.

2

위 글의 글쓰기 전략을 〈보기〉에서 찾아 바르게 묶은 것은?

〈보기〉

ㄱ. 용어의 개념을 자세하게 풀이하고 있다.

ㄴ. 가설을 제시하고 그 결과를 추정하고 있다.

ㄷ. 관용적 표현을 사용하여 주제를 강조하고 있다.

ㄹ. 상반된 두 가치에 대한 판단 기준을 제시하고 있다.

① ㄱ, ㄴ   ② ㄱ, ㄹ   ③ ㄴ, ㄷ   ④ ㄴ, ㄹ   ⑤ ㄷ, ㄹ

뉴턴의 물리학으로 상징되는 근대 과학은 인간의 정신과 물질은 분리되어 있다는 것과, 자연은 구성 요소들이 인과적 법칙에 따라 규칙적으로 결합되어 있는 기계처럼 존재한다는 인식을 바탕으로 한다. 인간은 이성이라는 탁월한 정신적 능력으로 자연을 구성하는 요소를 찾아내어 그 인과적 법칙을 밝혀 낼 수 있다고 생각했다.

근대 과학은 객관적 관찰과 실험이라는 방법으로 자연 현상의 많은 규칙을 밝혀 내었으며 상당한 수준의 과학적 발전을 이루어 내었다. 지금 우리가 누리고 있는 과학 기술 문명은 근대 과학의 성과가 현실에 응용되어 나타난 결과라 할 수 있다. 그러나 과학 기술 문명은 인류에게 많은 혜택을 안겨다 줌과 동시에 심각한 사회 문제를 발생시켰다. 객관적 관찰과 실험을 중시하는 근대 과학의 특징 때문에 객관적 관찰이 어려운 인간의 추상적 사유와 감정은 과학적 대상에서 배제되고, 그 결과 삶의 진정한 의미와 가치를 무시하는 경향을 낳게 되었다. 자연은 하나의 기계에 불과하다는 믿음은, 자연을 인간이 임의로 조작하고 통제할 수 있는 대상으로 간주함으로써, 자연과 인간의 부조화는 물론이고 생태계의 오염 등 심각한 환경 문제를 발생시켰다.

이와 같은 문제점을 심각하게 받아들이는 과학자들은 근대 과학을 비판하면서 새로운 과학적 이론이 필요하다고 주장한다. 실제로 새로운 과학적 이론을 모색할 수 있도록 뒷받침해 주는 몇몇 과학적 원천이 존재하는데, 그 중 하나가 뉴턴의 물리학이 적절하게 설명하지 못하는 미시 물리적 현상이다. 거기에서는 관찰하는 대상의 특성이 관찰자가 서 있는 위치에 따라 달라진다. 관찰자와 관찰 대상이 긴밀히 관련되어 있으며 따라서 객관적인 관찰과 실험이 어려워진다. 카프라 등 신과학 운동가들은 바로 여기에서 새로운 과학적 이론을 모색하였는데, 그 이론의 핵심은 정신과 물질, 인간과 자연이 서로 긴밀하게 결합되어 전체를 이룬다는 유기체적 세계관이다.

새로운 과학적 이론은 분명 과학 기술 문명으로 인한 여러 문제들을 해결할 수 있는 가능성을 가지고 있다. 근대 과학적 방법의 한계가 밝혀지면서 근대 과학에서는 객관적 관찰이 어렵다는 이유로 배제되었던 인간의 사유와 감정이 그 가치를 인정받게 되었으며, 유기체적 세계관은 자연에 대해 새로운 관점을 갖게 함으로써 환경 문제 해결의 실마리를 제공하였다.

그러나 이러한 가능성 때문에 근대 과학을 전면적으로 부정하는 것은 바람직하지 않다. 무엇보다도 근대 과학은 사물과 현상에 대한 정확하고 객관적인 이해를 가능하게 하였으며, 여전히 특정 분야에서 큰 성과를 보이고 있다. 근대 과학의 이러한 성과를 부정하면서 새로운 과학적 이론의 가능성만 강조하는 것은 한때 근대 과학이 그러했던 것처럼 다양한 과학 활동들을 무시하면서 또 다른 획일성을 강조하는 결과를 가져올 위험이 있다. 더구나 과학 기술 문명이 발생시킨 문제들의 원인이 근대 과학의 이론에 내재되어 있는 것은 분명하지만 다른 한편, 과학 기술을 오용하고 악용하는 인간의 비도덕적이며 무책임한 태도에도 상당 부분 문제가 있을 수 있는 것이다.

1

위 글의 내용과 일치하지 않는 것은?

① 근대 과학은 자연을 하나의 기계로 간주했다.

② 근대 과학은 인간의 사유와 감정을 중시했다.

③ 과학 기술 문명은 근대 과학의 성과에 바탕을 두고 있다.

④ 유기체적 세계관은 환경 문제 해결의 실마리를 제공했다.

⑤ 미시 물리적 현상에서는 관찰자와 관찰 대상이 서로 관련되어 있다.

2

위 글을 읽고 이끌어 낼 수 있는 내용으로 적절한 것은?

① 새로운 이론이 등장하면 기존 이론은 곧바로 사라지게 되는군.

② 새로운 이론은 기존의 다양한 이론을 포괄하는 것이어야 하는군.

③ 기존 이론이 한계에 부딪히면 새로운 이론이 등장하기 마련이군.

④ 과학적 이론은 현실의 문제를 해결할 수 있는 유일한 대안이군.

⑤ 과학적 이론의 종류는 다양하지만 사물을 바라보는 관점은 하나로군.

지구 궤도를 도는 인공위성은 지구 중력의 변화, 태양으로부터 오는 작은 미립자와의 충돌 등으로 궤도도 변하고 자세도 변한다. 힘이 작용하여 운동 방향과 상태가 변하는 것이다. 뉴턴은 이를 작용 반작용 법칙으로 설명할 것이다.

한 물체가 다른 물체에 힘을 작용하면 그 힘을 작용한 물체에도 크기가 같고 방향은 반대인 힘이 동시에 작용한다는 것이 작용 반작용 법칙이다. 예를 들어 바퀴가 달린 의자에 앉아 벽을 손으로 밀면 의자가 뒤로 밀리는데, 사람이 벽을 미는 작용과 동시에 벽도 사람을 미는 반작용이 있기 때문이다. 이 법칙은 물체가 정지하고 있을 때나 운동하고 있을 때 모두 성립하며, 두 물체가 접촉하여 힘을 줄 때뿐만 아니라 서로 떨어져 힘이 작용할 때에도 항상 성립한다.

인공위성의 상태가 변하면 본연의 임무를 달성하기 위해 궤도와 자세를 바로잡아야 한다. 지구 표면을 관측하는 위성은 탐사 장비를 지구 쪽을 향하도록 자세를 고쳐야 하고, 인공위성에 전력을 제공하는 태양 전지를 태양 방향으로 끊임없이 조절해야 한다. 이 때 위성의 궤도와 자세를 조절하는 방법도 모두 작용 반작용을 이용한다.

먼저 가장 간단한 방법은 로켓 엔진과 같은 추력기를 외부에 달아 이용하는 것이다. 추력기는 질량이 있는 물질인 연료를 뿜어내며 발생하는 작용과 반작용을 이용하여 위성을 움직인다. 위성에는 궤도를 수정하기 위한 주추력기 이외에 ㉠소형의 추력기가 각기 다른 세 방향 (x, y, z 축)으로 여러 개가 설치되어 있는데, 이를 이용해 자세를 수정하는 것이다. 문제는 10년이 넘게 사용할 위성에 자세 제어용 추력기가 사용할 연료를 충분히 실을 수 없다는 것이다.

최근에는 ㉡반작용 휠을 이용한 방법도 사용되고 있다. 위성에는 추력기처럼 세 방향으로 설치된 3개의 반작용 휠이 있어 회전수를 조절하면 위성의 자세를 원하는 방향으로 맞출 수 있다. 위성 내부에 부착된 반작용 휠은 전기 모터에 휠을 달고, 돌리는 속도를 높여주거나 낮춰주어서 위성을 회전시켜 자세를 바꾼다. 일반적으로 물체가 한 방향으로 돌 때 그 반대 방향으로 똑같은 힘이 발생한다. 반작용 휠이 돌면 위성에는 반대 방향으로 도는 힘이 발생하는데, 이 힘을 이용하는 것이다. 다만 궤도 수정과 같은 위성의 위치 변경은 할 수 없다.

하지만 반작용 휠은 자세 제어용 추력기를 이용하는 것보다 훨씬 유리하다. 추력기를 이용하면 연료가 있어야 하고, 그만큼 쏘아 올려야 할 위성의 무게도 증가한다. 반작용 휠을 이용하면 필요한 것은 전기이며 태양 전지를 이용해 얼마든지 얻을 수 있다. 원리는 유사하지만 보다 경제적인 방식이 인공위성에서 사용되고 있다.

1

위 글의 내용과 일치하지 않는 것은?

① 정지하고 있는 물체에도 작용이 존재한다.

② 반작용은 위성이 지구와 인접해 있어야 나타난다.

③ 중력의 변화는 위성의 자세나 궤도를 변하게 한다.

④ 위성의 추력기는 방출되는 물질의 반작용을 이용한다.

⑤ 미립자가 위성과 충돌하면 반대 방향의 힘이 작용한다.

2

㉠과 ㉡에 대한 설명으로 적절하지 않은 것은?

① ㉠은 위성의 외부에, ㉡은 내부에 설치된다.

② ㉠과 달리 ㉡은 물체의 회전 운동을 이용하고 있다.

③ ㉡과 달리 ㉠은 x, y, z 축의 세 방향으로 설치되어 있다.

④ ㉡과 달리 ㉠을 작동하면 위성 전체의 질량이 변화한다.

⑤ ㉠과 ㉡은 모두 반작용을 이용해 위성의 자세를 제어한다.

사물을 입체적으로 느낄 수 있도록 하려면 무엇보다 빛과 그림자가 생생히 묘사되어야 한다. 그래서 사실적이고 입체적인 표현을 중시한 서양 회화는 빛에 대해 지대한 관심을 갖고 빛의 표현과 관련한 다양한 실험을 하였다. 사물을 입체적으로 그린다는 것은 결국 그 사물에서 반사되는 빛을 표현하는 것과 다를 바 없기 때문이다.

빛이 물리적 실체로서 본격적으로 묘사되기 시작한 것은 르네상스기에 들어와서이다. 조토의 〈옥좌의 마돈나〉에서는 양감이 느껴진다. 양감이 느껴진다는 것은 빛을 의식했다는 증거이다. 이렇게 시작된 빛에 대한 인식은 조토보다 2세기 뒤의 작가인 미켈란젤로의 〈도니 성가족〉에서 더욱 명료하게 나타난다. 빛의 각도, 거리에 따른 밝기의 차이 등이 이 그림에는 상세히 묘사되어 있다. 이에 따라 입체감과 공간감도 실감나게 표현되어 있다.

17세기 바로크 시대에 들어서면 화가들의 빛에 대한 인식이 보다 심화된다. 빛을 사실적으로 표현하기 위해 노력하는 과정에서 서양화가들은 빛이 사물의 형태를 식별하게 할 뿐 아니라 우리의 마음도 움직이는 심리적인 매체임을 깨달았다. 빛과 그림자의 변화에 따른 감정의 다양한 진폭을 느끼게 된 서양화가들은 이를 적극적으로 연구하고 표현하였다. 그 대표적인 화가가 '빛과 혼의 화가'로 불리는 렘브란트이다. 그는 빛이 지닌 심리적 효과를 탁월하게 묘사하였다. 그는 〈예루살렘의 멸망을 슬퍼하는 예레미야〉라는 작품에서 멸망해 가는 예루살렘이 아니라 고뇌하는 예레미야에게 빛을 비춤으로써 보는 이로 하여금 그림 속 주인공의 슬픔에 깊이 빠져들게 한다. 렘브란트가 사용한 빛은 그림 속 노인뿐만 아니라 그의 실존적 고통까지 선명히 비춘다. 이와 같은 렘브란트의 빛 처리는 그의 작품을 정신적 호소력을 지닌 예술이 되게 하였다.

19세기 인상파의 출현으로 인해 서양미술사는 빛과 관련하여 또 한 번 중요하고도 새로운 전기를 맞게 된다. 인상파 화가들은 광학 지식의 발달에 힘입어 사물의 색이 빛의 반사에 의해 생긴 것이라는 사실을 알게 되었다. 이것은 빛의 밝기나 각도, 대기의 흐름에 따라 사물의 색이 변할 수 있음을 의미한다. 이러한 사실에 대한 깨달음은 고정 불변하는 사물의 고유색이란 존재하지 않는다는 인식으로 이어졌다. 이제 화가가 그리는 것은 사물이 아니라 사물에서 반사된 빛이며, 빛의 운동이 되어 버렸다. 인상파 화가들은 빛의 효과를 극대화하기 위해 같은 주황색이라도 팔레트에서 빨강과 노랑을 섞어 주황색을 만들기보다는 빨강과 노랑을 각각 화포에 칠해 멀리서 볼 때 섞이게 함으로써 훨씬 채도가 높은 주황색을 만드는 것을 선호했다. 인상파 화가들은 이처럼 자연을 빛과 대기의 운동에 따른 색채 현상으로 보고 순간적이고 찰나적인 빛의 표현에 모든 것을 바침으로써 매우 유동적이고 변화무쌍한 그림을 창조해냈다.

지금까지 살펴본 대로, 서양화가들은 빛에 대한 관찰과 실험을 통해 회화의 깊이와 폭을 확장시켰다. 그 과정에서 빛이 단순히 물리적 현상으로서만 아니라 심리적 현상으로도 체험된다는 사실을 발견하였다. 인상파 이후에도 빛에 대한 탐구와 표현은 다양한 측면에서 시도되고 있다. 따라서 빛을 중심으로 서양화를 감상하는 것도 그림이 주는 감동에 젖을 수 있는 훌륭한 방법이 될 수 있다.

1

위 글의 내용과 일치하지 않는 것은?

① 입체감이 느껴지게 하려면 빛과 그림자를 생생히 묘사해야 한다.

② 렘브란트는 빛이 지닌 심리적인 효과를 탁월하게 묘사한 화가이다.

③ 인상파 화가들은 사물이 지닌 고유색을 표현하기 위해 노력하였다.

④ 인상파 이후에도 빛에 대한 연구와 다양한 시도들이 이루어지고 있다.

⑤ 르네상스기에 들어와 빛이 물리적 실체로서 본격적으로 묘사되기 시작하였다.

2

위 글에 대한 설명으로 가장 적절한 것은?

① 빛에 대한 인식을 중심으로 서양 회화의 흐름을 살펴보았다.

② 빛에 대한 상반된 입장을 소개한 후 자신의 입장을 밝혔다.

③ 화가의 삶과 관련하여 개별 작품들에 대한 감상을 서술했다.

④ 빛에 대한 통념을 비판한 후 새로운 시각의 필요성을 주장했다.

⑤ 사실적 표현을 위한 기법을 중심으로 서양 회화의 특징을 분석했다.

　'인문적'이라는 말은 '인간다운(humane)'이라는 뜻으로 해석할 수 있는데, 유교 문화는 이런 관점에서 인문적이다. 유교의 핵심적 본질은 '인간다운' 삶의 탐구이며, 인간을 인간답게 만드는 덕목을 제시하는 데 있다. '인간다운 것'은 인간을 다른 모든 동물과 차별할 수 있는, 그래서 오직 인간에게서만 발견할 수 있는 이상적 본질과 속성을 말한다. 이러한 의도와 노력은 서양에서도 있었다. 그러나 그 본질과 속성을 규정하는 동서의 관점은 다르다. 그 속성은 그리스적 서양에서는 '이성(理性)'으로, 유교적 동양에서는 '인(仁)'으로 각기 달리 규정된다. 이성이 지적 속성인데 비해서 인은 도덕적 속성이다. 인은 인간으로서 가장 중요한 덕목이며 근본적 가치이다.

　'인(仁)'이라는 말은 다양하게 정의되며, 그런 정의에 대한 여러 논의가 있을 수 있기는 하다. 하지만 '인(仁)'의 핵심적 의미는 어쩌면 놀랄 만큼 단순하고 명료하다. 그것은 '사람다운 심성'을 가리키고, 사람다운 심성이란 '남을 측은히 여기고 그의 인격을 존중하여 자신의 욕망과 충동을 자연스럽게 억제하는 착한 마음씨'이다. 이 때 '남'은 인간만이 아닌 자연의 모든 생명체로 확대된다. 그러므로 '인'이라는 심성은 곧 "낚시질은 하되 그물질은 안 하고, 주살*을 쏘되 잠든 새는 잡지 않는다.(釣而不網, 弋不射宿)"에서 그 분명한 예를 찾을 수 있다.

　유교 문화가 이런 뜻에서 '인문적'이라는 것은 유교 문화가 가치관의 측면에서 외형적이고 물질적이기에 앞서 내면적이고 정신적이며, 태도의 시각에서 자연 정복적이 아니라 자연 친화적이며, 윤리적인 시각에서 인간 중심적이 아니라 생태 중심적임을 말해준다.

　여기서 질문이 나올 수 있다. 근대화 이전이라면 어떨지 몰라도 현재의 동양 문화를 위와 같은 뜻에서 정말 '인문적'이라 할 수 있는가?

　나의 대답은 부정적이다. 적어도 지난 한 세기 동양의 역사는 스스로가 선택한 서양화(西洋化)라는 혼란스러운 격동의 역사였다. 서양화는 그리스적 철학, 기독교적 종교, 근대 민주주의적 정치이념 등으로 나타난 이질적 서양 문화, 특히 너무나 경이로운 근대 과학 기술 문명의 도입과 소화를 의미했다. 이러한 서양화가 전통 문화 즉 자신의 정체성의 포기 내지는 변모를 뜻하는 만큼, 심리적으로 고통스러운 것이었음에도 불구하고, 동양은 서양화가 '발전적, 진보적'이라는 것을 의심하지 않았다. 모든 것이 급속히 세계화되어 가고 있는 오늘의 동양은 문명과 문화의 면에서 많은 점이 서양과 구별할 수 없을 만큼 서양화되었다. 어느 점에서 오늘의 동양은 서양보다도 더 물질적 가치에 빠져 있으며, 경제적·기술적 문제에 관심을 쏟고 있다. 하지만 그런 가운데에서도 동양인의 감성과 사고의 가장 심층에 깔려 있는 것은 역시 동양적, 유교적 즉 '인문적'이라고 볼 수 있다. 그만큼 유교는 동양 문화가 한 세기는 물론 몇 세기 그리고 밀레니엄의 거센 비바람으로 변모를 하면서도, 근본적으로 바뀌지 않고 쉽게 흔들리지 않을 만큼 깊고 넓게 그 뿌리를 박고 있는 토양이다. 지난 한 세기 이상 '근대화', '발전'이라는 이름으로 서양의 과학 문화를 어느 정도 성공적으로 추진해 온 동양이 그런 서양화에 어딘가 불편과 갈등을 느끼는 중요한 이유의 하나는 바로 이러한 사실에서 찾을 수 있다.

*주살: 활쏘기의 기본자세를 연습할 때, 오늬와 시위를 잡아매고 쏘는 화살.

1

위 글의 내용과 일치하지 않는 것은?

① 동양 문화는 서양화를 통해 성공적으로 발전했다.

② 유교 문화는 내면적이고 정신적이며 자연친화적이다.

③ 유교는 동양인의 감성과 사고의 밑바탕에 깔려있다.

④ '인'은 사람다운 심성으로, 그 대상이 모든 생명체로 확대된다.

⑤ 인간의 이상적 본질과 속성을 규정하는 관점은 동ㆍ서양이 다르다.

2

위 글의 논지를 바탕으로 강연회를 개최하고자 한다. 강연 제목으로 가장 적절한 것은?

① 세계 속의 동양 문화

② 유교 문화의 인문적 특성

③ 동양과 서양 문화의 비교

④ 동양적 세계관으로 본 현대 사회

⑤ 문화적 가치로서의 동양적 세계관

(가) 전통적인 경제학에서는 인간은 합리적이므로 충분한 정보가 주어진다면 합리적 의사 결정이 이루어질 수 있을 것으로 보았다. 그러나 인터넷의 등장 이후 원하는 정보에 쉽게 접할 수 있는 환경이 되면서 의사 결정 모델의 초점은 크게 달라졌다. 이제는 정보는 오히려 풍부하되 정보를 다루기 위한 시간이 부족하기 때문에 모든 정보에 주의를 기울일 수 없게 된 것이다. 이러한 변화를 바탕으로 새롭게 등장한 것이 관심의 경제학이다.

(나) 관심의 경제학은 인간의 관심 그 자체가 경제적인 가치를 가지고 있다는 인식에서 출발한다. 현대 사회에서는 인터넷이 기업을 알릴 수 있는 중요한 수단으로 자리 잡아 많은 기업이 홈페이지를 보유하고 있다. 그런데 홈페이지에 실린 정보는 개인이 인터넷에 접속하여 적극적으로 탐색함으로써 노출된다. 따라서 이제는 정보를 일방적으로 밀어 보내는 것이 아니라 개인의 관심을 끌어당기는 것이 중요하게 되었다. 이러한 관심이 기업의 이익 창출로 이어질 수 있다고 보아 개인의 관심에 경제적 가치를 부여하게 된 것이다.

(다) 개인의 관심을 끌기 위한 경쟁이 일반화되면서 소비자와 기업의 관계도 근본적으로 변화되었다. 공급자 중심의 사고가 지배했던 과거에는 계획부터 생산, 출하, 유통에 이르기까지 정보는 생산을 중심으로 관리되었고, 여기서 소비자에 관한 정보는 그다지 중요한 변수가 아니었다. 그러나 인터넷의 등장 이후 소비자는 상품에 대한 정보를 많이 가지게 되어 기업과 소비자 사이의 정보의 비대칭성이 완화되었을 뿐 아니라 소비자가 상품을 선택할 수 있는 범위 역시 넓어졌다. 따라서 기업은 이제 소비자를 이해하는 방향으로 점차 재구조화되고 있으며, 그 과정의 핵심은 소비자의 관심을 자신의 상품으로 유인하고 유지하는 것이다.

(라) 그렇다면 이러한 상황에서 소비자의 관심을 유인하고 유지하기 위해 필요한 요소는 무엇일까? 인터넷에서는 소비자가 현실 공간에서의 상거래보다 훨씬 다양한 기업과 상품을 접할 수 있다. 그리고 현실 공간에서와는 달리 인터넷상에서는 대면하지 않은 상태에서 상거래가 이루어진다. 따라서 기업과 상품에 대한 평판이나 신뢰가 개인의 의사 결정 과정에서 이전보다 중요한 역할을 수행하게 된다.

(마) '평판'은 개인이 선택할 수 있는 대안들 중에서 특정한 선택으로 관심을 집중시키는 역할을 한다. 이런 맥락에서 기업은 좋은 평판을 쌓기 위한 투자를 늘리고 있으며 기업과 제품의 상표 경쟁력(브랜드 파워) 구축에 힘을 쏟는다. '신뢰' 역시 개인의 관심을 한쪽으로 집중시킨다. 기업은 개인 정보를 보호하고 대금 결제에 있어 위험 요소를 제거하는 등의 노력을 통해 신뢰를 얻으려 한다. 개인은 신뢰할 수 있는 기업들로 선택의 범위를 한정시킴으로써 관심 또는 시간이라는 희소 자원을 효과적으로 사용할 수 있게 된다.

1

위 글의 내용과 일치하지 않는 것은?

① 인터넷의 등장 이후 소비자가 상품을 선택할 수 있는 범위가 넓어졌다.

② 현대 사회에서 기업은 개인의 관심을 끌어당기는 것을 중시하고 있다.

③ 인터넷에서는 현실 공간과는 달리 대면하지 않은 상태에서 상거래가 이루어진다.

④ 현대 사회에서는 소비자에 관한 정보보다는 생산을 중심으로 한 정보가 중시되고 있다.

⑤ 전통적인 경제학에서는 충분한 정보가 주어지면 합리적 의사 결정이 이루어질 수 있을 것으로 보았다.

2

(가)~(마)에 대한 설명으로 적절하지 않은 것은?

① (가) : 관심의 경제학이 등장하게 된 배경을 제시하고 있다.

② (나) : 관심의 경제학에 담겨 있는 기본적인 인식을 밝히고 있다.

③ (다) : 과거와 현재의 비교를 통해 소비자와 기업의 관계 변화를 설명하고 있다.

④ (라) : 현대 사회에서 개인의 의사결정에 중요한 영향을 주는 요소들을 제시하고 있다.

⑤ (마) : 관심의 경제학의 의의를 확인하고 주요 내용을 정리하고 있다.

우주 탐사선이 지구에서 태양계 끝까지 날아가기 위해서는 일정 속도 이상에 이르러야 한다. 그러나 탐사선의 추진력만으로는 이러한 속도에 도달하기 어렵다. 추진력을 마음껏 얻을 수 있을 정도로 큰 추진체가 달린 탐사선을 만들 수 없기 때문이다. 대신에 탐사선을 다른 행성에 접근시키는 '스윙바이(Swing-by)'를 통해 속도를 얻는다. 스윙바이란, 말 그대로 탐사선이 행성에 잠깐 다가갔다가 다시 멀어지는 것이다. 탐사선이 행성에 다가갔다가 멀어지는 것만으로 어떻게 속도를 얻을 수 있는지 그 원리에 대해 알아보자.

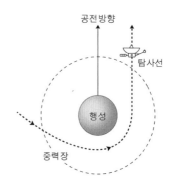

스윙바이의 원리를 이해하기 위해서는 행성이 정지한 채로 있지 않고 태양 주위를 공전한다는 점을 떠올려야한다. 그리고 뒤에서 바람이 불면 달리기 속도가 빨라지듯이 외부의 영향으로 물체의 속도가 변한다는 점도 기억해야 한다. 탐사선을 행성에 접근시켜 행성의 공전을 이용하는 스윙바이는 그림과 같이 나타낼 수 있다. 탐사선이 공전하는 행성에 접근하여 중력의 영향권인 중력장에 진입할 때에는 행성의 공전 방향과 탐사선의 진입 방향이 서로 달라 탐사선의 속도 증가는 크지 않다. 그런데 탐사선이 곡선 궤도를 그리며 방향을 바꾸어 행성의 공전 방향에 가까워지면 탐사선의 속도는 크게 증가된다. 왜냐하면 탐사선이 행성에서 멀어지는 방향이 행성의 공전 방향에 가까울수록 스윙바이를 통한 속도 증가의 효과는 크기 때문이다.

탐사선의 속도 증가에 행성의 중력도 영향을 미친다고 생각할 수도 있다. 탐사선이 행성에 다가가다 보면 행성이 끌어당기는 중력의 영향으로 탐사선의 속도가 증가하기 때문이다. 그러나 스윙바이를 마친 후 탐사선의 '속도의 크기' 변화에 행성의 중력이 영향을 미치지는 못한다. 왜냐하면 탐사선이 행성 중력의 영향권에서 벗어나면서 중력의 영향으로 얻은 만큼의 속도를 잃기 때문이다. 탐사선을 롤러코스터에 비유한다면 쉽게 이해할 수 있다. 롤러코스터는 높은 곳에서 낮은 곳으로 내려갈 때 속도가 증가하지만, 가장 낮은 지점을 지나 다시 위로 올라가면서 속도가 감소한다.

㉠스윙바이는 행성의 공전 속도를 훔쳐오는 것이다. 그런데 운동량 보존 법칙에 따라 스윙바이를 통해 탐사선과 행성이 주고받은 운동량은 같다. 이 말은 탐사선의 속도가 빨라진 것처럼 행성의 속도는 느려졌다는 것을 의미한다. 서로 주고받은 운동량은 질량과 속도 변화량을 곱한 것이므로 행성에 비해 질량이 작은 탐사선은 속도가 크게 증가하지만, 질량이 매우 큰 행성은 속도가 거의 줄어들지 않는다. 실제로 지구와의 스윙바이를 통해 초속 8.9㎞의 속도를 얻은 '갈릴레오 호'로 인해 지구의 공전 속도는 1억 년 동안 1.2cm 쯤 늦어지게 되었다.

1

위 글을 읽고 답할 수 있는 질문이 아닌 것은?

① 탐사선이 스윙바이를 하는 까닭은?

② 스윙바이 동안에 행성의 중력이 변하는 이유는?

③ 스윙바이를 할 때 행성의 공전이 중요한 이유는?

④ 스윙바이를 통해 속도를 효과적으로 얻는 방법은?

⑤ 스윙바이 후 행성의 공전 속도 변화가 매우 작은 이유는?

2

㉠을 이해한 것으로 적절한 것은?

① 탐사선이 얻은 속도와 행성이 잃은 공전 속도가 같다.

② 탐사선이 얻은 속도가 행성이 잃은 공전 속도보다 작다.

③ 탐사선이 얻은 운동량이 행성이 잃은 운동량과 같다.

④ 탐사선이 얻은 운동량이 행성이 잃은 운동량보다 작다.

⑤ 탐사선이 잃은 운동량이 행성이 얻은 운동량보다 크다.

　　지상으로 귀환하는 우주선이 빠른 속도로 대기권에 재돌입할 때 선체(船體)는 고온이 된다. 우주선의 선체가 고온이 되는 이유는 무엇이며, 이러한 문제를 어떻게 해결할 수 있을까?

　　우주선이 초고속으로 대기 속을 날면, 우주선 앞면의 공기가 급격히 압축된다. 공기는 급격한 압축을 받으면 온도가 상승하므로, 그 열이 선체에 전해져 선체를 고온으로 만드는 것이다. 이것을 '공력 가열'이라고 한다. 실제로 소형 우주선의 경우 공력 가열에 의해 공기 자체의 온도가 1만~2만℃ 정도가 된다. 이런 고온으로 인해, 산소나 질소 같은 분자가 원자로 분해된다. 분해된 원자는 다시 원자핵과 전자로 갈라져 이온화되면서 플라스마* 상태가 되어 빛난다. 대기권으로 재돌입 중인 우주선은 이렇게 빛나는 플라스마에 둘러싸여 강하하는 것이다.

　　그러면 우주선의 선체는 이러한 공력 가열을 어떻게 견딜 수 있을까? S자로 선회하며 대기권으로 재돌입하여 비교적 약한 공력 가열을 장시간 받게 되는 우주 왕복선에는 ㉠복사 냉각을 이용해 선체에서 열이 달아나게 하는 방법이 사용된다. 철을 높은 온도까지 가열하면 붉게 빛나는 것처럼 물체는 고온이 되면 빛이나 적외선을 강하게 내보낸다. 이를 열복사라 하며, 이때 이 빛이나 적외선에 의해 물체의 열이 밖으로 달아난다. 즉 열복사는 물체의 온도를 내리는 작용을 하는 것이다. 이것이 복사 냉각이다. 우주 왕복선의 표면에는 무수한 내열 타일이 붙어 있다. 이 타일은 우주 왕복선이 대기권에 재돌입할 때 공력 가열을 받아 1,500℃의 고온이 된다. 그러면 타일 자체가 빛이나 적외선을 내면서 열을 밖으로 내보낸다.

　　그런데 내열 타일이 녹을 정도의 높은 공력 가열을 받는 경우에는 복사 냉각의 방법을 쓸 수 없다. 이 경우에는 ㉡어블레이션(ablation)이라 불리는 방법이 쓰인다. 어블레이션은 공력 가열에 의해 내열재*가 열분해되는 현상을 이용한 방법이다. 즉 내열재가 분해될 때 열을 흡수함으로써 선체에서 열을 달아나게 하는 것이다. 내열재에는 탄소섬유 등을 섞은 강화 플라스틱을 사용한다. 가열을 받은 강화 플라스틱의 표면은 탄화되어 단단한 층을 만든다. 이 탄화층의 안쪽에서는 플라스틱의 열분해가 진행되어 가스가 발생한다. 탄화층은 내부에 많은 구멍을 가지므로, 발생된 가스는 그 구멍을 지나 표면으로 분출된다. 이처럼 어블레이션은 내열재 자체가 분해되어 증발함으로써 열을 달아나게 하는 방식이다. 또한 표면으로 분출된 가스는 선체가 직접 가열되는 것을 완화시키는 효과도 있다. 내열재는 가열을 받고 있는 동안 서서히 안쪽으로 열분해가 진행되는데, 최종적으로 열이 선체의 본체에 도달하지 못할 정도의 두께로 설계되어 있다.

　　이러한 방법들에도 불구하고 여전히 대기권 재돌입은 위험한 일이다. 어떤 문제가 발생해도 확실하게 지상에 되돌아올 수 있는 시스템을 만드는 일은 여전히 우리가 풀어야 할 숙제이다.

*플라스마: 초고온에서 음전하를 가진 전자와 양전하를 띤 이온으로 분리된 기체 상태
*내열재: 고온에 견디는 소재

1

위 글에서 언급되지 않은 것은?

① 우주 왕복선의 대기권 재돌입 방법

② 복사 냉각에 필요한 내열 타일의 두께

③ 어블레이션의 과정에서 내열재의 역할

④ 어블레이션에서 사용하는 내열재의 소재

⑤ 대기권 재돌입 시 우주 왕복선 내열 타일의 온도

2

㉠과 ㉡에 대한 설명으로 적절하지 않은 것은?

① ㉠과 ㉡은 모두 우주선이 대기권에 재돌입할 때 선체를 보호하는 방법이다.

② ㉠은 ㉡에 비해 더 높은 온도의 공력 가열을 받을 때 사용되는 방법이다.

③ ㉠은 타일 자체가 빛을 내면서 열을 밖으로 내보내는 방법이다.

④ ㉡은 내열재가 분해되면서 선체에서 열을 달아나게 하는 것이다.

⑤ ㉡은 탄화층의 안쪽에서 발생하는 가스로 인해 선체의 가열이 완화되는 효과가 있다.

금제 허리띠와 신라의 문화

우리나라 금속 공예 역사의 시작은 청동기가 사용되기 시작한 기원전 약 10세기 즈음으로 보고 있다. 그 후 철기 시대를 거쳐 삼국 시대로 들어오면서 기술이 절정에 이르게 되는데, 특히 금으로 된 신라의 장신구들은 문양이 정밀하게 새겨져 예술적 가치를 지닌 것으로 평가된다.

≪일본서기≫에는 신라를 '눈부신 황금의 나라'로 표현하고 있다. 이 표현에 딱 맞는 유물이 바로 금으로 만든 허리띠이다. 이 허리띠는 금관보다도 두세 배나 많은 금을 들여 만들었는데, 풀잎무늬를 새겨 넣고 그 아래로 여러 줄의 드리개*를 길게 늘어뜨렸다. 드리개 끝에는 약통이나 물고기, 숫돌, 족집게, 굽은옥, 손칼, 살포* 등의 도안이 사실적으로 표현되어 있다.

원래 허리띠에 물건을 주렁주렁 매달고 생활하는 방식은 북방 유목 민족의 풍습이었다. 그들은 손칼이나 약통 등 평소 즐겨 사용하던 물건을 매달고 다녔는데, 중국의 남북조 시대부터 우리나라에 전래되었다. 그 후 원래 가지고 있던 실용성은 사라지고 비실용품으로 전환되면서 여러 가지 상징적인 의미를 지닌 장식품들이 부착된다. 이 장식품들 가운데 약통은 질병의 치료를, 굽은옥은 생명의 존귀함을, 물고기는 식량을, 살포는 농사를 나타내며, 숫돌과 족집게는 칠기를 만들 때 사용하는 도구를 나타낸다. 허리띠의 주인공들이 당시의 왕이나 제사장들이었다는 사실을 감안한다면, 이들 장식품들에는 그들이 관장했던 많은 일들이 상징적으로 나타나 있음을 알 수 있다.

많은 장식품들이 부착된 허리띠는 평소에 사용할 수 없을 정도로 구조적으로 약하다. 이들 허리띠를 의식용이나 장례용품으로 간주하는 이유도 여기에 있다. 실제로 금으로 만든 허리띠의 경우 신라 고분에서 발견될 때는 왕이나 왕비의 허리춤에서 마치 황금빛 스커트를 입은 것처럼 화려하게 착장된 채 출토된다. 이 금제 허리띠는 얇게 금판을 오리고, 좌우 대칭으로 문양을 꾸미거나 풀잎 무늬를 뚫어 장식하여 매우 정교하고 화려하다. 이는 현세의 삶이 내세까지 이어진다는 사실을 굳게 믿고 사후의 안식처인 무덤 속으로 자신의 권세와 부를 그대로 가져가려 한 신라인들의 모습을 잘 보여준다.

≪삼국사기≫에 따르면 신라인들은 신분에 따라 각기 다른 재질의 허리띠를 착용했다고 한다. 주로 가죽이나 천으로 만들었는데, 고분에서 출토될 때에는 천과 가죽 부분은 모두 썩어 없어지고, 표면에 부착하였던 금속품인 허리띠 장식들만 출토된다. 허리띠 장식을 금속으로 꾸며 사용한 시기는 내물왕 때부터인데, 북쪽의 고구려나 선비족의 영향을 받은 것으로 알려져 있다. 처음 시작은 고구려나 선비족의 디자인을 모방하는 수준이었지만 차츰 신라화 되어 매우 화려해진다. 5세기에는 주로 인동초를 간략화한 풀잎 무늬를 표현하였고, 이 장식은 약 100여 년간 널리 유행하다가 6세기 초 신라의 사회 변화와 함께 점차 소멸되어 간다. 율령 반포를 계기로, 국가 제도와 관리들의 의복 제도가 정비되면서 복잡하고 화려한 장식이 대거 생략되고, 실용적이면서 간소한 구조의 허리띠 장식만 남게 된다. 그 후, 허리띠 장식은 왕족의 전유물로만 쓰이지 않고, 관리들까지로 그 범위가 확대되는 경향을 보인다.

이렇듯 금제 허리띠 하나에서도 신라인들의 화려한 문화를 읽을 수 있다. 따라서 ㉠금제 허리띠는 신라 고분군에서 출토되는 다른 황금 유물들과 함께 신라의 찬란한 문화의 실상을 유감없이 보여주는 사료라고 할 수 있다.

*드리개: 매달아서 길게 늘이는 물건.
*살포: 논에 물꼬를 트거나 막을 때 쓰는 삽 모양의 농기구.

1

위 글의 전개 방식에 대한 설명으로 가장 적절한 것은?

① 다른 대상과 비교하여 상호 보완점을 제시하고 있다.
② 대상의 특성을 분석하여 대상의 장단점을 설명하고 있다.
③ 통시적 방법을 사용하면서 대상의 범위를 확장하고 있다.
④ 구체적인 사례를 통하여 대상의 원리를 이끌어내고 있다.
⑤ 대상의 특징을 서술하면서 대상이 지닌 가치를 드러내고 있다.

2

㉠에 드러난 글쓴이의 의도로 가장 적절한 것은?

① 권세와 부에 초연한 신라인들의 독특한 정신 세계를 보여 주려고
② 금제 허리띠를 만든 신라인들의 자부심이 비교적 컸음을 보여 주려고
③ 신라인들의 금제 허리띠가 문화 예술적인 의의를 지니고 있음을 보여 주려고
④ 허리띠 장식의 화려한 풀잎 무늬를 통해 신라인들의 자연 친화 사상을 보여 주려고
⑤ 신라인들의 디자인 장식은 고구려나 선비족의 수준을 모방하는 정도였음을 보여 주려고

역사는 사회에서 벌어진 일들을 모두 쓰지는 않는다는 면에서 일기와 같다. 다만, 중요한 일들이 어떻게 벌어지고 이어지는지를 좀 더 차분하고 치밀하게 적어 나갈 뿐이다. 그렇다면 어떤 일이 중요한지, 원인과 결과는 무엇인지 누가 따질까? 그것은 역사가가 하는 일이다. 역사가는 여러 자료를 살펴보면서 앞뒤가 어떻게 연결되는지, 그로 말미암아 사람들의 생활과 모습은 얼마나 달라졌는지 저울질해 본다. 이 과정에서 여기저기 널려 있는 사실들을 촘촘히 연결하고 다듬어서 우리의 삶에 지침이 되는 보석 같은 가르침으로 만드는 것이 바로 역사가의 몫이다.

역사가는 옛날에 있었던 일을 오늘날의 눈으로 보고 내일을 생각하며 기록한다. 역사가는 탐구의 대상인 '옛날의 일' 못지않게 오늘날의 시각을 중요하게 여긴다. 때로는 역사적 사실에 대해서 이전과는 다르게 오늘날의 입장에서 새롭게 해석하는 경우도 있다. 후삼국 시대 후고구려(태봉)의 왕 궁예는 미륵보살 행세를 한 폭군으로 사료에 기록되어 있다. 그런데 이러한 궁예에 대해 '미륵의 마음으로 백성들의 고통을 어루만져 주면서 이상적인 군주를 꿈꾸다 반대파에 의해 쫓겨났다.', '궁예를 무찌른 왕건 세력에 의해 미치광이 취급을 당하였다.' 등의 새로운 해석이 나오고 있다. 궁예에 대한 이러한 해석들은 역사적 사건의 기록에 오늘날의 관점이 얼마나 크게 작용하는지를 보여준다.

그러면 역사적 사건이 개인의 삶과는 무슨 관계가 있을까? 1997년에 일어난 IMF 사태를 떠올려 보자. 많은 사람들이 직장을 잃었고, 경제적 빈곤으로 아픔을 겪었다. 그리고 몇 년 간의 노력 끝에 우리는 IMF 사태를 벗어났다. 이러한 일은 우리가 원하든 원하지 않든 간에 벌어지는 사회적인 문제이다. 우리는 이 사건을 통해 대한민국이라는 '사회'의 문제가 한 개인의 삶을 '개인'의 의지와는 상관없는 방향으로 바꾸어 버릴 수도 있음을 확인했다. IMF와 같은 사회적 문제가 곧 역사적 사건이 된다. 이처럼 역사적 사건은 한 개인의 삶에 결정적인 영향을 미치는 것이다.

그렇다면 현대와 같은 정보화 사회에서도 역사는 여전히 그 효용 가치를 지니는가? 역사는 왠지 정보화 사회에 맞지 않는다거나, 컴퓨터에 넣기에는 너무나 구닥다리라는 사람들이 있다. 그러나 과연 이 생각이 옳은 것인지는 한 번 생각해 볼 일이다. 왜냐하면 역사란 단순한 과거의 기록이 아닌 우리가 살아가야 할 미래를 위해 꼭 필요한 삶의 지침서이기 때문이다. 가령 자동차를 타고 낯선 곳을 여행하는 두 사람이 있다고 해 보자. 한 사람은 지명만 알고 찾아가는 사람이고, 다른 사람은 지도와 나침반이 있다고 할 때, 누가 더 목표 지점에 정확하게 도착할 수 있겠는가? 대답은 명확하다. 즉 역사는 과거를 통해 우리의 위치와 목표를 확인하게 하고 미래를 향한 가장 올바른 길을 제시하는 것이다.

인간의 삶은 정해지지 않은 미래를 향해 나아가는 항해이다. 인생이라는 항해에서 가장 중요한 것은 목표를 정하는 것과 그 목표를 찾아가는 방법을 선택하는 것이다. 올바른 목표가 없으면 의미 없는 삶이 되고 방법이 올바르지 않다면 성취가 불가능하기 때문이다. 삶의 과정에서 역사는 올바른 길이 무엇인가를 판단하는 안목을 길러주고 실천 의지를 강화시켜 준다. IMF를 전혀 모르는 사람과 단지 부끄러운 하나의 역사적 사건으로만 인식하는 사람, 그리고 위기와 극복의 과정을 통해 IMF가 지닌 역사적 의미를 깨달은 사람의 삶은 분명 다를 것이다. 지나간 과거의 역사는 오늘날 우리가 가진 가장 확실한 참고서이다. 그러므로 의미 있는 삶을 원한다면 옛날로 돌아가 그들의 일기를 읽어볼 일이다.

1

위 글의 중심 내용을 이끌어내기에 가장 적절한 것은?

① 올바른 역사가의 자세는 무엇인가?
② 역사학의 새로운 동향은 무엇인가?
③ 역사를 공부하는 이유는 무엇인가?
④ 역사는 어떤 과정을 통해 이루어지는가?
⑤ 역사를 가르치는 효과적인 방법은 무엇인가?

2

글쓴이의 궁극적인 견해와 가장 가까운 것은?

① 모든 역사는 한 개인의 생각에서 시작된다.
② 역사를 읽는 것보다 즐거운 일은 역사를 만드는 일이다.
③ 훌륭한 역사가란 자신의 생각을 철저히 배제하는 사람이다.
④ 역사는 우리 인간을 현명하고 지혜롭게 만들어 주는 영약이다.
⑤ 우리 각자의 조그만 행동들이 모여 조화를 이루는 것이 역사이다.

대부분의 재화는 시장 원리에 따라 소비자가 대가를 지불하고 공급자가 그 대가를 취득하는 방식으로 배분된다. 그러나 등대, 가로등과 같은 공공재나 깨끗한 공기, 바다 속의 물고기와 같은 공유자원은 재화를 이용하는 대가를 지불하지 않아도 되므로 시장 원리에 따라 재화가 효율적으로 배분되지 못한다. 이와 같은 경우를 시장실패라 하는데, 시장실패가 발생하면 이를 해결하는 데 드는 사회적 비용이 크기 때문에 사전에 예방하는 것이 중요하다. 그 방법은 재화의 성격에 따라 달라지므로 공공재와 공유자원을 명확하게 구분할 필요가 있다.

공공재는 배제성과 경합성이 없는 재화를 말한다. 배제성이란 사람들이 재화를 소비하는 것을 막을 수 있는 가능성을 말하고, 경합성이란 한 사람이 재화를 소비하면 다른 사람이 소비에 제한을 받는 속성을 말한다. 예를 들어 해안가에 세운 등대가 주는 혜택을 특정한 개인이 누리지 못하게 할 수 없고, 한 사람이 그 혜택을 받는다고 해서 다른 사람의 편익이 줄지도 않는다는 점에서 등대는 공공재가 된다. 공공재가 배제성이 없다는 것은 재화를 생산하더라도 그것을 소비하는 데 드는 비용을 지불할 사람이 없다는 것이므로 누구도 공공재를 공급하려 하지 않는다. 따라서 정부가 사회적 비용과 편익을 따져 공공재를 공급함으로써 시장실패를 예방할 수 있다.

공유자원은 공공재와 같이 배제성이 없어 누구나 공짜로 사용할 수 있지만 경합성이 있는 재화이다. 이에 따라 '공유자원의 비극'이라는 심각한 문제를 야기한다. 누구든지 자유롭게 사용할 수 있는 목초지가 있다고 하자. 소 주인들은 공짜로 풀을 먹일 수 있기 때문에 가급적 많은 소를 몰고 와서 먹이려고 할 것이다. 자기 소를 한 마리 더 들여와 목초지가 점점 훼손된다 하더라도, 그에 따른 불이익은 목초지를 이용하는 모든 소 주인들이 함께 나누기 때문이다. 그러나 목초지의 풀은 제한되어 있어 어느 수준 이상의 소가 들어오면 목초지는 그 기능을 상실하게 된다.

공공재에 의한 시장실패는 정부가 공공재의 공급 비용을 부담함으로써 쉽게 예방할 수 있다. 하지만 공유자원에 의한 시장실패는 위의 예와 같이 개인들이 더 많은 자원을 사용하려고 경합하는 데서 발생하기 때문에 재화의 경합성을 적절하게 조정하는 예방책이 필요하다. 그 구체적인 예방책으로는 정부가 공유자원의 사용을 직접 통제하거나 공유자원에 사유 재산권을 부여하는 방법이 있다. 정부의 직접 통제는 정부가 ㉠특정 장비 사용의 제한, 사용 시간이나 장소의 할당, 이용 단위나 비용의 설정 등을 통해 수요를 억제하는 방법이다. 사유 재산권 부여는 자신의 재산을 잘 관리하려는 사람들의 성향을 이용하여 공유자원을 관리하게 함으로써 공유자원이 황폐화되는 것을 막기 위한 방법이다. 이 두 방법은 정부의 시장 개입이 수반된다는 점에서 통제 방식이나 절차, 사유 재산권 배분 기준에 대한 사회적 합의가 전제되어야 한다. 또한 공유자원을 사용하는 사람들에 대한 정부의 통제 능력과 개인의 사유재산 관리 능력을 확보하는 것이 성패의 관건이 된다.

공공재와 공유자원에 의한 시장실패는 자원의 왜곡된 배분을 가져와 사회 전체의 효용을 감소시킨다. 또한 재화의 관리가 효율적으로 이루어지지 않으면 재화를 공급하여 얻는 편익이 감소될 가능성이 크다. 따라서 시장실패가 초래하는 비극을 예방할 수 있는 효율적인 방안을 강구해 구성원의 경제적 후생을 향상시키는 것이 정부의 중요한 경제 정책이 되어야 한다.

1

위 글의 내용과 일치하는 것은?
① 시장실패는 재화가 효율적으로 배분되는 경우에도 발생한다.
② 공공재와 달리 공유자원은 경합성이 있는 재화를 의미한다.
③ 공유자원의 비극은 재화의 희소성이 없기 때문에 발생한다.
④ 정부의 시장 개입은 시장실패로 인한 부작용을 심화시킨다.
⑤ 공공재는 정부가 공급 비용을 부담하지 않는 것이 효율적이다.

2

㉠에서 언급된 해결 방안에 해당하지 않는 것은?
① 야생동물 보호를 위해 정해진 구역에서만 수렵할 수 있도록 하는 수렵 허가 지역을 운영한다.
② 치안에 대한 불안감 해소를 위해 정부가 우범 지역마다 CCTV를 설치하여 범죄 발생을 예방한다.
③ 국립공원의 환경파괴를 막기 위해 이용 예약제를 실시하고, 일부 등산로에 휴식년제를 도입한다.
④ 도심의 교통 혼잡 문제를 해결하기 위해 도심에 진입하는 차량들에 통행료를 징수한다.
⑤ 어장의 황폐화를 막기 위해 바다 밑바닥을 훑으며 고기를 잡는 저인망 그물 사용을 금지한다.

일상에서의 음식 조리 과정은 열전달에 관한 과학적 원리로 설명할 수 있다. 열전달은 열이 온도가 높은 곳에서 낮은 곳으로 이동하는 현상인데 조리 과정에서는 전도에 의한 열전달이 많이 일어난다. 전도란 물질을 이루는 입자들의 상호 작용을 통해 보다 활동적인 입자로부터 이웃의 덜 활동적인 입자로 열이 전달되는 현상이다. 이러한 전도는 온도 차이가 있는 경우에 일어나는데, 한 물질 내에서 발생하기도 하며 서로 다른 물질들이 접촉하는 경우에도 발생한다.

열전달 과정에서 단위 시간 동안 열이 전달되는 비율을 열전달률이라고 하는데 열전달률은 결국 열이 짧은 시간 동안 얼마나 많이 전달되는가를 나타내므로 음식의 조리에서 고려할 중요한 요소가 된다. 전도에 의한 열전달률은 온도 차이와 면적에 비례하고, 거리에 반비례한다. 즉, 전도가 일어나는 두 지점 사이의 온도 차이가 커질수록, 열이 전달되는 면적이 커질수록 열전달률은 높아지고, 전도가 일어나는 두 지점 사이의 거리가 멀어질수록 열전달률은 낮아진다. 이러한 현상을 수식으로 처음 정리한 사람이 푸리에이기 때문에 이를 푸리에의 열전도 법칙이라고 부른다. 그런데 실제로 실험을 해보면 한 물질 내에서 일어나는 전도의 경우에 다른 조건이 동일하더라도 물질의 종류가 다르면 열전달률이 다르게 나타난다. 이는 물질이 전도에 의해 열을 전달할 수 있는 능력의 척도, 즉 열전도도가 물질마다 다르기 때문이다. 따라서 푸리에의 열전도 법칙에 따르면 다른 조건이 같더라도 열전도도가 높은 경우 열전달률도 높게 나타난다.

튀김의 조리 과정을 푸리에의 열전도 법칙으로 설명하면 다음과 같다. 식용유의 움직임을 고려하지 않는다면, 튀김의 조리 과정은 주로 식용유와 튀김 재료 간의 전도로 파악될 수 있다. 맛있는 튀김을 만들기 위해서는 냄비를 가열하여 식용유의 온도를 충분히 높여 식용유로부터 튀김 재료로의 열전달률을 높여야 한다. 그리고 튀김 재료를 식용유에 넣으면 재료 표면에 수많은 기포들이 형성된다. 이 기포들은 식용유에서 튀김 재료로의 높은 열전달률로 인해 순간적으로 많은 열이 전달되어 생겨난 것인데 재료 표면의 수분이 수증기로 변해 식용유 속에서 기포의 형태가 된 것이다. 이 기포들은 식용유 표면으로 올라가 공기 중으로 빠져나가고 이때 지글지글 소리가 난다.

이 수증기 기포들은 튀김을 맛있게 만드는 데 중요한 역할을 한다. 수분이 수증기의 형태로 튀김 재료에서 빠져나감에 따라 재료 안쪽의 수분들은 빈자리를 채우기 위해 표면 쪽으로 이동한다. 그 결과 지속적으로 재료의 수분은 기포로 변하고 이로 인해 재료는 수분량이 줄어들면서 바삭한 식감을 지니게 된다. 또한 튀김 재료 표면의 기포들은 재료와 식용유 사이에서 일종의 공기층과 같은 역할을 해 식용유가 재료로 흡수되는 것을 막아서 튀김을 덜 기름지게 한다. 그리고 재료 표면에 생성된 기포들을 거쳐 열전달이 일어나기 때문에 기포들은 재료 표면이 빨리 타 버리지 않게 하고 튀김 재료의 안쪽까지 열이 전달되어 재료가 골고루 잘 익게 한다.

1

위 글을 이해한 것으로 적절하지 않은 것은?

① 물질을 이루는 입자들의 상호 작용을 통해 전도가 일어난다.

② 음식의 조리 과정에서는 전도에 의한 열전달이 많이 일어난다.

③ 물질이 전도에 의해 열을 전달할 수 있는 능력은 물질마다 다르다.

④ 음식의 조리에서 단위 시간 동안 열이 전달되는 비율을 고려하는 것은 중요하다.

⑤ 열의 전도는 서로 다른 물질들이 접촉하는 경우에만 발생하며 한 물질 안에서는 발생하지 않는다.

2

〈보기〉는 윗글을 읽은 학생의 반응이다. ㄱ~ㄷ에 들어갈 말로 적절한 것은?

〈보기〉

맛있는 튀김을 만들기 위해서는 기포들의 역할이 중요해. 기포들이 (　ㄱ　)에서 공기층과 같은 역할을 해서 식용유가 재료로 흡수되는 것을 (　ㄴ　)하여 튀김을 덜 기름지게 해 줘. 또 식용유에서 튀김 재료로 열이 직접 (　ㄷ　) 하여 재료 표면이 타지 않고 골고루 익게 해.

	ㄱ	ㄴ	ㄷ
①	튀김 재료 내부	방해	전도되게
②	튀김 재료 내부	촉진	전도되지 못하게
③	튀김 재료와 식용유 사이	방해	전도되지 못하게
④	튀김 재료와 식용유 사이	촉진	전도되게
⑤	튀김 재료와 식용유 사이	촉진	전도되지 못하게

지름 10㎛ 이하인 미세 먼지는 각종 호흡기 질환을 유발할 수 있기 때문에, 예방 차원에서 대기 중 미세 먼지의 농도를 알 필요가 있다. 이를 위해 미세 먼지 측정기가 개발되었는데, 이 기기들은 대부분 베타선 흡수법을 사용하고 있다. 베타선 흡수법을 이용한 미세 먼지 측정기는 입자의 성분에 상관없이 설정된 시간에 맞추어 미세 먼지의 농도를 자동적으로 측정한다. 이 기기는 크게 분립 장치, 여과지, 베타선 광원 및 감지기, 연산 장치 등으로 구성된다.

미세 먼지의 농도를 측정하기 위해서는 우선 분석에 쓰일 재료인 시료의 채취가 필요하다. 시료인 공기는 흡인 펌프에 의해 시료 흡입부로 들어오는데, ㉠이때 일정한 양의 공기가 일정한 시간 동안 유입되도록 설정된다. 분립 장치는 시료 흡입부를 통해 유입된 공기 속 입자 물질을 내부 노즐을 통해 가속한 후, 충돌판에 충돌시켜 10㎛보다 큰 입자만 포집하고 그보다 작은 것들은 통과할 수 있도록 한다.

결국 지름 10㎛보다 큰 먼지는 충돌판에 그대로 남고, 이보다 크기가 작은 미세 먼지만 아래로 떨어져 여과지에 쌓인다. 여과지는 긴 테이프의 형태로 되어 있으며, 일정 시간 미세 먼지를 포집한다. 여과지에 포집된 미세 먼지는 베타선 광원과 베타선 감지기에 의해 그 질량이 측정된 후 자동 이송 구동 장치에 의해 밖으로 배출된다.

방사선인 베타선을 광원으로 사용하는 이유는 베타선이 어떤 물질을 통과할 때, 그 물질의 질량이 커질수록 베타선의 세기가 감쇠하는 성질이 있기 때문이다. 또한 종이는 빠르게 투과하나 얇은 금속판이나 플라스틱은 투과할 수 없어, 안전성이 뛰어나기 때문이다. 베타선 광원으로부터 조사(照射)된 베타선은 여과지 위에 포집된 미세 먼지를 통과하여 베타선 감지기에 도달하게 된다. 이때 감지된 베타선의 세기는 미세 먼지가 없는 여과지를 통과한 베타선의 세기보다 작을 수밖에 없다. 왜냐하면 베타선이 여과지 위에 포집된 미세 먼지를 통과할 때, 그 일부가 미세 먼지 입자에 의해 흡수되거나 소멸되기 때문이다. 따라서 미세 먼지가 없는 여과지를 통과한 베타선의 세기와 미세 먼지가 있는 여과지를 통과한 베타선의 세기에는 차이가 발생한다.

베타선 감지기는 이 두 가지 베타선의 세기를 데이터 신호로 바꾸어 연산 장치에 보낸다. 연산 장치는 이러한 데이터 신호를 수치로 환산한 후 미세 먼지가 흡수한 베타선의 양을 고려하여 여과지에 포집된 미세 먼지의 질량을 구한다. 이렇게 얻어진 미세 먼지의 질량은 유량 측정부를 통해 측정한, 시료 포집 시 흡입된 공기량을 감안하여 ppb단위를 갖는 대기 중의 미세 먼지 농도로 나타나게 된다.

1

위 글을 읽은 학생들의 반응으로 적절하지 않은 것은?

① 미세 먼지 측정기는 미세 먼지 농도 측정 시 미세 먼지의 성분에 영향을 받는군.

② 베타선 감지기는 베타선 세기를 데이터 신호로 바꾸어 주는 장치겠군.

③ 대기 중 미세 먼지의 농도 측정은 시료의 채취부터 시작하겠군.

④ 베타선은 플라스틱으로 만들어진 물체를 투과하지 못하겠군.

⑤ 미세 먼지 측정기에는 베타선 흡수법이 널리 사용되는군.

2

㉠의 이유로 가장 적절한 것은?

① 미세 먼지의 질량을 농도로 나타낼 때 필요한 기준을 마련하기 위해

② 미세 먼지로 인한 호흡기 질환 유발 가능성을 진단하기 위해

③ 미세 먼지를 투과하는 베타선의 세기를 유지하기 위해

④ 미세 먼지의 발생 원인을 효과적으로 분석하기 위해

⑤ 미세 먼지를 짧은 시간 안에 많이 포집하기 위해

음악에 대한 미적 판단

어떤 음악이 좋은 것이고 어떤 음악이 나쁜 것일까? 이러한 문제와 관련하여 음악학자인 에게브레히트는 음악을 판단하거나 평가할 때 감성적 판단과 인식적 판단이라는 두 가지 척도가 존재한다고 보았다. 그는 감성적 판단이 '좋다', '나쁘다' 등과 같은 감성적 차원의 언어를 통해 표현될 수 있다고 보았다. 인식적 판단은 감성적 판단에 대한 근거를 설명하는 것으로, 감성적 판단을 이론적으로 해명하는 것이라고 보았다.

에게브레히트는 음악을 들을 때 감성적인 판단과 인식적인 판단의 비중은 사람에 따라 서로 다르게 나타날 수 있다고 보았다. 예를 들어 인식적 판단은 문외한에게는 거의 활용되지 않지만 어느 정도 훈련이 된 경우에는 인식적 판단과 감성적 판단이 서로 영향을 미칠 수 있다는 것이다. 그런데 그는 인식적 판단보다 감성적 판단이 근본적인 우위를 차지한다고 보았다.

음악을 판단하거나 평가하는 것과 관련하여 에게브레히트가 감성적 판단과 인식적 판단의 문제에 관심을 기울인 반면, 달하우스는 주관과 객관의 문제에 관심을 기울였다. 그는 미적 판단은 주관적일 수밖에 없어서 객관적 검증이 필요 없다는 통설적 미학의 견해에 이의를 제기하였다. 그러한 견해를 지닌 사람들은 다수가 취한 쪽을, 즉 집단에 의한 판단을 몰개성적으로 따르는 것에 불과하다는 것이다.

달하우스는 음악을 판단하거나 평가하는 과정에서 이루어지는 주관적 판단이 집단에 의한 판단에서 비롯한다고 보았다. 예컨대, 비발디의 '사계'가 좋은 음악이라고 평하는 사람에게는 비발디의 '사계'에 대한 그 사회의 집단적 호감이 반영되어 있다는 것이다. 그는 주관적 판단의 가치를 부정하지는 않되, '집단에 의한 판단에 기초하면서도 그 판단을 몰개성적으로 따르지는 않는 주관적 판단'을 추구하였는데, 이는 집단에 의한 판단을 고려하면서도 이를 개성화된 반응이 가능할 정도로 확대시키는 것이다. 달하우스는 이러한 판단이야말로 미적 대상에 대한 올바른 미적 평가를 가능하게 한다고 보았다.

이를 위해 그는 객관적 판단의 필요성을 옹호하였는데, 객관적 판단은 단순히 주관의 배제를 의미하는 것이 아니라 주관적 판단을 검증하고 검토하는 도구로서 기능한다고 보았다. 그는 음악에 대한 미적 평가가 근거가 없는 것이 아니려면 최소한의 사실 판단에 기초해야 한다고 보았다. 음악에 대한 판단이나 평가가 어디까지나 작품 자체에 대한 면밀한 분석에 근거해야 한다고 본 것이다.

1

위 글에서 답을 찾을 수 있는 질문이 아닌 것은?

① 음악에 대한 판단에서 에게브레히트와 달하우스의 차이는 무엇인가?

② 에게브레히트는 좋은 음악이 갖추어야 할 요건으로 무엇을 들었는가?

③ 에게브레히트는 감성적 판단과 인식적 판단의 관계를 어떻게 설명했는가?

④ 달하우스는 주관적 판단이 집단에 의한 판단과 어떻게 관련된다고 보았는가?

⑤ 미적 판단에 관한 달하우스의 생각은 통설적 미학의 견해와 어떤 점에서 다른가?

2

위 글을 교지에 소개하고자 한다. 도입 문구로 적절한 것은?

① 음악에 대한 판단이나 평가가 무엇에 의해서 어떻게 이루어져야 하는지 생각해 보자.

② 음악에 대한 판단이나 평가가 다른 예술 분야에서의 미적 판단과 어떻게 다른지 탐구해 보자.

③ 음악에 대한 판단 혹은 평가에서 감성이 중요한 요소로 작용하는 까닭에 관해 생각해 보자.

④ 음악에 대한 미적 판단 이론과 그 실제 사이에 괴리가 존재하는 이유를 분석해 보자.

⑤ 음악에 대한 미적 판단 이론이 시대에 따라 어떻게 변화되어 왔는지 알아보자.

심리학자 프로이트는 신경증 환자들을 치료하는 과정에서, 우리가 일상적으로 의식하고 있는 것은 심리 과정의 극히 일부분에 불과할 뿐이고, 의식의 뒤에 감추어진 거대한 무의식의 세계가 우리의 생각 및 행동에 영향을 끼치고 있다는 생각을 갖게 되었다. 이와 관련하여 프로이트는 우리의 수많은 행동, 느낌, 생각 중 우연인 것처럼 보이는 것들도 사실은 무의식이 작용하여 일어나는 것으로 보았다. 예를 들어, 깜빡 잊고 물건을 놓고 온다든지, 말실수를 하는 것까지도 우연이 아니라 그런 행동과 관련된 무언가가 무의식 속에 자리 잡고 있기 때문이라는 것이다.

프로이트는 인간의 심적 구조를 이루는 세 가지 요소로 '이드(id)', '자아(ego)', '초자아(superego)'를 들었으며, 이 요소들 간의 역동적 관계를 설명하였다.

프로이트가 발견한 무의식은 본능적 욕구와 관련되는데, 전적으로 무의식의 지배를 받는 '이드'는 이 본능적 욕구의 중심축을 이룬다. 내적·외적인 요인에 의해 본능적 욕구가 자극을 받으면, '이드'는 이를 즉각적으로 충족시키려 한다. 현실적인 제한이나 미래의 결과에 상관없이 즉각적인 쾌락을 추구한다는 점에서 '이드'는 '쾌락의 원칙'을 따른다고 할 수 있다. 욕구의 즉각적인 충족이 여의치 않을 경우에 '이드'는 욕구의 대상을 머릿속으로 상상함으로써, 그 심상※을 통하여 내적 긴장을 풀려고 한다. 프로이트는 꿈이나 환각, 백일몽 등을 그 예로 들고, 꿈의 경우 드러난 내용(꾼 꿈)은 잠재적 사고(무의식)의 변형된 표현이라고 설명했다.

'자아'는 '이드'로부터 갈라져 나온 것으로, 현실과의 접촉을 통하여 현실적인 방법으로 본능적 욕구를 충족시키는 기능을 한다. '자아'는 현실에서 용납될 수 있는 방법을 통하여 욕구의 충족을 추구하거나 현실 상황을 고려하여 욕구의 충족을 지연시키기도 하고, 경우에 따라서는 욕구를 억제하기도 한다. 따라서 '자아'는 '현실의 원칙'을 따른다고 볼 수 있다.

프로이트에 의하면 '이드'와 '자아'는 주로 우리의 욕구를 충족시키는 데 관여한다. 하지만 '자아'로부터 갈라져 나온 '초자아'는 부모나 사회의 도덕규범이나 가치가 성장 과정을 통하여 내면화되어 이루어지는 것으로, 우리의 마음속에서 행동의 도덕성을 관할하는 양심의 구실을 한다.

한편, '이드'와 '초자아'는 끊임없는 갈등상태에 있다. '자아'는 '이드'와 '초자아' 간의 갈등을 조정하는 한편, 현실을 고려하여 우리의 욕구가 충족될 수 있도록 중재하는 역할을 한다. 프로이트는 '이드', '자아', '초자아' 사이의 조화가 유지되지 못하면 여러 가지 부적응 증상을 경험하게 된다고 설명하였다. 예를 들어 우리가 느끼는 불안감은, '이드'의 욕구가 강렬하여 '자아'가 이를 통제할 수 없을 때 느끼는 위협과 연관된다. 따라서 '자아'는 '이드'에 충동질당하고 '초자아'에 구속받고 현실에 부딪히면서 어떻게든 이 힘들의 균형을 맞추려고 한다.

프로이트의 관심은 이러한 상황에 있는 '자아'를 도와주는 것이었다. 프로이트는 '이드'와 '초자아' 사이의 과도한 긴장을 완화하고 '이드'를 의식의 세계로 끌어내어 '자아'를 변화시켜갈 수 있다고 믿었다. 그래서 그는 심적 구조의 메커니즘을 기반으로 삼아 '자아'를 확대하고 강화하는 것을 치료의 목표로 여겼다.

*심상(心象): 감각에 의하여 획득한 현상이 마음속에서 재생된 것.

1

위 글의 중심 내용을 이끌어 내기에 적절한 질문은?

① 프로이트는 어떻게 무의식을 발견했는가?
② 프로이트의 이론이 지닌 한계는 무엇인가?
③ 프로이트는 심적 구조를 어떻게 설명했는가?
④ 프로이트의 이론은 후대에 어떻게 계승되었는가?
⑤ 프로이트는 심리학 발전에 어떤 영향을 미쳤는가?

2

위 글의 내용과 일치하지 않는 것은?

① '자아'는 '이드'에서 분화된 것이다.
② '이드'는 본능적 욕구의 중심축을 이룬다.
③ '이드'는 무의식과 의식의 작용을 동시에 받는다.
④ '자아'는 '이드'와 '초자아' 간의 갈등을 조정한다.
⑤ 무심코 저질렀던 실수도 무의식이 작용한 것일 수 있다.

조세는 국가의 재정을 마련하기 위해 경제 주체인 기업과 국민들로부터 거두어들이는 돈이다. 그런데 국가가 조세를 강제로 부과하다 보니 경제 주체의 의욕을 떨어뜨려 경제적 순손실을 초래하거나 조세를 부과하는 방식이 공평하지 못해 불만을 야기하는 문제가 나타난다. 따라서 조세를 부과할 때는 조세의 효율성과 공평성을 고려해야 한다.

우선 ㉠조세의 효율성에 대해서 알아보자. 상품에 소비세를 부과하면 상품의 가격 상승으로 소비자가 상품을 적게 구매하기 때문에 상품을 통해 얻는 소비자의 편익이 줄어들게 되고, 생산자가 상품을 팔아서 얻는 이윤도 줄어들게 된다. 소비자와 생산자가 얻는 편익이 줄어드는 것을 경제적 순손실이라고 하는데 조세로 인하여 경제적 순손실이 생기면 경기가 둔화될 수 있다. 이처럼 조세를 부과하게 되면 경제적 순손실이 불가피하게 발생하게 되므로, 이를 최소화하도록 조세를 부과해야 조세의 효율성을 높일 수 있다.

㉡조세의 공평성은 조세 부과의 형평성을 실현하는 것으로, 조세의 공평성이 확보되면 조세 부과의 형평성이 높아져서 조세 저항을 줄일 수 있다. 공평성을 확보하기 위한 기준으로는 편익 원칙과 능력 원칙이 있다. 편익 원칙은 조세를 통해 제공되는 도로나 가로등과 같은 공공재를 소비함으로써 얻는 편익이 클수록 더 많은 세금을 부담해야 한다는 원칙이다. 이는 공공재를 사용하는 만큼 세금을 내는 것이므로 납세자의 저항이 크지 않지만, 현실적으로 공공재의 사용량을 측정하기가 쉽지 않다는 문제가 있고 조세 부담자와 편익 수혜자가 달라지는 문제도 발생할 수 있다.

능력 원칙은 개인의 소득이나 재산 등을 고려한 세금 부담 능력에 따라 세금을 내야 한다는 원칙으로 조세를 통해 소득을 재분배하는 효과가 있다. 능력 원칙은 수직적 공평과 수평적 공평으로 나뉜다. 수직적 공평은 소득이 높거나 재산이 많을수록 세금을 많이 부담해야 한다는 원칙이다. 이를 실현하기 위해 특정 세금을 내야 하는 모든 납세자에게 같은 세율을 적용하는 비례세나 소득 수준이 올라감에 따라 점점 높은 세율을 적용하는 누진세를 시행하기도 한다.

수평적 공평은 소득이나 재산이 같을 경우 세금도 같게 부담해야 한다는 원칙이다. 그런데 수치상의 소득이나 재산이 동일하더라도 실질적인 조세 부담 능력이 달라, 내야 하는 세금에 차이가 생길 수 있다. 예를 들어 소득이 동일하더라도 부양가족의 수가 다르면 실질적인 조세 부담 능력에 차이가 생긴다. 이와 같은 문제를 해결하여 공평성을 높이기 위해 정부에서는 공제 제도를 통해 조세 부담 능력이 적은 사람의 세금을 감면해 주기도 한다.

1

위 글에 대한 설명으로 가장 적절한 것은?

① 상반된 두 입장을 비교, 분석한 후 이를 절충하고 있다.

② 대상을 기준에 따라 구분한 뒤 그 특성을 설명하고 있다.

③ 대상의 개념을 그와 유사한 대상에 빗대어 소개하고 있다.

④ 통념을 반박하며 대상이 가진 속성을 새롭게 조명하고 있다.

⑤ 시간의 흐름에 따라 대상이 발달하는 과정을 서술하고 있다.

2

㉠과 ㉡에 대한 설명으로 적절하지 않은 것은?

① ㉠은 조세가 경기에 미치는 영향과 관련되어 있다.

② ㉡은 납세자의 조세 저항을 완화하는 데 도움이 된다.

③ ㉠은 ㉡과 달리 소득 재분배를 목적으로 한다.

④ ㉡은 ㉠과 달리 조세 부과의 형평성을 실현하는 것이다.

⑤ ㉠과 ㉡은 모두 조세를 부과할 때 고려해야 하는 요건이다.

　　현대 물리학에서 시간의 특성에 대한 새로운 관점을 창안한 사람은 아인슈타인이다. 그는 특수 상대성 이론을 발표하면서 시간과 공간이 사슬처럼 서로 맞물려 있다고 가정했다. 여기서 '특수'라는 말은 '특별하다'는 뜻보다는 매우 한정된 경우, 즉 '움직이는 물체의 속도가 일정하게 유지되는 경우'를 의미한다.

　　이 이론에서는 '빛의 속도는 우주 어디서나 동일한 상수 c 이다.'라는 전제 조건을 설정한다. 만일 당신이 자동차를 타고 시속 100킬로미터로 달리다가 차의 전조등을 켰다면, 그 빛의 속도는 시속 100킬로미터+c가 아니라 여전히 c라는 것이다. 즉, 빛의 속도는 광원이나 관측자의 운동 상태와 무관한 범우주적 상수이다.

　　빛의 속도의 불변성으로부터 얻어지는 가장 흥미로운 결과는 시간의 흐름이 상대적이라는 것이다. 아래 그림과 같이 이동하는 우주선 내부에서 영희가 빛 시계를 관찰하고, 민수는 정지해 있는 행성에서 이 우주선의 빛 시계를 관찰하는 상황을 가정해 보자. 여기서 빛 시계란 거울을 사이에 두고 빛이 왕복하도록 만든 가상의 시계를 말한다. 만일 우주선 내부에 있는 영희가 보는 빛 시계에서 빛이 한

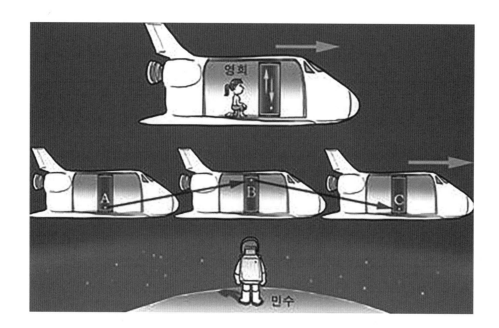

번 왕복을 했다고 할 때, 행성에 있는 민수의 눈에는 그 빛의 움직임이 어떻게 보일까?

　　빛 시계에서 빛이 한 번 상하로 왕복할 때 민수의 눈에는 그 빛이 우주선과 함께 움직이는 것으로 관찰될 것이다. 이때 빛은 A → B → C의 경로로 움직이게 되므로 결과적으로 영희가 관찰한 것보다 더 긴 거리를 이동한 셈이 된다. 특수 상대성 이론의 전제 조건에 따르면 빛의 속도는 일정하므로

민수는 우주선의 빛 시계가 한 번 왕복하는 데 걸린 시간을 영희보다 더 길게 측정하게 된다. 따라서 정지한 관찰자가 운동하는 관찰자를 보면 상대편의 시간이 느리게 가는 것으로 관찰되는데, 이것을 시간의 팽창이라고 한다. 이러한 시간 팽창 효과는 물체의 속도가 광속에 견줄 만큼 빨라야 눈에 띄게 나타난다.

1

위 글의 내용과 일치하지 않는 것은?

① 특수 상대성 이론은 움직이는 물체의 속도가 변하는 경우에 적용된다.
② 특수 상대성 이론에 따르면 빛의 속도는 우주 어디서나 동일하다.
③ 특수 상대성 이론은 시간과 공간의 상호 연관성을 전제한다.
④ 시간의 팽창 현상은 일상생활에서는 거의 관찰되지 않는다.
⑤ 관찰자의 운동 상태에 따라 시간의 흐름은 상대적이다.

2

위 글로 보아, 〈보기〉의 ㉠에 들어갈 내용으로 적절한 것은?

〈보기〉

물리학자 조지프 하펠과 리처드 키팅은 아인슈타인의 특수 상대성 이론을 다음과 같은 실험으로 증명하였다. 우선 초정밀 원자시계 8개를 준비하여 4개는 점보제트기에 실어 지구를 떠다니게 하고, 나머지 4개는 이것과 비교하기 위해 관측소에 남겨 놓았다. 이틀 동안의 여행을 마친 점보제트기가 착륙한 후 이를 기다리던 과학자들은 탄성을 질렀다. 왜냐하면 [㉠]

① 비행기에 실은 원자시계들이 관측소의 원자시계와 시간이 같았기 때문이다.
② 비행기에 실은 원자시계들이 출발할 때와 달리 모두 멈춰 있었기 때문이다.
③ 비행기에 실은 원자시계 4개가 모두 서로 다른 시간을 가리키고 있었기 때문이다.
④ 비행기에 실은 원자시계들이 관측소의 원자시계보다 빨라져 있었기 때문이다.
⑤ 비행기에 실은 원자시계들이 관측소의 원자시계보다 느려져 있었기 때문이다.

　자연의 생명체가 보여 주는 행동이나 구조, 그들이 만들어내는 물질 등을 연구해 모방함으로써 인간 생활에 적용하려는 기술이 생체 모방이다. 원시 시대 사용되던 칼과 화살촉은 육식 동물의 날카로운 발톱을 모방해서 만들었고, 레오나르도 다빈치는 비행기 도면을 설계할 때 새를 관찰하고 모방하였다. 그러나 '생체 모방'을 공학이라고 부르게 된 것은 나노기술의 발전과 극소량의 물질을 대량으로 생산해내는 유전공학 등 관련 분야의 발달로 비로소 가능해졌다.

　바다에 사는 홍합은 심한 파도에도 바위에서 결코 떨어지는 법이 없다. 홍합의 '교원질 섬유 조직'은 바위에 자신의 몸을 붙이는 데 사용되는 생체물로, 물에 젖어도 떨어지지 않는 첨단 접착제로 주목받고 있다. 이 조직은 근육을 뼈에 부착시키는 사람의 건섬유보다 5배나 질기고, 잡아당길 때 늘어나는 신장력은 16배나 크며, 인체에 사용하여도 면역 거부 반응이 없다. 그래서 의학적으로 사용되어 의사가 환자를 수술한 후 상처를 실로 꿰맬 필요 없이 접착제를 바르기만 하면 되고, 기존의 화상 환자는 이식 수술을 받아도 다른 부위의 살을 떼어내야 하기 때문에 흉터가 남지만, 홍합이 만들어 내는 '교원질 섬유 조직'을 이용해 인공 피부를 이식하면 이러한 문제들을 해결할 수 있다.

　또 하나, 바다 밑바닥에 사는 거미불가사리는 밝은 곳에서는 물론이고, 어둠 속에서도 적의 접근이나 은신처를 매우 빨리 알아내 정확하게 이동하는 것으로 알려져 있다. 미국의 한 연구소에서 연구한 결과에 따르면, 거미불가사리의 몸통과 팔을 연결하는 부위에는 탄화칼슘으로 이루어진 방해석이라는 미세한 수정체들이 무수히 박혀 있으며, 이 수정체들은 작은 빛도 받아들여 이것을 광학적 신호로 전환해 신경망으로 전달한다고 한다. 이 수정체가 마이크로 렌즈의 역할을 하는 것인데, 이를 모방하여 사람 머리카락 지름의 10분의 1정도 크기의 패턴을 갖는 방해석 단일 결정체를 만들어낼 수 있었다. 이 결정체는 인간의 기술로 개발된 어떤 렌즈보다 훨씬 더 작으면서도 아주 정확하게 빛에 초점을 맞추는 기능을 가진 것으로 알려졌다. 거미불가사리의 둥근 초소형 수정체와 신경망 작동 시스템은 주변 상황 변화에 적응하는 고성능 광학렌즈는 물론 최신형 초고속 광통신망의 개발에도 도움을 줄 수 있을 것으로 보인다.

　한편, 비가 오더라도 연잎에 물방울이 스며들지 않고 오히려 굴러 떨어지는 것이 연잎 위에 올록볼록하게 돋은 수백 나노미터 크기의 수많은 돌기 덕분이라는 사실이 밝혀짐에 따라 이것을 '연잎 효과'라고 부르게 되었다. 이 효과는 연잎에 먼지가 닿아도 먼지가 잎에 붙지 않고 얹혀 있는 상태가 된다. 그래서 아주 작은 힘만 가해도 먼지를 제거할 수 있다. 이런 능력을 응용하면, 비만 오면 저절로 깨끗해지는 유리창, 물만 한 번 내리면 깔끔해지는 변기 등을 만들 수 있다.

　35억 년 역사를 가진 지구에는 수백만 종의 동식물이 살고 있다. 그들은 긴 시간을 겪으면서 환경에 적응했으며, 서로 다른 특징과 능력을 가지고 있다. 그런데 그 능력이 밝혀진 것은 아주 미미하며, 우리가 알지 못하는 놀라운 능력을 가진 동식물이 어딘가에 존재하고 있을 것이다. 그래서 모든 생명체가 간직한 비밀의 열쇠를 찾아 인간 생활에 적용함으로써, 자연과 기술을 조화롭게 응용하여 인간을 이롭게 하자는 것이 생체모방공학의 목적이다.

이제 과학은 다시 자연으로 돌아가 자연을 배우고자 한다. 자연을 배우고, 자연을 모방한 과학이야 말로 진정한 인간을 위한 과학이 아닌가 생각한다.

1

위 글의 서술 방식과 효과에 대한 설명으로 가장 적절한 것은?

① 전문가의 이론을 소개하여 자신의 견해를 강화하고 있다.

② 대상의 상호 관계를 분석하여 그 성격을 드러내고 있다.

③ 다양한 사례를 제시하여 대상의 속성과 의의를 밝히고 있다.

④ 서로 다른 이론을 대비하여 특정 이론을 부각시키고 있다.

⑤ 추상적 개념을 친숙한 사물에 빗대어 독자의 이해를 돕고 있다.

2

위 글의 내용을 적용한 사례로 가장 적절한 것은?

① 종균 배양법으로 야생 버섯의 품종을 개량하여 재배한다.

② 오리를 논농사에 이용하여 농약 없이 유기농 쌀을 수확한다.

③ 유전자를 변형시킨 옥수수 품종을 개발하여 수확량을 늘린다.

④ 벌집의 육각형 구조를 본떠서 건축물을 튼튼하게 짓는다.

⑤ 진드기의 천적인 무당벌레를 이용하여 무공해 배추를 생산한다.

　자연미와 예술미의 관점에서 본다면 화조화가는 서양화의 경우와 같이 자연과 꽃과 새가 가지는 자연의 아름다움을 빌려 새로이 예술미를 창조하고자 하는 것이 아니라, 자연과 예술에 공통된 조화의 이치에 따라 꽃과 새를 그린다. 그리고 감상자는 자신이 지닌 한 폭의 화조화(花鳥畵)를 감상할 때 화조화가 갖는 예술미를 대자연 자체와 동일한 것으로 완상(玩賞)*하며, 거기에서 자연의 도(道)를 느끼는 것이다. 이는 한 폭의 훌륭한 산수화를 방안에 걸어 놓고 무위자연(無爲自然)의 도의 원리가 지배하는 산수, 자연의 경지를 와유(臥遊)*하는 것과 맥을 같이 하는 것이다. 이렇게 본다면 화조화에 등장하는 새와 꽃은 새와 꽃 자체라기보다 더욱 광범위한 배후의 자연을 지니고 있는 그 무엇이며, 화면의 꽃과 새는 자연 풍경의 집중이라 할 수 있다. 조선의 신숙주가 그의 ≪화기(畫記)≫에서 "산수 그림을 통해 자연의 참모습을 뽑아낸다."는 말도 자연의 진상을 함축적으로 표현하기 위한 수단임과 동시에 그 결과라고 말할 수 있을 것이다.

　천지조화의 오묘한 이치를 말할 때 ≪시경≫의 한 구절인 "하늘에서는 솔개가 자연스럽게 날고, 물속에서는 고기가 뛰논다."는 말을 자주 인용하지만, 이 말은 자연계의 모습을 통하여 자연의 섭리와 조화를 터득할 수 있다는 뜻을 지니고 있다. 말하자면 하늘에 나는 새는 인위가 개입되지 않은 스스로의 질성(質性)*에 따라 생을 구가하고 있으며, 그 모습은 자연 그 자체이며, 자연의 본질이라는 것이다.

　이러한 사상과 화의(畫意)를 지닌 것이 화조화이며, 따라서 화면의 새는 단순한 새이기 전에 대자연의 일부로서 의미를 지니는 상징물로 파악된 새로 볼 수 있는 것이다.

　한편, 새와 함께 등장하는 화면의 꽃도 이와 같은 맥락에서 이해할 수 있다. 가히 전부라고 해도 과언이 아닐 만큼 화조화에 등장하고 있는 꽃과 나무는 땅에 뿌리를 박고 있는 모습이 아니다. 이것은 꽃나무를 그리는 의도가 그것의 생태를 객관적·사실적으로 묘사하는 데 있지 않고 새와 다른 개념, 움직이는 것과 움직이지 않는 것, 다시 말하자면 동(動)의 속성을 지닌 새와 극적인 조화를 이룰 수 있는 정(靜)의 상징물로서의 꽃을 그리는 데 있기 때문에 나타나는 현상이다. 그래서 꽃나무는 땅에 뿌리를 박고 있어야 한다거나 하는 합리적 사고는 이 경우에는 아무런 의의를 지니지 못하게 된다. 이러한 소재에 대한 관념과 예술 의욕은 화조화에만 국한된 것이 아니라, 산수화 등 모든 동양화에 공통된 것이라고 할 수 있다.

　우리는 우리의 고전시가를 통하여서도 자연계의 여러 가지 현상 가운데 가장 특이한 방법으로 나타나는 자연의 조화를 꽃과 새에서 찾고 있음을 본다. 자연 섭리의 극적인 대비와 조화를 표현하고자 할 때 작가가 한 작품 속에 등장시키려는 꽃과 새의 종류 중에 극적인 조화를 이룰 수 있으면서도 문학적 여운을 배가시킬 수 있는 특정한 짝을 선택하는 것은 매우 자연스러운 현상이라고 할 수 있다. 어쨌든 화조화의 꽃과 새는 서로 동과 정, 음과 양의 대비와 조화를 극대화시킬 수 있는 소재로 선택

된 것이라는 점은 시가와 다를 바가 없다고 하겠다.

*완상(玩賞): 어떤 대상을 취미로 즐기며 구경함.
*와유(臥遊): 누워서 유람한다는 뜻으로, 명승이나 고적을 그린 그림을 보며 즐김을 비유적으로 이르는 말.
*질성(質性): 어떤 사물의 타고난 성질.

1

위 글의 내용과 일치하지 않는 것은?

① 화조도에는 자연의 섭리와 조화가 반영되어 있다.

② 화조도는 합리적 사고를 바탕으로 대상에 접근한다.

③ 화조도를 감상한다는 것은 자연 자체를 감상하는 것이다.

④ 화조도는 자연과 예술의 공통되는 이치를 그려낸 것이다.

⑤ 화조도는 자연의 참모습을 함축적으로 그리기 위한 수단이자 그 결과이다.

2

위 글에 대한 이해를 심화·발전시키기 위한 활동으로 적절하지 않은 것은?

① '화조도'를 비평한 서적들을 찾아 읽어 보았다.

② '화조도'를 전시하고 있는 미술관을 방문해 보았다.

③ '화조도'를 그리는 기법의 특성을 더 조사해 보았다.

④ 중국의 '화조도'와 우리 나라의 '화조도'를 비교해 보았다.

⑤ 서양화에서는 꽃과 새를 어떤 관점으로 화폭에 담는지 알아보았다.

인간은 누구나 행복을 추구하며 살아간다. 그런데 과학기술의 발전을 통해 유례없는 풍요를 누리고 있는 현대인은 과연 행복한가? 현대 사회에서의 행복에 대해 고찰한 철학자 에리히 프롬은 행복을 무엇이라고 했는지 알아보자.

프롬의 사상을 파악하기 위해서는 먼저 그의 인간관을 이해해야 한다. 프롬은 인간과 다른 동물을 구분 지을 수 있는 특성이자 인간의 본질을 이성이라고 파악했다. 그에 따르면 이성이 있는 인간은 세계와 분리되어 있음을 인지하고 불안과 고독을 느낀다. 이는 인간의 실존적 한계이다. 프롬은 인간은 세계와 합일을 이루고자 하며, 이러한 열망이 충족될 때 행복을 느낄 수 있다고 보았다. 그는 인간이 세계와 관계 맺는 방식을 소유적 실존양식과 존재적 실존양식으로 구분하고 어떤 실존양식을 따르는지에 의해 인간의 사고, 감정, 행동이 결정된다고 보았다.

먼저 ㉠소유적 실존양식은 자신을 소유물과 동일시함으로써 세계와 일체감을 느끼고자 하는 삶의 방식이다. 소유적 실존양식 아래에서 사람들은 소유를 통해 감각적 욕망을 충족시킬 수 있지만, 욕망이 충족된 후에도 소유에 대한 탐욕을 느낀다. 자신과 세계와의 합일이 자신이 소유한 것에 의해 결정된다고 보기 때문이다. 프롬에 따르면 이러한 탐욕은 소유물을 차지하기 위한 경쟁의 욕구와 타인의 소유물을 빼앗기 위한 폭력의 욕구, 자신의 소유물을 잃을 수도 있다는 불안감을 불러일으킬 수밖에 없다. 그렇기에 소유적 실존양식 아래에서 사람들은 더 많이 소유하는 것, 자신의 소유물을 지키며 타인의 소유물을 빼앗을 수 있는 권력을 차지하는 것에서 행복을 찾으려고 한다. 프롬은 생존을 위해 필요한 최소한의 소유를 부정하지는 않았지만 소유를 통해 행복의 원천을 발견하려는 집착적 욕망을 비판했다. 프롬이 보기에 이러한 욕망에는 포화점이 없다. 이미 소유한 것은 더 이상 충족감을 줄 수 없으며, 소유를 통해서는 인간의 근원적 불안과 외로움은 극복되지 않기 때문이다.

프롬은 이러한 소유적 실존양식이 아닌 ㉡존재적 실존양식으로 살아갈 것을 제안했다. 존재적 실존양식은 소유에서 벗어나 세계와 하나가 되는 삶의 방식이다. 프롬은 세계와 합일을 이루기 위해서는 이성적 능력을 생산적으로 사용해야 한다고 했는데, 이때 '생산적'이라는 것은 쓸모 있는 결과물을 만들어 내는 능력이 아니라 내면의 능동적인 상태를 의미한다. 예를 들어 프롬은 시를 읽고 의미를 깊이 있게 고민하는 사람의 내면에서는 능동적인 작용이 일어나고 있다고 보았다. 존재적 실존양식 아래에서 사람들은 자신이 세계와 긴밀하게 결합해 있다고 느끼므로 가진 것을 잃을 수 있다는 불안에 시달리지 않는다. 그래서 다른 존재에 대해 호의적이다. 이때 사람들은 타인을 사랑하고 자신이 가진 것을 나눔으로써 다른 존재의 성장을 도우려 하는데, 프롬은 이러한 삶의 모습을 궁극적 행복이라 보았다.

한편 프롬에 따르면 두 실존양식에서는 우리가 일상생활에서 사용하는 물건들과 지식 · 사상 등이 모두 그 대상으로 나타난다. 예를 들어 소유적 실존양식을 따르는 사람에게 학습은 권력 추구의 수단이 되지만 존재적 실존양식을 따르는 사람에게 학습은 내면의 새로운 사고를 촉발하는 과정이 된다고 보았다.

그렇다면 프롬은 현대 사회에서의 행복 문제를 어떻게 진단했을까? 프롬이 보기에 현대인은 물질적 풍요를 통한 감각적 욕망의 충족을 누리고 있지만, 고독과 불안에 시달리고 있다. 그에 따르면 이 같은 현대 사회의 병리적 현상이 일어나는 원인은 끝없는 소비를 조장하여 무한한 이윤을 추구하는 소유지향적인 사회이다. 프롬은 현대 사회의 병리적 현상과 같은 위기는 개인이 존재지향적 삶을 사는 것만으로는 극복하기 어려우며, 근본적 해결을 위해 사회적 변혁이 필요하다고 역설했다. 그는 사회의 구조와 규범에 따라 주된 실존 양식이 무엇인지 결정된다고 보았기 때문이다.

이처럼 프롬은 무한 소비를 조장하는 현대 사회의 병리적 현상을 고찰하고 인간에 대한 신뢰를 바탕으로 해결책을 제시한 휴머니스트로 평가받는다.

1

위 글을 통해 답을 찾을 수 없는 질문은?

① 프롬은 현대 사회의 병리적 현상의 원인을 무엇이라고 진단했는가?
② 프롬은 실존양식에 따라 학습의 의미가 어떻게 달라진다고 보았는가?
③ 프롬은 동물과 달리 인간이 이성을 가지는 이유를 무엇이라고 보았는가?
④ 프롬은 사회의 주된 실존양식을 결정짓는 요인을 무엇이라고 보았는가?
⑤ 프롬은 존재적 실존양식 아래에서 사람들이 타인에게 호의적인 이유를 무엇이라고 보았는가?

2

㉠, ㉡에 대한 이해로 적절하지 않은 것은?

① ㉠에서 소유에 대한 탐욕은 경쟁심을 불러일으키는 요인이다.
② ㉠은 권력을 차지하는 것을 통해 소유의 충족감을 얻고자 하는 삶의 방식이다.
③ ㉡에서 유용한 결과물을 생산하는 것은 행복을 실현할 수 있는 조건이다.
④ ㉡은 상실에 대한 불안에서 벗어나 타인을 사랑하고 자신이 가진 것을 나눌 수 있는 삶의 방식이다.
⑤ ㉠과 ㉡은 모두 일상의 사물과 관념적 대상에 적용되는 삶의 방식이다.

사회 갈등과 입법 과정

　이익이 분화되고 가치가 다원화됨에 따라 현대사회에서는 크고 작은 사회 갈등이 발생한다. 민주주의는 이러한 갈등을 일으키는 다양한 가치와 이해관계를 조정하는 정치 체제로, 궁극적으로 사회 통합을 추구한다. 특히 현대 민주주의에서는 구성원 간의 사회적 합의를 도출해 내기 위해 의회의 역할이 강조된다. 의회는 법률을 제정·개정·폐지하는 '입법 과정'을 통해 갈등을 관리할 수 있기 때문이다. 최적의 입법 과정은 발생 가능성이 있는 사회 갈등을 예방하는 ㉠'사전적 관리기능'과 이미 존재하는 사회 갈등을 조정하는 ㉡'사후적 관리기능'을 모두 담당할 수 있어야 한다.

　사전적 관리기능은 입법을 위해 의제를 설정하는 순간부터 작동하며, 입법과 관련하여 발생할 수 있는 사회 갈등을 사전에 예방하기 위한 것이다. 즉 사전적 관리기능에서는 입법이나 정책이 사회에 미칠 수 있는 영향과 그로 인해 발생할 수 있는 갈등을 체계적으로 분석하여 예방 방안을 마련하는 것이 중요하다. 이를 위해 중립성과 전문성을 갖춘 평가 기관이 갈등 영향을 사전에 분석하고 평가하여 그 결과를 해당 법률안과 함께 의회에 제출하는데, 이 내용이 부정적이라면 입법은 무산될 수 있다. 또한 광범위하고 다양한 국민 의견을 청취하여 분석하고, 이것이 원활하게 입법에 반영될 수 있도록 입법 커뮤니케이션을 활성화해야 한다. 여기에는 정부 등 공적 주체는 물론 시민의 활발한 참여와 관심이 수반되어야 한다.

　사후적 관리기능은 이미 발생하여 현재 존재하는 사회 갈등을 해결하는 것이다. 사회 갈등은 사회적 비용이 발생하는 등 부정적인 결과를 초래하기 때문에 갈등 현안이 발생하면 의회는 이에 적극적으로 대처하기 위한 활동을 하게 된다. 우선 여론 수렴을 위해 여론 조사나 공청회 등을 진행하고, 갈등의 당사자들이나 시민 대표단이 포함된 참여 기구를 구성한다. 이 때 참여 기구의 인적 구성은 사회적 합의를 이끌어 낼 수 있도록 대표성과 중립성이 담보되어야 한다. 참여 기구는 적극적인 의사소통과 숙의를 통해 사회 갈등의 해결 방안을 제시해야 하며, 입법적 조치를 제시하는 경우에는 입법의 방향과 주요 내용, 쟁점 사항에 대한 의견을 의회에 제출해야 한다. 의회는 이를 토대로 갈등 현안에 대한 조치를 내리게 되는데, 필요에 따라 법률의 제정·개정·폐지라는 입법적 조치를 할 수 있고, 예산상 조치를 하거나 갈등 당사자들에게 중재안을 제시할 수도 있다.

　시민의 정치 참여가 강조되는 현대 민주주의에서 의회가 시민과 소통하고 협력하여 사회 갈등을 해결하는 것은 매우 중요하다. 특히 의회가 시민의 폭넓은 참여를 보장하는 최적의 입법 과정을 정립하는 것은 우리 사회의 통합을 위해 꼭 필요한 일이다.

1

위 글의 글쓴이의 관점으로 가장 적절한 것은?

① 입법 과정에 시민이 관심을 갖고 적극적으로 참여해야 의회를 견제할 수 있다.

② 사회 갈등으로 발생한 사회적 비용은 갈등 당사자들의 협의를 통해 해결해야 한다.

③ 입법 과정에서 사회 갈등이 유발될 수 있기 때문에 입법 과정은 국민에게 맡겨야 한다.

④ 시민의 참여를 바탕으로 한 입법 과정은 사회 갈등을 해결하는 데 중요한 역할을 할 수 있다.

⑤ 민주주의에서는 시민의 가치 충돌로 발생하는 갈등을 인정함으로써 다원화된 사회를 만들 수 있다.

2

㉠과 ㉡에 대한 설명으로 가장 적절한 것은?

① ㉠, ㉡은 모두 갈등을 일으킨 당사자들의 직접적인 참여와 의사소통이 필요하다.

② ㉠은 입법적 조치를 취하는 것에, ㉡은 예산상 조치나 갈등의 중재안 마련에 목적이 있다.

③ ㉠은 입법 후에 생긴 갈등을 해결하는 것이고, ㉡은 입법 이전에 생긴 갈등을 조정하는 것이다.

④ ㉠의 과정에서는 개인 간의 갈등을, ㉡의 과정에서는 정부 등 공적 주체들 간의 갈등을 조정한다.

⑤ ㉠은 입법 과정에서 발생할 수 있는 갈등을 예방하려는 것이고, ㉡은 이미 존재하는 갈등을 입법을 통해 해결하는 것이다.

소리는 진동으로 인해 발생한 파동이 전달되는 현상으로, 이때 전달되는 파동을 음파라고 한다. 음파는 일정한 방향으로 나아가려는 직진성이 있고, 물체에 부딪치면 반사되는 성질을 갖고 있다.

음파는 주파수의 크기에 따라 고주파와 저주파로 나뉜다. 고주파는 직진성이 강하고 작은 물체에도 반사파가 잘 생기며 물에 흡수되는 양이 많아 수중에서의 도달 거리가 짧다. 반면, 저주파는 직진성이 약하고 작은 물체에는 반사파가 잘 생기지 않으며 물에 흡수되는 양이 적어 수중에서의 도달 거리가 길다.

음파는 파동을 전달하는 물질의 밀도가 높을수록 속도가 빨라진다. 그래서 음파의 속도는 공기 중에 비해 물속에서 훨씬 빠르다. 또한 음파의 속도는 물의 온도나 압력에 따라 변화한다. 일반적으로 수온이나 수압이 높아질 경우 속도가 빨라지고, 수온이나 수압이 낮아지면 속도는 느려진다. 300m 이내의 수심에서 음파는 초당 약 1,500m의 속도로 나아간다.

한편 음파는 이러한 속성을 바탕으로 어업과 해양 탐사, 지구 환경 조사, 군사적 용도 등으로 폭넓게 사용된다. 음파를 활용하는 대표적인 예로는 물고기의 위치를 탐지하는 어군 탐지기와 지구 온난화와 관련된 실험을 들 수 있다.

어군 탐지기는 음파가 물체에 부딪쳐 반사되는 원리를 이용한 기기이다. 고깃배에서 발신한 음파가 물고기에 부딪쳐 반사되는 방향과 속도를 분석하여 물고기가 있는 위치를 알아낸다. 예를 들어 어군 탐지기가 특정 방향으로 발신한 음파가 0.1초 만에 반사되어 돌아왔다면, 목표물은 발신 방향으로 75m(1,500m/s×0.1s×0.5) 거리에 있음을 알 수 있다. 일반적으로 가까운 거리에 있는 물고기를 찾을 때에는 반사파가 잘 생기는 고주파를 사용한다. 이에 반해 먼 거리에 있는 물고기 떼를 찾을 때에는 도달 거리가 긴 저주파를 사용한다.

음파를 활용하면 지구 온난화 연구에 대한 기초 자료를 얻을 수도 있다. 미국의 한 연구팀은 미국 서부 해안의 특정 지점에서 발신한 음파가 호주 해안의 특정 지점에 도달하는 시간을 주기적으로 측정하였다. 이를 통해 연구팀은 수온이 지속적으로 높아지고 있다는 결론을 내렸다. 연구팀은 이러한 결과가 지구 온난화를 입증할 수 있는 증거 중의 하나라고 주장하였다.

1

위 글을 통해 알 수 있는 내용이 아닌 것은?

① 소리는 파동이 전달되는 현상이다.

② 물의 밀도는 공기의 밀도보다 높다.

③ 수중에서 음파는 물을 매개로 전달된다.

④ 음파의 속도는 수압에 따라 달라질 수 있다.

⑤ 멀리 있는 물체일수록 반사파의 양은 많아진다.

2

위 글을 읽을 때 사용할 독서 전략으로 가장 적절한 것은?

① 핵심 제재의 발전 과정에 주목하며 읽는다.

② 핵심 제재에 대한 다양한 견해를 비교하며 읽는다.

③ 핵심 제재에 대한 글쓴이의 주장을 비판하며 읽는다.

④ 핵심 제재가 지닌 속성을 사실적으로 이해하며 읽는다.

⑤ 핵심 제재가 갖는 문제점과 해결 방안을 정리하며 읽는다.

미술 작품은 사용된 재료의 자연적 노화 현상이나 예기치 않은 사고, 재해 등으로 작품의 일부가 손상되기도 하는데, 손상된 작품을 작가의 의도를 살려 원래의 모습으로 되돌려 놓는 것을 미술품 복원 작업이라고 한다. 복원 작업을 할 때에는 미관적인 면보다는 작가가 표현하고자 하는 의도에 초점을 맞추어 인위적인 처리를 가급적 최소화하여야 한다.

미술품 복원 작업은 목적에 따라 예방 보존 작업과 긴급 보존 처리 작업, 보존 복원 처리 작업으로 나눌 수 있다. 먼저 예방 보존 작업은 작품의 손상을 사전에 방지하는 작업으로, 작품 보존에 적합한 온도 및 습도를 제공하고, 사고 예방 안전 장비를 설치하는 등 작품 전시에 필요한 최적의 환경을 제공하여 작품의 수명을 오래 지속시키기 위한 모든 활동이 해당된다. 긴급 보존 처리 작업은 작품의 손상이 매우 심해서 빠른 시일 내에 보존 처리를 하지 않으면 안 되는 작품들을 선별하여 위험 요소를 제거하거나 철거하는 작업으로, 허물어져 가는 벽화를 보강하거나, 모자이크 형식의 작품 사이에 생긴 잡초를 제거하는 일 등이 해당된다. 그리고 작품의 깨진 조각을 재배열하여 조합하는 경우처럼 작품의 일부가 심하게 없어지거나, 파손되었을 때에는 보존 복원 처리 작업을 실시한다. 이 작업을 진행할 때에는 작품이 만들어진 목적과 작가의 의도를 살려야 하기 때문에, 작품의 원본과 작품에 대한 완전한 이해와 존중이 요구된다.

미술품 복원 작업은 작품의 상태를 조사하는 것에서부터 출발한다. 이를 위해 육안으로 작품을 조사하기도 하지만, 주로 'X선투과사진법'을 이용한다. X선은 파장이 0.01~10nm인 전자파로 파장의 길이가 매우 짧은 편이다. 파장이 짧은 전자파는 물체를 투과하는 성질이 있는데, 파장이 짧을수록 투과력이 증가하며, 물체의 밀도가 크고 두께가 두꺼울수록 투과력은 감소한다. 또한 X선은 필름을 감광시키는 성질이 있기 때문에, 미술품을 사이에 두고 X선원의 반대 측에 필름을 놓은 후 X선을 쪼이면, 필름에 흑백의 영상을 얻을 수 있다. 이때 X선의 투과력이 감소할수록 투과율 또한 감소하여 물체의 영상은 필름에 하얗게 나타난다. 따라서 흑백의 명암 차를 분석하면 물체의 밀도와 두께뿐만 아니라, 육안으로 식별할 수 없는 미술품의 손상 부위도 찾아낼 수 있는 것이다.

작품의 상태를 조사한 후에는 손상 정도에 맞게 복원 작업을 진행하는데, 작품을 오염시키고 있는 이물질을 제거하는 클리닝 작업을 먼저 실시한다. 이 작업은 작품이 원래의 모습을 찾도록 하는 데 큰 기여를 하지만, 여러 가지 화학 약품을 사용하기 때문에 작품에 손상을 가할 위험성이 매우 큰 작업이다. 따라서 클리닝 작업을 실시하기 전에는 작품에 사용된 재료의 화학 성분을 분석해야 하는데, 이때 사용하는 방법이 '형광X선분석법'이다. 작품을 이루고 있는 재료의 원소는 원자로 이루어져 있으며, 원자의 중심에 있는 원자핵은 양자와 중성자로 이루어져 있다. 그리고 원자핵 주변에는 전자가 있다. 원소마다 고유의 원자핵 구조와 전자 수를 가지고 있으며, 원소의 전자는 원자핵 주위를 정해진 궤도를 따라 돌고 있다. 분석하고자 하는 대상에 X선을 쪼이면, 안쪽 궤도의 전자는 X선과 충돌한 후 밖으로 튀어나오게 된다. 그 자리를 바깥쪽에 위치한 전자가 이동하면서 원소에 따라 고유의 형광X선이 발생하는데, 이 형광X선의 파장을 분석하면 실험 재료 속에 포함되어 있는 원소의 종류를 알 수 있다. 또한 원소가 많이 포함되어 있을수록 형광X선의 방출량이 증가하므로, X선의 세기를 측정하면 원소의 양 또한 알 수 있다. 이러한 형광X선분석법은 실험 재료를 파괴하지 않고 분석할 수 있으며, 측정 준비에 소요되는 시간이 짧고, 측정 또한 몇 분 만에 완료되기 때문에 벽화나 단청처럼 측정 대상을 이동시키기 어려운 경우의 성분 분석에 널리 사용되고 있다.

클리닝 작업을 마친 미술품은 이후 여러 과정을 거쳐 원래의 모습을 회복하게 된다. 이처럼 우리 주변의 미술 작품들은 끊임없는 복원 처리 과정을 거치면서 원래의 모습을 간직하며 그 생명을 연장해 왔다. 따라서 미술 작품을 감상할 때 이러한 측면을 고려하여 감상한다면 작품을 보다 폭넓게 이해할 수 있을 것이다.

1

위 글에 대한 설명으로 가장 적절한 것은?

① 미술품 복원 과정을 설명하면서 미술품이 지닌 경제적 가치를 탐색하고 있다.
② 미술품 복원 작업의 종류를 구분하고 그것을 근거로 하여 예술의 형식을 분류하고 있다.
③ 미술품 복원 작업의 특징과 과정을 서술하면서 과학적 분석 방법의 활용 원리를 설명하고 있다.
④ 미술품 복원 작업의 등장 배경을 검토하며 과학적 분석 방법의 장점과 한계를 평가하고 있다.
⑤ 미술품 복원에 대한 평가가 작업 방식에 따라 달라지는 원인을 제시하고 과학적 분석과의 관계를 설명하고 있다.

2

위 글을 이해한 내용으로 가장 적절한 것은?

① 작품 보존에 필요한 최적의 환경을 제공하는 것은 보존 복원 처리 작업에 해당한다.
② 작품에 사용된 재료의 자연적 노화로 인해 발생한 작품의 손상은 복원 작업에서 제외된다.
③ 허물어져 가는 벽화의 성분 분석을 할 때에는 형광X선분석법을 사용하는 것이 효과적이다.
④ 형광X선은 원소의 안쪽 전자 궤도에 위치한 전자가 X선과 충돌하여 바깥쪽 궤도로 이동할 때 발생한다.
⑤ 미술 작품의 보존 작업은 작품 원본에 대한 이해를 바탕으로 작가의 의도보다 미관적인 면에 초점을 두어야 한다.

19세기 중반 이후 사진·영화 같은 시각 기술 매체가 발명되면서 예술 영역에는 일대 변혁이 일어났다. 작품에서는 일회성과 독창성이 사라지고, 수용자는 명상적인 수용에서 벗어나기 시작하였다. 그리고 비디오, 위성, 컴퓨터 등의 '위대한 신발명들'로 인해 매체는 단순한 수단 이상의 적극적이고 능동적인 의미를 부여받게 되었다. 이제 이러한 매체와의 소통이 곧 '문화'로 규정되고 있다.

'정보'와 '소통'이라는 비물질적 요소가 사회의 토대로 작용하는 매체 시대를 맞아 이성과 합리성에 의해 억압되었던 '감각'과 '이미지'의 중요성이 부각되고 있다. 또한 현실과 허구, 과학과 예술의 경계가 무너지면서 그 자리에 '가상 현실'이 들어서게 되었다. 가상 현실에서는 실재하는 것이 기호와 이미지로 대체되고, 그 기호와 이미지가 마치 실재하는 것처럼 작동한다. 따라서 현실 세계의 모방이라는 예술 영역의 기본 범주가 매체 사회에서는 현실과 허구가 구분되지 않는 시뮬레이션*이라는 범주로 바뀌게 되었다.

매체 시대의 특징은 속도이다. 텔레비전이 공간의 차이를 소멸시키고, 컴퓨터가 시간의 차이까지 소멸시킴으로써 매체 시대에는 새로운 지각 방식이 대두되었다. 매체에 의해 합성된 이미지는 과거·현재·미래가 구분되는 '확장된 시간'이 아니라 과거·현재·미래가 공존하는 '응집된 시간'에 의존하며, 이는 문학과 예술의 서술 형태까지도 변화시킨다. 뮤직 비디오의 경우 시간적 연속성 구조가 파괴된 장면들이 돌발적인 사슬로 엮인다.

이러한 매체 시대의 특징들을 바탕으로 매체 이론가들은 '매체 작품'이라는 개념을 제시한다. 전통적으로 예술 작품은 고독한 예술가의 창작물로 간주되었으며, 예술가는 창작 주체로서의 특권화된 위치를 차지하였다. 특정 질료를 독창적으로 다루어 만들어낸 예술 작품은 그 누구도 모방할 수 없는 원본의 가치를 지니며, 모방물은 부정적으로 평가되었다. 그러나 오늘날의 매체 작품은 고독한 주체의 창조물이 아니라 매체들 간의 상호 소통의 결과물이다. 여기저기에서 조금씩 복사하여 책을 만들기도 하고, 예술가의 개별적인 작업보다는 협동 작업이 중시되기도 한다. 또한 홀로그래피*, 텔레마틱* 같은 새로운 장르 혼합 현상이 나타난다.

전통적인 미학론자들은 이러한 매체 작품이 제2의 문맹화를 가져오며 수용자에게 '나쁜' 영향을 끼칠 것이라고 평가한다. 그런데 이는 인쇄술의 발달과 함께 문학적 글쓰기가 대중성을 획득할 당시의 경고와 흡사하다. 예컨대 18세기 모리츠의 《안톤 라이저》는 '감각을 기분좋게 마비시키는 아편'으로 간주되었다. 그럼에도 불구하고 소설 문화는 이후 지속적으로 발전하였다. 이를 볼 때 지금의 매체 작품도 향후 지속적으로 발전하여 정상적인 문화 형태로 자리잡으리라는 전망이 가능하며, 따라서 전통적인 예술 작품과 매체 작품 모두 문화적 동인(動因)으로 열린 지평 안에 수용되어야 할 것이다.

*시뮬레이션(simulation): 복잡한 문제나 사회 현상을 해석하고 해결하기 위해 실제와 비슷한 모형을 만들어 모의로 실험하여 특성을 파악하는 일.
*홀로그래피(holography): 위상이 갖추어진 레이저 광선을 이용하여 렌즈 없이 한 장의 사진으로 입체상을 촬영 재생하는 방법. 또는 이를 응용한 광학 기술.
*텔레마틱(Telematic art): 컴퓨터에 의한 통신망 기술을 이용하여 창조적인 참가의 장을 지구상에 확장하고자 하는 새로운 의식 개척을 계획하는 아트 표현.

1

위 글의 내용과 일치하지 않는 것은?

① 매체 시대에는 감각과 이미지의 중요성이 부각되고 있다.

② 기술 공학적 혁신으로 예술의 개념과 형식이 변하고 있다.

③ 비논리적인 영상들을 결합한 뮤직 비디오는 '확장된 시간'에 의존한다.

④ 매체 시대에는 '모방' 대신 '시뮬레이션'이 예술 영역의 기본 범주가 된다.

⑤ 사회를 움직이는 근본 요소가 물질적인 것에서 비물질적인 것으로 바뀌고 있다.

2

〈보기〉와 같은 문화 현상에 대해 글쓴이 입장에서 할 수 있는 말로 가장 적절한 것은?

〈보기〉

컴퓨터광들이 공동으로 한 작품을 창작하는 방식과 한 사람의 작가가 총체적인 계획 하에 자신의 고유한 작품을 완성하는 전통적인 글쓰기 방식이 공존하고 있다.

① 서로의 차이를 인정하고 존중하면서 상호 개방적인 태도를 취해야 한다.

② 두 문화 방식을 절충하여 가장 종합적이고 합리적인 대안을 찾아야 한다.

③ 기존의 예술 방식은 새로운 매체 환경에 적응하면서 변해야만 살아남을 수 있다.

④ 기술 매체에 의해 위협받고 있는 전통적인 예술과 문학의 방식이 보호되어야 한다.

⑤ 각자의 예술 방식에 대한 자기 반성을 통해 거듭나고자 하는 노력을 기울여야 한다.

'관용'으로 번역되는 똘레랑스라는 말은 '견디다', '참다'를 뜻하는 라틴어 'tolerare'에서 나왔다. 서구 사회에서 인종, 문화, 종교의 차이는 격렬한 갈등의 씨앗을 뿌렸고, 많은 희생을 치렀다. 이 과정에서 생겨난 것이 똘레랑스다. 1572년 기독교 구교(가톨릭)와 신교(위그노)의 갈등으로 인해 파리에서만 3,000여 명의 신교도가 구교도에 의해 희생되었고, 이후에도 그 갈등과 피해는 악순환을 불러왔다. 상황이 이렇다보니 유럽의 지식인들은 사태를 진정시키기 위해 입을 모아 서로의 차이를 받아들일 것을, 즉 똘레랑스를 얘기하기 시작했다. 종교 간의 갈등이 진정되면서 똘레랑스를 외치는 목소리는 종교를 넘어 점차 사회 전반으로 퍼졌다.

이러한 역사적 배경을 지닌 똘레랑스는 몇 가지 원리들이 바탕을 이루고 있다. 이 원리들은 개별적이고 독립적인 것이 아니라 밀접하게 연관되어 있는데, 그 근본 정신은 인간의 완전함에 대한 부정이다. 우선 똘레랑스는 자기 생각만 고집하는 편협함을 버릴 것을 요구한다. 그래서 프랑스의 사회학자 필리프 사시에는 '똘레랑스는 자기중심주의의 포기'라고 얘기한다. 자기라는 중심을 버릴 때 또 다른 자아인 타자를 받아들이고 그 목소리를 들을 수 있다는 것이다.

하지만 똘레랑스가 모든 차이와 다양성을 조건 없이 받아들이는 것은 아니다. 사시에는 똘레랑스가 정착하려면 ㉠차이의 질서뿐만 아니라 다른 것들의 평화적인 공존을 전제하는 유사성의 질서도 있어야 한다고 보았다. 다르다는 것은 소중하지만 단순히 '차이'만을 존중할 경우 똘레랑스는 모든 폭력적인 행위마저 차이의 표현으로 인정하는 위험에 빠질 수 있기 때문이다. 그래서 똘레랑스 속에도 앵똘레랑스가 필요하다. 일반적으로 '앵똘레랑스'는 인종, 피부색, 종교 등을 이유로 타인의 행동이나 신념을 받아들이지 않는 비이성적이고 정당하지 않은 반대를 가리킨다. 하지만 '똘레랑스 속에 담긴 앵똘레랑스'는 이성적인 반대를 뜻한다. '도덕적인 의무인 앵똘레랑스'와 '억압적인 앵똘레랑스'를 구분하는 기준은 '이성'이다.

똘레랑스의 또 다른 원리는 토론이다. 아무리 뛰어나고 비판적인 천재라 할지라도 자신의 이성과 경험만으로 오류를 바로잡을 수는 없다. 인간의 경험이란 한계가 있고 경험을 해석하는 방식 또한 제각각이므로 경험과 의견을 교환하는 토론이 반드시 필요하다. 타인과의 이성적인 토론은 내 견해의 부족한 점을 보충해주고 상대방의 의견도 보완해 준다. 말과 설득이 아닌 다른 수단, 즉 폭력이나 강제력을 사용한다면 그것은 자신의 믿음이 진리일 수 없음을, 남을 설득할 능력이 자기에게 없음을 스스로 인정하는 것이다.

사회 정의를 추구하는 적극적 관용인 똘레랑스는 정의의 여신 아스트라이아를 닮았다. 한 손엔 사물의 옳고 그름을 판단하는 저울을, 다른 손엔 불의를 응징하는 칼을 들고, 편견을 피하기 위해 눈을 가린 여신의 모습은 똘레랑스를 구체적으로 보여준다. 똘레랑스는 토론과 설득보다는 힘의 논리가 앞서는 사회, 차이와 다양성이 인정되지 않는 사회, 이성과 배치되는 억압적인 앵똘레랑스가 주도하는 사회에 희망의 빛을 비출 수 있는 사회윤리이다.

1

위 글의 제목으로 가장 적절한 것은?

① 똘레랑스의 변천 단계
② 똘레랑스의 원리와 의의
③ 똘레랑스의 교훈과 한계
④ 똘레랑스의 탄생과 전파 과정
⑤ 똘레랑스와 앵똘레랑스의 관계

2

㉠의 의미를 추리한 것으로 가장 적절한 것은?

① 보편적인 가치에 얽매이지 않고 모든 의견들이 동등하게 공존할 수 있어야 한다.
② 상호 간의 차이를 무시하고 모두가 공존할 수 있는 하나의 가치만을 지향해야 한다.
③ 상호 간의 입장의 차이를 인정하더라도 보편적 가치가 전제된 공존을 추구해야 한다.
④ 상호 간의 입장 차이 없이 모든 구성원이 조화롭게 공존할 수 있는 보편적 가치를 실현해야 한다.
⑤ 다른 입장의 사람들에게 폭력을 행사하지 않는 한 그것이 어떤 가치를 지향하더라도 용인되어야
한다.

재산을 무상으로 타인에게 이전하는 것에는 '상속'과 '증여'가 있다. 상속은 재산을 주는 이가 사망했을 때, 증여는 재산을 주는 이가 생존해 있을 때 이루어진다. 상속과 증여에는 세금을 부과하는데 이를 각각 ㉠상속세, ㉡증여세라 한다. 이는 부의 세습을 통한 부익부 빈익빈 현상의 심화를 막고, 부를 사회적으로 재분배하기 위해서이다.

상속과 증여는 모두 재산을 주는 이의 의지에 따라 재산을 받는 이가 결정되고, 재산을 받는 이가 세금 납부 의무자가 된다. 그런데 상속의 경우 재산을 물려주는 이가 유언 없이 사망하였을 때, 그의 상속 의지를 알 수 없다. 이에 대비하여 상속인의 범위를 민법에 명확히 규정하고 있다. 민법에 따르면 상속 1순위는 자녀, 손자와 같은 직계비속이고, 2순위는 부모, 조부모와 같은 직계존속, 3순위는 형제자매, 4순위는 조카, 백부모, 숙부모와 같은 4촌 이내의 방계혈족이다. 배우자의 경우는 따로 규정을 두고 있다. 배우자는 1, 2순위자가 있는 경우에 그 상속인과 동순위로 공동 상속인이 되고 1, 2순위자가 없는 때에는 단독 상속인이 된다. 단, 임신한 배우자의 경우에는 태아를 이미 출생한 것으로 보아, 태아의 상속권을 인정한다.

상속과 증여에 항상 세금이 부과되는 것은 아니다. 일정 금액을 제외하고 세금을 부과하는 공제 제도가 있어서 상속과 증여가 그 금액 이하에서 이루어지면 세금이 부과되지 않는다. 공제 금액은 상속과 증여가 이루어지는 상황과 조건에 따라 달라진다. 상속세와 증여세는 모두 공제 후 남은 금액에 대해 금액이 클수록 세율이 높아지는 누진 세율이 동일하게 적용된다. 따라서 공제 후에 남은 총액이 같으면 상속세와 증여세가 같다고 생각하기 쉽다. 하지만 그렇지 않은 경우가 있다. 상속세는 사망자의 상속 재산 총액에 대해 세율이 적용되지만, 증여세는 증여받는 사람 각자를 기준으로 세금이 부과되므로 재산을 나누어 증여하면 상속세보다 더 낮은 세율을 적용받을 수 있다.

이러한 점을 악용하여 높은 비율의 세금 부담을 피하기 위해 일부 재산을 미리 증여하는 폐단이 있다. 이를 최소화하기 위해 증여와 상속 모두 재산을 준 후 10년이 지나야 완전히 이전된 것으로 본다. 그래서 10년 이내의 기간에 동일인에게 증여한 금액이 있는 경우 모두 합산해 증여세를 다시 계산하고, 그 기간에 증여자가 사망하면, 그 증여했던 재산도 상속 재산에 포함하여 세금을 재산정한다.

세금을 재산정할 때, 부동산에 대해서는 주의할 점이 있다. 부동산은 증여 당시의 가치를 기준으로 세금을 정하기 때문이다. 예를 들어, 아버지가 아들에게 시세 2억 원 아파트를 주면서 아들이 증여세를 납부했다고 하자. 그런데 10년이 경과하기도 전에 아버지가 사망하면 그 아파트도 상속세 부과 대상에 포함된다. 이 경우 현재 그 아파트 가격이 3억 원으로 올랐다 해서 3억 원에 대해 상속세를 계산하는 것이 아니라, 증여한 시점의 가격인 2억 원을 대상으로 상속세를 계산한다.

1

위 글의 표제와 부제로 가장 적절한 것은?

① 부의 무상 이전에 세금이 부과되는 방식은 어떠한가 – 상속세와 증여세의 부과 방식을 중심으로

② 상속세와 증여세가 부과되는 이유는 무엇인가 – 부의 사회적 재분배 방안을 중심으로

③ 세금의 공평 부과, 어떻게 이룰 수 있는가 – 증여세가 상속세보다 더 공평한 사례를 중심으로

④ 상속세와 증여세의 공통점은 무엇인가 – 세금의 부과 대상과 적용 세율을 중심으로

⑤ 세금의 본질은 어떻게 변화해 왔는가 – 상속세와 증여세의 역사적 변천 과정을 중심으로

2

㉠, ㉡에 대한 이해로 적절하지 않은 것은?

① ㉠은 ㉡과 달리 재산을 주는 이가 사망한 이후 부과된다.

② ㉡은 ㉠과 달리 납부 의무자의 우선순위가 법으로 정해져 있다.

③ ㉠, ㉡ 모두 세금을 납부해야 하는 이는 재산을 받는 사람이다.

④ ㉠, ㉡ 모두 적용된 세율이 높으면 공제 후 남은 금액이 크다는 의미이다.

⑤ ㉠, ㉡ 모두 부의 세습을 통한 부익부 빈익빈 현상의 심화를 막는 데 기여한다.

음력의 과학성

우리들은 서양 것은 덮어놓고 과학적이려니 짐작하는 경우가 많다. 그 대표적인 것이 역법에 관한 것이다. 역법이란 해와 달의 변화 속에서 어떤 계기를 잡아 인간의 생활을 다시 시작한다는 뜻에서 어느 시각을 잡아 새해의 시작으로 정하는 것이다. 그렇다면 당연히 해나 달이 어떤 특수한 시작점에 있을 때를 잡아 새해의 시작이라 해야 할 것은 분명하다. 그런 뜻에서 양력 1월 1일은 새해의 시작으로는 낙제점이라 할 수밖에 없다. 음력은 이와 정반대이다. 서양의 양력이 서양 사람들의 문화적인 때가 묻어 있는 것과 달리 동양의 음력에는 나름의 과학성이 있다. 7월의 'July'와 8월의 'August'는 원래 로마의 황제였던 율리우스(Julius Caesar)와 아우구스투스(Augustus)의 생일이 그 달에 들어 있음을 기념하여 붙인 이름이다. 그리고 8월의 날수도 원래는 30일이었으나, 황제의 생일을 이왕 기념하는 바에 더 길게 하기 위하여 연말에서 하루 더 가져다가 31일로 만든 것이다. 그러나 음력에서는 달 이름에 사람 이름을 붙여 놓은 일은 없다. 음력에서는 1월, 2월, 3월, 4월 등으로 차례대로 숫자를 붙여 달을 부르는 것이 보통이고, 혹시 다른 이름을 쓴다 해도 '꽃 피는 달', '새 우는 달' 등과 같이 운치 있는 이름을 만들었을 뿐이다. 또 음력에서는 한 달의 날짜수가 29일과 30일로 불규칙적으로 바뀌지만, 그 까닭은 순전히 자연 현상에 달려 있었던 것이지, 황제의 생일을 하루 더 연장하기 위하여 30일이었던 달을 31일로 만드는 인위적 조작은 하지 않았던 것이다.

음력에서는 달마다 15일을 보름(望)이라 하여 달이 가장 둥글게 뜨는 날로 맞춰 놓았다. 그렇게 되면 초하루(朔)는 저절로 결정되고 그 전달의 크기가 29일이 될지 30일이 될지도 그에 따라 저절로 결정된다. 사람들의 뜻대로 29일이나 30일이 되는 일이 없다. 황제의 생월이라고 30일을 31일로 늘려 놓은 서양의 양력과 자연의 리듬에 따라 저절로 한 달의 길이가 결정되는 우리의 음력 중 어느 쪽이 과학적이고 객관적인지는 따져 볼 것도 없다.

그러면 왜 음력은 날짜가 계절과 잘 맞지 않는 걸까? 그것은 너무나 당연하다. 원래 음력은 날짜를 달 모양의 변화에 맞게 만든 것이지 계절에 맞춘 것이 아니기 때문이다. 춥고 더운 계절의 변화란 태양의 운동에 따라 좌우된다. 음력에서는 이런 태양 운동을 24절기(節氣)로 나타내고 있다. '입춘, 우수, 경칩, 춘분…'하며 이어지는 24절기란 바로 태양 운동을 24등분하여 붙여 놓은 이름이다. 당연히 24절기는 각각의 계절에 정확히 상응할 수밖에 없고, 이것은 음력 속에 들어 있는 양력인 셈이 된다.

우리는 그저 음력이라고 하지만 사실 음력 속에는 양력 성분이 24절기로 들어 있다. 그래서 과학사에서는 동양의 음력을 태음태양력이라 부른다. 달의 운동을 날짜로 나타내며, 태양의 운동은 24절기로 나타냄으로써 해와 달을 함께 나타낸 훌륭한 역법인 것이다. 음력 날짜를 가지고 계절과 맞지 않는다고 타박할 필요가 전혀 없는 것이다. 우리 조상들은 계절은 절기로 알고 날짜로는 달의 크기만을 알았던 것이다. 지금처럼 조명이 발달하지 않았던 옛날 사람들에게 그날그날 달 모양을 알고 지낸다는 것은 여간 중요한 일이 아니었다. 또 달의 모양은 밤의 밝기만 결정해 주는 것이 아니라 조수의 간만도 좌우한다. 또한 24절기는 엄밀하게 말하면 우수, 춘분, 곡우, 소만 등과 같은 중기(中氣)와, 입춘, 경칩, 청명, 입하 등과 같은 절기(節氣)로 구분된다. 그런데 14일쯤에 절기만 들어있고 중기가 없는 달이 있으면 그 전달이 윤달이 되는 것이다. 음력에서 윤월을 넣는 방법도 바로 이 원칙에 따라 과학적인 질서를 부여한 결과로 생겨난 것이다.

　　동양인들이 수천 년 동안 사용해 오고 있는 음력은 과학적인 바탕에서 세워진 합리적인 체계이다. 달 모양의 변화에 따라 한 달의 날수를 결정한다든지, 태양의 주기를 고려한 절기에 따라 계절을 인식하는 점 등은 서양의 역법에 비해 음력이 상대적으로 과학적이고 합리적인 역법이라고 말할 수 있다.

1

위 글의 중심 내용에 해당하는 질문으로 가장 적절한 것은?

① 양력과 음력의 차이점은 무엇인가?
② 양력의 사용이 가져온 결과는 무엇인가?
③ 음력은 양력과 비교할 때 어떤 점에서 과학적인가?
④ 음력의 사용으로 인한 문화적 현상은 무엇이 있는가?
⑤ 양력의 장점과 음력의 장점을 어떻게 조화시킬 것인가?

2

위 글의 내용과 일치하지 않는 것은?

① 음력과 조수 간만은 밀접한 관련이 있다.
② 음력 한 달의 날짜 수는 인위적인 결과이다.
③ 음력과 양력은 한 달의 길이가 다를 수 있다.
④ 양력에는 날의 이름에 사람 이름이 남아 있다.
⑤ 음력은 태양의 운동에 상응하는 24절기가 있다.

우리 몸에 이상이 생기면 약물을 투여함으로써 이상 부위를 치료하게 된다. 약물을 투여하는 일반적인 방법으로는 약물을 바르거나 복용하거나, 주사하는 것 등이 있는데, 이것들은 약물의 방출량이나 시간 등을 능동적으로 조절하기 어려운 '단순 약물 방출'의 형태이다. 단순 약물 방출의 경우에는 약물이 정상 조직에 작용하여 부작용을 일으키기도 하는데, 특히 항암제나 호르몬제와 같은 약물은 정상 조직에 작용할 경우 심각한 부작용을 초래(招來)할 수도 있다. 따라서 치료가 필요한 국부적인 부위에만 약물을 투여할 수 있도록 하는 방안의 필요성이 대두(擡頭)되고 있다.

이에 최근에는 약물의 방출량이나 시간 등을 능동적으로 조절할 수 있는 '능동적 약물 방출'의 연구가 활발하게 이루어지고 있다. 그 중 대표적인 것으로 전도성 고분자를 활용하는 연구가 진행 중인데, 특히 '폴리피롤'이라는 전도성 고분자의 활용이 유력시 되고 있다. 폴리피롤은 생체 적합성이 우수하고 안정성이 뛰어날 뿐만 아니라 전압에 의해 이온들의 출입이 가능한 특징을 가지고 있기 때문이다.

폴리피롤에 전압을 가하면 부피가 변하게 된다. 폴리피롤에는 이온 형태의 도판트*가 들어 있는데, 이 도판트의 크기에 따라 부피 변화 양상(樣相)은 달라지게 된다.

예를 들어 도판트의 크기가 작을 경우, 폴리피롤에 음의 전압을 가하면 폴리피롤 내에 음전자가 늘어나는 환원반응이 일어나게 되고, 전기적 중성을 유지하기 위해 크기가 작은 도판트 음이온이 밖으로 빠져 나오게 된다. 이에 따라 폴리피롤의 부피는 줄어든다.

한편 도판트의 크기가 큰 경우에는 환원반응이 일어나더라도 도판트가 밖으로 나가지 못한다. 대신 폴리피롤 외부에 있는 양이온이 전기적 중성을 맞추기 위하여 폴리피롤 내부로 들어오게 되어 폴리피롤의 부피는 커지게 된다.

이처럼 폴리피롤에서 도판트가 방출되는 원리를 이용하면, 도판트를 이온 상태의 약물로 대체(代替)할 경우 전압에 의해 방출량이 제어되는 능동적 약물 방출 시스템으로의 응용도 가능해진다. 이 시스템은 크게 두 가지로 구분된다. 우선, 폴리피롤 합성 과정에서 ㉠약물을 직접 도판트로 사용하는 경우이다. 이 경우는 약물의 방출량은 많지만 도판트로 합성이 가능한 약물의 종류에는 제한이 있다. 다른 방법으로는 약물이 이온 형태로 존재하는 전해질 내에서 ㉡도판트와 약물을 치환하는 경우이다. 이 경우는 치환되는 전해질 내의 약물 이온의 밀도가 높아야 다양한 약물을 폴리피롤 내에 넣는 것이 가능하다. 그러나 도판트 전부가 치환되지는 않기 때문에 첫 번째 방법보다 약물의 방출량은 적어지고, 제조 공정(工程)이 다소 복잡하다.

*도판트: 전기 전도도를 변화시키기 위해 의도적으로 넣어주는 불순물

1

위 글의 내용과 일치하는 것은?

① 폴리피롤을 사용하는 이유는 생체 적합성이 우수하고 안정성이 뛰어나기 때문이다.

② 능동적 약물 방출의 대표적인 방법이 적용된 사례는 연고나 주사제 등이 있다.

③ 약물은 정상 조직에 작용하더라도 문제가 발생되지 않게 만들어진다.

④ 단순 약물 방출은 원하는 때에 필요한 만큼의 약물을 투여할 수 있다.

⑤ 전도성 고분자를 활용한 약물 투여 시스템이 널리 사용되고 있다.

2

㉠, ㉡에 대한 설명으로 적절하지 않은 것은?

① ㉠은 도판트로 합성이 가능한 약물의 종류에 제한이 있다.

② ㉡은 전해질 내의 약물 이온의 밀도가 높아야 한다.

③ ㉠과 ㉡은 모두 전압에 의해 약물의 방출량이 제어된다.

④ ㉠은 ㉡보다 제조 공정이 단순하다.

⑤ ㉡은 ㉠보다 약물의 방출량이 많다.

사람은 불편한 것보다 편한 것을 더 좋아하기 때문에 건축에서도 편안한 분위기의 집을 지으려고 하는 것이 상식이다. 그러나 건축물들을 살펴보면 편안함을 깨는 긴장감 넘치는 공간이 발견되는 경우가 종종 있다. 이렇게 건축물에서 긴장감이 느껴질 때는 상식을 깰 만한 그 나름대로의 이유가 있기 마련이다. 그리고 긴장감을 느끼게 하는 건축물들이 특정 시대, 특정 지역에 집중적으로 나타나는 현상에는 그럴 만한 사회적 동기가 이면에 깔려 있다.

바로크 시대의 건축물에는 열정적인 종교적 의지가 사회적 동기로 작용하였다. 이 시대에는 로마를 기독교의 중심지로 복원하려는 노력 아래 많은 교회 건물이 지어졌다. 또한 가톨릭의 종교적 열망이 절정에 달했던 때였기 때문에, 교회 건물에 이러한 열망을 자극할 만한 극적인 요소가 갖추어지기를 바라게 되었다. 그런데 당시 로마에서는 교회가 들어서는 부지가 오래된 시가 내 좁은 가로변이었다. 이처럼 건물 앞 도로 폭이 좁은 상황에서 건물에 극적인 긴장감을 만들려다 보니 자연스럽게 거리와 앙각*의 조작에서 얻어지는 착시 현상을 탐구하게 되었다. 건축물이 편안하게 느껴지려면 건축물이 차지하는 공간의 크기가 보는 사람의 시야에서 적정한 범위 안에 있어야 한다. 그런데 건물 사이의 거리를 좁히면 편안한 느낌은 사라지고 긴장감이 느껴지게 된다. 이렇게 하여 지어진 대표적 건축물이 프란체스코 보로미니의 성 카를로 교회이다. 이 교회의 앞길은 폭이 좁아 길에서 이 건물의 꼭대기를 보기 위해서는 고개를 많이 들어 올려야 했고, 건물의 전체 형태나 외부 장식물도 착시 현상을 거쳐서 볼 수밖에 없었다. 그 결과 길거리에서 올려다 본 성 카를로 교회는 마치 하늘을 향해 치솟는 듯한 모습으로 사람들에게 종교적 열정을 상승하게 해 주었다.

1960~1980년대의 서양 현대 건축물 중에는 전통의 권위에 반하는 집단적 에너지가 사회적 동기로 작용한 것이 있다. 이러한 건축물은 권위만을 내세우던 고리타분한 전통 건축이 안정적인 느낌을 주는 수평선에 안주한 것과는 달리, 반발의 상징으로 사선을 많이 사용하였다. 동·서양을 막론하고 사람들은 수평선과 수직선을 볼 때 안정감과 평온함을 느낀다. 그런데 수평선과 수직선을 가로지르는 사선은 보는 사람에게 평온함을 깨는 긴장감을 불러일으키면서 동시에 역동성을 느끼게 한다. 권터 도메니히의 〈스톤 하우스〉는 이러한 방법을 사용한 대표적인 건축물이다. 이 건물은 건물 외부로 노출시킨 계단을 벽체에 어긋나게 사선 방향으로 돌려놓음으로써 계단은 항상 곧은 방향으로 나아가야 한다는 고정 관념을 깨고 있다.

이처럼 건축에는 시대적 상황이 요구하는 사회적 동기가 고스란히 담기게 된다. 따라서 건축을 감상할 때는 무엇보다 건축을 통해 드러내려는 의도를 읽어내는 것이 중요하다. 건축이란 '건물이라는 단순한 구조물'을 만드는 작업이 아니라, '시대정신을 담아내는 구조물'을 만드는 작업이기 때문이다.

*앙각(仰角): 올려다 본 각

1

위 글이 신문에 교양 기사로 실렸다고 할 때, 표제와 부제로 가장 적절한 것은?

① 사회적 동기를 담고 있는 건축 – 긴장감 넘치는 건축 공간을 중심으로

② 바로크 교회 건축 양식의 특징 – 높은 앙각에서 얻어지는 착시 현상을 이용하여

③ 고리타분한 권위에 도전한 건축들 – 상식과 고정 관념을 깨뜨려

④ 건축을 이해하는 새로운 관점 – 당대의 종교적 현실을 제대로 파악해야

⑤ 건축에 시도된 새로운 실험 정신 – 낡은 전통을 깨고 새로운 건축 양식을 만들어내

2

위 글을 읽은 독자의 반응으로 적절하지 않은 것은?

① 건축물이 지어지는 주변 여건도 건축에 많은 영향을 미친다는 사실을 알았어.

② 건축가는 건축의 의도를 드러내기 위한 최선의 방법을 찾기 위해 많은 고민을 할 거야.

③ 건축물에서 강한 긴장감이 느껴질 때는 집단화된 사회적 동기가 있는지 생각해 봐야겠어.

④ 긴장감이 느껴지는 건축물은 보기에 편하지 않아서 실제 생활하는 데도 많이 불편할 거야.

⑤ 건축이 적정한 범위의 공간 크기와 시선 각도 내에서만 이루어져야 한다는 생각도 고정 관념일 수 있어.

(가) 인간은 눈이라는 감각 기관을 사용하여 자극을 받아들이고, 그것을 바탕으로 지각(知覺)을 한다. 그러면 인간의 눈을 통해 들어온 자극이 가장 중요한가? 그러나 눈을 통해 들어온 자극 자체는 별로 중요하지 않다. 왜냐하면 인간은 특정한 자극만을 집중적으로 받아들일 뿐만 아니라 그 자극에 자신의 동기·경험·기대와 같은 내적 요인을 상호 작용시키면서 지각하기 때문이다. 자극은 이런 과정을 거치면서 의미 있는 지각이 되는 것이다. 그런데 특정 자극이 지각으로 받아들여지는 과정에는 '전경과 배경 분리의 원리'와 '지각 조직화의 원리'가 숨겨져 있다.

(나) 수업을 듣는 학생의 경우를 생각해 보자. 학생의 눈에는 앞에 앉아 있는 친구나 벽, 그리고 선생님 등이 모두 자극이 될 것이다. 그러나 학생이 모든 자극을 지각한다면 결과적으로 선생님에게 집중하지 못해 수업을 제대로 받을 수 없다. 수업에 참여하려면, 즉 자극을 의미 있는 것으로 받아들이기 위해서는 선생님을 주위의 다른 사물과 분리해야 한다. 여기서 '선생님'처럼 집중되는 자극을 '전경(前景)'이라 하고 그 외의 자극을 '배경(背景)'이라 한다면, 전경과 배경이 분리되어야만 자극이 의미 있게 되는 것이다. 전경이 대개 작고 응집적이라면, 배경은 좀 더 크고 흐트러져 있어 응집적으로 지각되지 않는다. 이 같은 전경과 배경의 속성들이 상호 작용하면서 그 경계가 뚜렷해져 전경과 배경이 분리된다. 이렇게 전경과 배경을 분리해서 자극을 의미 있게 받아들이는 것을 '전경과 배경 분리의 원리'라 한다.

(다) 사물에 대한 지각은 보이는 대상이 무엇이냐의 문제이기 이전에 그것을 어떻게 보느냐의 문제이다. 따라서 주어진 자극들은 응집성 있게 체계화되는 과정에서 의미 있는 어떤 형태로 만들어진다. 이런 속성 때문에 같은 자극들도 어떻게 체계화되느냐에 따라 사물의 형태가 다르게 보인다. 형태주의 심리학자들은 자극들을 체계화시키는 요소로 근접성, 유사성, 연속성, 완결성 등을 찾아냈는데, 이를 지각 조직화의 원리라고 한다. 인간은 이 원리로 대상을 하나의 의미 있는 모습으로 조직화하는 것이다. 이 작업은 무의식적이고도 순간적으로 수행되기 때문에 단순한 작업으로 오해하기 쉽지만 고도의 해석 과정을 거친 결과이다.

(라) 지각 조직화의 원리 중에서 근접성은 가까이 있는 자극들을 묶어 하나로 보려는 인간의 시각 체계이다. 인간의 시각 체계는 가까이 있는 것은 더 가까이, 멀리 있는 것은 더 멀리함으로써 경계를 좀 더 뚜렷하게 만든다. 유사성은 비슷한 자극들을 같은 대상의 구성 요소로 인식하여 하나로 묶어 그렇지 않은 것과 분리함으로써 자극을 응집하려는 경향이다. 연속성은 부드러운 연속이나 보기에 편한 형태로 자극을 조직화하려는 시각 체계이다. 이런 속성 때문에 인간은 가끔 어떤 사물에 들어 있는 세부적인 것들을 놓치기도 한다. 완결성은 단순하면서도 완전한 형태로 사물을 보려는 경향이다. 그래서 인간의 시각 체계는 사물에 있는 틈 혹은 가려진 부분을 보충하거나, 경우에 따라서는 없는 선조차 만들어내기도 한다.

(마) 우리 사회가 고도로 정보화되면서 인간의 삶의 질과 관계된 문제들이 중요한 관심사로 떠오르고 있다. 이것은 인간과 관련된 지식이 점점 더 유용하게 사용될 것임을 의미하는 동시에, 우리 인간으로 하여금 자신에 대해 좀 더 세밀하게 이해할 필요성을 환기한다. 그런데 지각은 인간을 이해하는 가장 기초적인 영역으로, 지각 현상에 대한 연구 성과는 우리가 우리 자신을 좀 더 정교하고 체계적으로 이해하는 데 도움을 준다. 따라서, 인간의 지각 현상을 연구하는 지각 심리학은 앞으로 상당히 중요한 분야가 될 것으로 기대된다.

1

위 글의 내용과 일치하지 않는 것은?

① 인간의 눈은 자극을 받아들이는 감각기관이다.

② 사회가 정보화되면서 지각 심리학의 중요성은 커질 것이다.

③ 지각 현상에 대한 연구는 인간을 세밀하게 이해하는 데 도움을 준다.

④ 인간의 지각 체계는 자극을 하나의 의미 있는 모습으로 조직화하려고 한다.

⑤ 인간이 자극을 지각 조직화하는 작업은 많은 시간과 의식적 노력이 필요한 과정이다.

2

(가)~(마)의 글쓰기 전략으로 적절하지 않은 것은?

① (가) : 묻고 대답하는 방식으로 독자의 주의를 환기하자.

② (나) : 가정된 상황을 사례로 들어 독자의 이해를 돕자.

③ (다) : 전문가의 말을 인용하여 독자를 설득시키자.

④ (라) : 용어의 개념을 자세하게 설명하여 독자에게 내용을 정확히 전달하자.

⑤ (마) : 지각 심리학에 대한 전망을 제시하면서 끝을 맺자.

금리는 이자 금액을 원금으로 나눈 비율로 '이자율'이라고 한다. 자금의 수요자에게는 자금을 빌린 대가로 지급하는 비용이 발생하며, 공급자에게는 현재의 소비를 희생한 대가로 이자 수익이 생긴다. 금융시장에서 금리는 자금의 수요자와 공급자를 연결시키는 역할을 한다.

금리는 일반적으로 '명목금리'와 '실질금리'로 구분한다. 명목금리는 금융 자산의 액면 금액에 대한 금리이며, 실질금리는 물가상승률을 감안한 금리로 명목금리에서 물가상승률을 빼면 알 수 있다. 물가상승률이 높아지면 돈의 실제 가치인 실질금리는 낮아지고, 물가상승률이 낮아지면 실질금리는 높아진다. 예를 들어 1년 만기 정기예금의 명목금리가 6%인데 1년 사이 물가가 7% 올랐다면, 실질금리는 −1%로 예금 가입자는 돈의 가치인 구매력에서 손해를 본 셈이다.

그리고 명목금리보다는 일정 기간 실현된 실제의 이자 수익률인 '실효수익률'을 따져 보아야 한다. 실효수익률은 이자의 계산 방식에 따라 달라진다. 예를 들어 보통 '만기 1년의 연리 6%'는 돈을 12개월 동안 은행에 예치할 경우 6%의 이자가 붙는다는 의미이다. 정기예금은 목돈인 100만 원을 납입하고 1년 뒤에 이자로 6만 원을 받지만, 매월 일정액을 불입해 목돈을 만드는 정기적금은 계산법이 다르다. 정기적금은 첫째 달에 불입한 10만 원은 만기까지 12개월 분 6%의 이자가 붙지만, 둘째 달에 불입한 10만 원은 11개월의 이자 5.5%만 받는다. 돈의 예치 기간이 줄면 이자도 줄어 실효수익률은 3.9%에 불과하다. 이런 이자 계산의 방식은 대출금리도 유사하다. 1년 뒤에 원금을 한 번에 갚는다면, 대출금리가 연 6%일 경우 6만 원을 이자로 내야 한다. 하지만 원금을 12개월로 나누어 갚으면, 줄어든 원금만큼 매월 이자도 적어진다.

또 예금이나 적금의 기간이 길어서 이자를 여러 번 받는다면, 매번 지급된 이자가 원금이 되어서 이자에 이자가 붙는 복리인지, 원금에 대한 이자만 붙는 단리인지도 살펴야 실효수익률을 알 수 있다. 여기에 이자는 금융소득이어서 소득세 14.0%와 주민세 1.4%를 내야 한다는 것도 생각해야만 실제로 내 손에 들어오는 이자 금액이 나온다.

결국 돈을 어떻게 쓰고, 모으고, 굴리고, 빌릴지의 선택 상황에서 정확한 계산을 해야 손해를 보지 않는다. 현재의 소비를 늦추고 미래를 계획하는 사람이라면, 자신의 자산을 안전하게 형성할 필요가 있다. 금리에 대한 정확한 이해와 계산이 현재의 소비와 미래의 소비를 결정하는 중요한 기준이라는 점을 잊지 말아야 한다.

1

위 글을 읽고 정리한 메모이다. 적절하지 않은 것은?

> ㄱ. 금리 : (이자 금액÷원금)×100
>
> ㄴ. 실질금리 : 금융 자산의 액면 금액−물가상승률
>
> ㄷ. 실효수익률 : 일정 기간 실현된 실제 이자 수익률
>
> ㄹ. 복리 : 이자도 원금이 되어 이자가 붙는 방식
>
> ㅁ. 금융소득의 세금 : 소득세+주민세

① ㄱ   ② ㄴ   ③ ㄷ   ④ ㄹ   ⑤ ㅁ

2

위 글을 통해 알 수 있는 내용으로 적절하지 않은 것은?

① 금리는 자금의 수요자와 공급자가 존재해야 결정될 수 있다.

② 물가가 하락하면 실질금리가 명목금리보다 더 커지는 상황이 발생할 수 있다.

③ 금리는 지금 소비할 것인가와 소비를 늦출 것인가를 판단하는 기준이 될 수 있다.

④ 실효수익률을 알아내려면 이자가 붙는 시기와 이자가 계산되는 방식을 따져보아야 한다.

⑤ 정기예금은 목돈을 형성할 때, 정기적금은 목돈이 형성되었을 때 각각 이용되는 방법이다.

　　조나단 스위프트의 『걸리버 여행기』에는 소인국과 거인국 사람들이 등장한다. 그들은 걸리버와 같은 인간의 형태를 지니고 있으며, 소인국 사람들은 걸리버보다 12배 작게, 거인국 사람들은 걸리버보다 12배 크게 묘사되어 있다. 물론 이와 같은 일은 소설 속에서나 가능한 일이다. 그렇다면 현실에서는 왜 불가능할까?

　　우선, 면적과 부피의 관계를 살펴볼 필요가 있다. 예를 들어, 각 변의 길이가 1m인 주사위의 표면적은 $1m \times 1m \times 6(개)=6m^2$, 부피는 $1m \times 1m \times 1m=1m^3$이다. 변의 길이를 2배로 늘리면 표면적은 $24m^2$, 부피는 $8m^3$로 커진다. 즉 길이가 L배 길어지면 표면적은 L^2, 부피는 L^3에 비례하여 커지게 되는데, 이러한 법칙을 '면적-부피의 법칙'이라 한다. 이 법칙은 밀도가 일정하고 형태를 그대로 유지한 채 크기만 바뀌는 경우라면 물체가 어떤 형태이든 그대로 적용된다.

　　소인국 사람과 거인국 사람에게도 이 법칙을 적용할 수 있다. 걸리버의 키와 몸무게를 174cm, 68kg이라고 가정하여 이 법칙을 적용해 보면, 소인의 키는 걸리버의 1/12인 14.5cm이고, 거인의 키는 걸리버보다 12배 더 큰 약 21m이다. 물체의 밀도가 일정하다면 무게는 부피에 비례하기 때문에 소인은 걸리버의 $1/12^3$인 40g, 거인은 걸리버보다 12^3배 더 무거운 117t 정도 나가게 된다. 그런데 이렇게 되면 소인국 사람과 거인국 사람들은 정상적인 생활을 할 수 없게 된다는 문제가 발생한다.

　　인간과 같은 항온 동물은 체온을 일정하게 유지하기 위해서 몸에서 끊임없이 에너지를 생산하고 발산해야만 한다. 그런데 세포의 대사 활동을 통해 생산되는 열에너지는 몸의 부피에 비례하고, 적정 체온을 유지하기 위해 체외로 발산되는 열에너지는 몸의 표면적에 비례한다. '면적-부피의 법칙'을 적용하면 소인국 사람은 걸리버에 비해 부피는 $1/12^3$로, 표면적은 $1/12^2$로 줄어든다. 이는 에너지 생산량은 $1/12^3$이나 줄었는데 몸 밖으로 나가는 에너지의 양은 $1/12^2$밖에 줄지 않았다는 것을 의미한다. 생산되는 에너지의 양보다 발산되는 에너지의 양이 더 많아진 소인국 사람은 체온을 유지하는 것이 힘들어질 것이다.

　　거인국 사람도 심각한 상황에 처하게 된다. 동물은 근육의 힘으로 무게를 지탱하는데, 근육이 낼 수 있는 힘의 세기는 근육의 단면적에 비례한다. 만일 근육 모양을 그대로 유지한 채 몸의 길이가 2배가 된다면, '면적-부피의 법칙'에 따라 근육 단면적이 2^2인 4배가 되어 힘의 세기도 4배로 커지게 된다. 거인국 사람은 걸리버보다 12배 더 크기 때문에 다리 힘의 세기는 12^2배 늘어나지만 무게는 12^3배 늘어난다. 이는 거인국 사람의 무게가 다리로 버틸 수 있는 힘의 세기보다 커진다는 것을 뜻한다. 결국 거인국 사람은 다리가 부러지거나 땅에 주저앉게 될 것이다.

　　크기는 형태를 결정하는 중요한 요인이다. 그뿐만 아니라 크기는 생명체의 생존 방식과도 연관이 깊다. 만약 ㉠『걸리버 여행기』의 등장인물들이 실제로 존재한다고 가정한다면, 소인국과 거인국 사람들은 결코 걸리버와 같은 인간의 형태와 생존 방식을 지니고 있지 못할 것이다.

1

위 글에 대한 설명으로 적절하지 않은 것은?

① 예시를 통해 독자의 이해를 돕고 있다.

② 다른 대상과의 비교를 통해 설명하고 있다.

③ 핵심 개념을 밝히면서 내용을 전개하고 있다.

④ 질문을 던짐으로써 독자의 관심을 유발하고 있다.

⑤ 전문가의 의견을 인용하여 현상의 원인을 분석하고 있다.

2

위 글을 읽고 ㉠에 대하여 추론한 내용으로 가장 적절한 것은?

① 소인국 사람은 대사 활동을 줄일수록 생존에 유리하겠군.

② 거인국 사람은 근육이 낼 수 있는 힘의 세기가 작아지겠군.

③ 소인국 사람은 가늘어진 다리로 인해 땅에 주저앉게 되겠군.

④ 거인국 사람은 비정상적으로 다리가 굵어야 걸을 수 있겠군.

⑤ 소인국 사람은 근육의 단면적을 늘려야만 움직일 수 있겠군.

　　최근 환경에 대한 관심이 높아지면서 하이브리드 엔진을 장착한 자동차가 속속 등장하여 기존의 피스톤 엔진 차량과 경쟁하고 있다. 아직까지는 대부분의 자동차가 피스톤 엔진을 장착하고 있지만 이 양상이 언제까지 이어질지는 모를 일이다. 한때 맞수가 나타나 피스톤 엔진의 아성(牙城)을 무너뜨릴 뻔한 사건이 있었기 때문이다. 그 사건의 주인공은 1960년 자동차 생산에 뛰어든 독일의 NSU 모터가 개발한 로터리 엔진이었다.

　　로터리 엔진은 피스톤의 왕복 운동으로 힘을 얻는 피스톤 엔진과 달리, 로터의 회전 운동에 의해 흡입, 압축, 폭발, 배기의 4행정을 수행한다. 즉 흡기구를 통해 들어온 연료가 로터의 회전에 의해 압축되고, 이것이 점화 플러그에 의해 폭발한 후, 연소된 가스를 배기구로 내보내는 4행정을 모두 로터가 돌면서 수행하는 것이다. 왕복 운동을 회전 운동으로 바꿔줘야 했던 과정이 생략되었으므로 로터리 엔진은 피스톤 엔진에 비해 소음이 적고 움직임도 원활했다. 또 구조도 더 간단하게 만들 수 있어 무게가 가벼워졌으며, 복잡한 부품 생산 비용도 줄일 수 있었다.

　　방켈 로터리 엔진으로 명명된 이 엔진은 시연(試演)에 성공하고 그로부터 4년 뒤 시판에 들어갔다. 그 이후 이 엔진을 장착한 차가 자동차 경주 대회에서 두 차례나 우승을 거두면서 로터리 엔진의 성능은 충분히 입증되었다. 피스톤 엔진과 달리 고속에서 소음도 들리지 않았고, 가속도 잘 되었다. 드디어 자동차의 신기원을 이룰 것이라는 기대 속에 'Ro 80'이 탄생했다. 'Ro 80'은 로터리 엔진을 장착했다는 것뿐만 아니라 디자인도 당시의 자동차와 확연히 달라 유명인들이 앞 다투어 구입하겠다고 나설 정도로 순조로운 출발을 보였다. 피스톤 엔진은 더 이상 이전의 명성을 유지하지 못할 것 같은 분위기였다.

　　그러나 복병이 있었다. 로터리 엔진은 피스톤 엔진보다 가속할 때 소음은 훨씬 적었으나 운전자의 고속 주행으로 더 많은 사고를 유발했다. 또 계속 가속하다가 별안간 엔진이 멈추는 사고도 종종 발생했다. 그러자 로터리 엔진에 대한 기대는 점차 실망으로 바뀌어 갔다. 그럼에도 불구하고 NSU 모터는 이런 문제점들에 대해 안이하게 대처함으로써 로터리 엔진의 장점을 적절히 부각시키지 못해 시장 공략에는 실패했다.

　　1970년대 들어 환경오염 문제가 사회적 이슈가 되면서 로터리 엔진은 재도약의 기회를 잡을 수도 있었다. 피스톤 엔진보다 질산화물 방출량이 적다는 이유로 친환경적이라고 평가되었기 때문이다. 하지만 로터리 엔진은 연소실 벽이 불규칙하게 마모되어 연료 소비 효율이 좋지 않은 단점이 있었다. 그러던 중에, 1973년 세계적으로 불어 닥친 석유 파동으로 인해 자동차 시장 상황이 악화되자, 로터리 엔진의 장점보다는 단점이 부각되었다. 석유 파동으로 유가가 오르자 연료를 많이 소모하는 로터리 엔진은 자연히 큰 타격을 입었다. 결국 로터리 엔진은 장점을 살리지 못하여 실패한 모델이 되고 말았다.

1

위 글을 통해 볼 때, 앞으로 '하이브리드 엔진'이 '로터리 엔진'의 실패를 되풀이하지 않기 위해 고려해야 할 점으로 옳지 않은 것은?

① 보유한 기술을 향상시키기 위한 노력을 계속해야 한다.

② 시장 상황의 변화를 분석하여 능동적으로 대처해야 한다.

③ 제품의 장점을 효과적으로 부각시키는 마케팅을 해야 한다.

④ 제품의 실용화 단계에서 발생하는 문제에 신속하게 대처해야 한다.

⑤ 잦은 디자인 교체를 지양하여 소비자가 친숙감을 갖도록 해야 한다.

2

'Ro 80'을 판매할 때, 선보였을 법한 광고 문구로 적절하지 않은 것은?

① 이제는 환경을 생각해야 할 때! 친환경적 엔진 Ro 80!

② 지긋지긋한 소음이여 안녕! Ro 80, 소음을 잡았습니다.

③ 무거운 엔진은 가라! 엔진의 무게를 잡았습니다. Ro 80!

④ 에너지는 경쟁력! 현명한 당신은 Ro 80을 선택할 것입니다.

⑤ 신속한 가속과 고속 주행! Ro 80의 거부할 수 없는 매력입니다.

한국 춤을 흔히 멋과 흥의 춤이라고 하는데, 이것은 '일상성의 자연스런 파격'과 결부해 볼 수 있다. 한 마디로 그것은 '제멋대로'의 것이어서 강한 개성이 드러난다.

청산(靑山)도 절로절로 녹수(綠水)도 절로절로
산(山) 절로 수(水) 절로 산수간(山水間)에 나도 절로
이 중(中)에 절로 자란 몸이 늙기도 절로 하리라

자연 속에서의 원초적인 해방감은, 현실 세계 속에 세상 만사를 마치 '타고 노니는' 듯한 자유로운 일탈마저 엿보게 한다. 그러나 이 일탈은 현실에서의 도피를 의미하지 않는다. 오히려 이 일탈은 단조롭고 힘겨운 일상생활을 유지할 수 있는 활력소를 제공하는 역할을 한다.

음악이나 춤에서 '타고 노니는' 구체적인 표현의 하나인 '장단을 먹어 주는' 것이나 '엇박을 타는' 것에도 어떤 일정한 규정이 있는 것은 아니다. 비교적 엄격한 틀 속에서 전래되어 온 궁중악이나 궁중 춤도 시대의 변천에 따라 또는 실현하는 사람이나 현장의 분위기에 따라 그 양상을 달리하면서 변모되어 왔다. 한국인의 미적 심성에서는 판에 박은 듯한 글씨나 그림을 높이 평가하지 않고, 도자기를 굽더라도 서로 모양이 다른 것이 나오는 것에 묘미를 느낀다. 똑같은 것을 두 번 다시 되풀이하는 것을 재미없어 하는 것이다.

같은 음악, 같은 춤을 공연하더라도 할 때마다 조금씩 다르다. 그만큼 우리 공연 예술의 특성인 일회성이 두드러진다. 또 같은 춤을 공연하더라도 고정된 것을 반복하는 녹음테이프에 맞춰 하면 춤추는 사람부터가 어딘가 어색해지고 관중도 별 흥을 느끼지 못한다. 생음악의 반주여야 하고, 그것도 춤추는 사람과 반주하는 사람이 마주 보고 눈길을 서로 주고받으며 호흡을 같이해야 제대로 판이 어우러지는 것이다. 그래서 음악과 춤이 앞서거니 뒤서거니 하면서, 때로는 음악과 춤이 전혀 제각기 제멋대로 공연되어도 좋은 것이다. 이를테면, 휘모리로 마구 몰아대는 음악 반주에 춤은 거기에 아랑곳없이 아주 느리고 태평스런 춤을 춘다든지 하는 음악과 춤의 이러한 극단적인 대비에서 오히려 역동성이 드러나고, 나아가 춤과 음악이 자유로운 불일치를 이룰 때 음악과 춤의 만남은 극치를 이루는 것이다.

이와 같은 파격적인 일탈이나 불일치는 하나의 커다란 테두리 속에 포함되어 진행됨으로써 가능한 것이며 이를 위해서는 반주자와 공연자가 '죽이 맞아' 이미 한 통속이 되어 있어야 한다.

이러한 틀은 공연 현장에서의 즉흥성을 보장해 준다. 우리는 이를 '통일적인 것 속의 다양성'이라고 할 수 있고, 전체 속에서의 부분이 전체를 대표할 수 있다는 '부분의 독자성'이라고 할 수 있다. 커다란 테두리 속의 즉흥성은 춤추는 이뿐만 아니라 보는 이에게까지 사람으로서 누릴 수 있는 최대한

의 자유로움을 보장해 준다. 한국 춤은 즉흥적이어서 놀이 충동 속에서 창조적 개성이 '놀아난다'.

1

위 글을 바탕으로 한국 춤의 특성을 설명할 때, 적절하지 않은 것은?

① 일정한 틀에 얽매이지 않는 자유로운 성격을 지닌다.

② 반주자, 공연자, 관객까지도 함께 어울릴 때 멋이 살아난다.

③ 공연자나 공연 상황에 따라 변화할 수 있는 즉흥성을 지닌다.

④ 원래 표현하고자 했던 주제에서조차 벗어날 정도로 파격적이다.

⑤ TV를 통해 보는 것보다 공연장에 가서 직접 볼 때 그 묘미를 더 잘 느낄 수 있다.

2

위 글에 대한 이해를 심화 · 발전시키기 위한 활동으로 적절하지 않은 것은?

① 서민들이 즐기던 춤에 드러난 풍자적 성격을 조사해 보았다.

② 스승과 제자의 춤 공연을 공통점과 차이점에 주목하여 감상하였다.

③ 박물관에 가서 조선시대 백자에도 파격미가 나타나는지 조사해 보았다.

④ 봉산 탈춤 대본을 읽고 난 뒤, 실제 공연을 보고 대본과의 차이점을 찾아보았다.

⑤ 동일한 소재를 다룬 한 작가의 작품들을 찾아 그 다양성에 주목하여 감상하였다.

우리가 일상생활, 특히 학문적 활동에서 추구하고 있는 진리란 어떤 것인가? 도대체 어떤 조건을 갖춘 지식을 진리라고 할 수 있을까? 여기에 대해서는 대응설, 정합설, 실용설의 세 가지 학설이 있다.

'대응설'에서는 어떤 명제나 생각이 사실이나 대상에 들어맞을 때 그것을 진리라고 주장한다. 우리는 특별한 장애가 없는 한 대상을 있는 그대로 정확하게 파악한다고 믿는다. 가령 앞에 있는 책상이 모나고 노란 색깔이라고 할 때 우리의 시각으로 파악된 관념은 앞에 있는 대상이 지니고 있는 성질을 있는 그대로 반영한 것이라고 생각한다.

그러나 우리의 감각은 늘 거울과 같이 대상을 있는 그대로 모사*하는 것일까? 조금만 생각해 보아도 우리의 감각이 언제나 거울과 같지는 않다는 것을 알 수 있다. 감각 기관의 생리적 상태, 조명, 대상의 위치 등 모든 것이 정상적이라 할지라도 감각 기관의 능력에는 한계가 있다. 그래서 인간의 감각은 외부의 사물을 있는 그대로 모사하지는 못한다.

'정합설'은 관념과 대상의 일치가 불가능하다는 반성에서 출발한다. 새로운 경험이나 지식이 옳은지 그른지 실재에 비추어 보아서는 확인할 수 없으므로, 이미 가지고 있는 지식의 체계 중 옳다고 판별된 체계에 비추어 볼 수밖에 없다는 것이다. 즉, 새로운 지식이 기존의 지식 체계에 모순됨이 없이 들어맞는지 여부에 의해 지식의 옳고 그름을 가릴 수밖에 없다는 주장이 바로 정합설이다. '모든 사람은 죽는다.'라는 것은 우리가 옳다고 믿는 명제이지만, '모든 사람' 속에는 우리의 경험이 미치지 못하는 사람들도 포함된다. 이와 같이 감각적 판단으로 확인할 수 없는 전칭 판단*이나 고차적인 과학적 판단들의 진위를 가려내는 데 적합한 이론이 정합설이다.

하지만 정합설에도 역시 한계가 있다. 어떤 명제가 기존의 지식 체계와 정합할* 때 '참'이라고 하는데, 그렇다면 기존의 지식 체계의 진리성은 어떻게 확증할 수 있을까? 그것은 또 그 이전의 지식 체계와 정합해야 하는데, 이 과정은 무한히 거슬러 올라가 마침내는 더 이상 소급할 수 없는 단계에까지 이르고, 결국 기존의 지식 체계와 비교할 수 없게 된다.

실용주의자들은 대응설이나 정합설과는 아주 다른 관점에서 진리를 고찰한다. 그들은 지식을 그 자체로 다루지 않고 생활상의 수단으로 본다. 그래서 지식이 실제 생활에 있어서 만족스러운 결과를 낳거나 실제로 유용할 때 '참'이라고 한다. 관념과 생각 그 자체는 참도 아니고 거짓도 아니며, 행동을 통해 생활에 적용되어 유용하면 비로소 진리가 되고 유용하지 못하면 거짓이 되는 것이다.

그러나 진리가 행동과 관련되어 있다는 것은, 행동을 통한 실제적인 결과를 기다려야 비로소 옳고 그름의 판단이 가능하다는 뜻이 된다. 하지만 언제나 모든 것을 다 실행해 볼 수는 없다. 또한 '만족스럽다'든가 '실제로 유용하다'든가 하는 개념은 주관적이고 상대적이어서 옳고 그름을 가리는 논리적 기준으로는 불명확하다. 바로 이 점에서 실용설이 지니는 한계가 분명하게 드러나는 것이다.

1

위 글이 어떤 과제물의 내용이라고 할 때, 주어진 과제의 제목으로 가장 적절한 것은?

① 진리 추구의 목적을 구체화하여 설명하라.
② 학문의 성립과 진리 사이의 관계를 밝히라.
③ 진리 여부의 판정이 필요한 이유들을 설명하라.
④ 학문의 발전 과정을 역사적 관점에서 정리하라.
⑤ 진리의 판단과 관련된 학설들을 구체적으로 소개하라.

2

위 글의 내용과 일치하지 않는 것은?

① 대응설에서는 사실이나 대상과의 일치 여부로 진리를 판단한다.
② 대응설은 인간의 감각이 불완전하다는 점에서 근원적인 한계를 지니고 있다.
③ 정합설에서는 경험을 통한 검증 가능성을 진리 판단의 핵심 기준으로 삼는다.
④ 정합설은 전칭 판단이나 과학적 판단의 진위를 가리는 데 유용하게 이용된다.
⑤ 실용설에서는 실제 생활에서의 유용성을 진리 판단의 기준으로 삼는다.

근대에 들어서면서 인간은 신분 질서 등과 같은 속박에서 벗어나 '개인', '자유' 등의 관념을 자각하게 된다. 하지만 새롭게 얻게 된 이 '무엇으로부터의 자유'는 '무엇에로의 자유'로 곧바로 이어지지 않았다. 근대 이전까지는 자신의 신분에 맞는 삶을 영위하면서 나름대로 안정감과 소속감을 느끼던 인간들은 자신을 둘러싼 외부 세계가 자신의 의지와는 무관하게 작용한다는 것과 다른 사람들과의 관계조차도 적대적이 되었다는 것을 느끼게 된다. 자유는 얻었지만 그로 인한 불안감과 고독감은 더욱 증대된 것이다.

근대 이후 인간들은 이러한 불안과 고독에서 벗어나기 위해 ㉠자신에게 주어진 자유로부터 도피하려는 경향을 보인다. 그중 하나가 복종을 전제로 하는 권위주의적인 양태이다. 이는 개인적 자아의 독립을 포기하고 자기 이외의 어떤 존재에 종속되고자 하는 것으로, 사라진 제1차적인 속박 대신에 새로운 제2차적 속박을 추구하는 양상을 띤다. 이것은 때로 상대방을 자신에게 복종시킴으로써 심리적 안정과 만족을 얻으려는 형태로 나타나기도 한다. 일견 대립적으로 보이는 이 두 형태는 불안과 고독으로부터 벗어나기 위한 권위주의적 양상이라는 점에서는 동일한 것이다.

도피의 또 다른 심리 과정은 외부 세계에 의해서 그에게 부여된 인격을 전적으로 받아들임으로써 자기 자신이 되는 것을 스스로 중지하는 것이다. 그리하여 그는 다른 모든 사람들과 똑같이 되고, 다른 사람들이 그에게 기대하는 것과 같은 모습이 된다. 나와 외부 세계 간의 모순은 사라지고 그와 함께 고독과 무력감을 두려워하는 의식도 사라지게 된다. 개인적 자아를 포기해버린 자동인형이 되어 주위의 다른 자동인형과 동일하게 된 인간은 더는 고독과 불안을 느낄 필요가 없다. 그러나 그는 자아의 상실이라는 매우 비싼 대가를 치르게 된다. 그는 부단히 다른 사람에게 인정받는 행위를 함으로써 자기 동일성을 유지하고자 하는 불안한 노력을 기울이게 되는 것이다.

그렇다면 자유의 속성상 인간은 불가피하게 새로운 속박으로 도피할 수밖에 없는가? 개인이 하나의 독립된 자아로서 존재하면서도 외부 세계와 합치되는 적극적인 자유의 상태는 없는가?

'자발성'은 이에 대한 하나의 해답이 된다. 사람은 자발적으로 자아를 실현하는 과정에서 자신을 외부 세계에 새롭게 결부시키기 때문에, 자아의 완전성을 희생시키지 않고 고독을 극복할 수 있는 것이다. 앞에서 살펴보았듯이 소극적인 자유는 개인을 고독한 존재로 만들며 개인과 세계와의 관계를 소원하게 만들고 자아를 약화시켜 끊임없는 위협을 느끼게 한다. 자발성에 바탕을 둔 적극적 자유에는 다음과 같은 원리가 내포되어 있다. 개인적 자아보다 더 높은 힘은 존재하지 않고 인간은 그의 생활의 중심이자 목적이라는 원리와 인간의 개성의 성장과 실현은 그 어떤 목표보다 우선한다는 원리가 그것이다. 이러한 심리적인 측면에 더하여 인간이 사회를 지배하고 사회 과정에 적극적으로 참여할 수 있는 사회적 여건이 갖추어질 때 근대 이후 인간을 괴롭히던 고독감과 무력감은 극복될 수 있다.

1

글쓴이가 위 글을 소개한다고 할 때, 그 내용으로 가장 적절한 것은?

① 시대에 따라 달라지는 부정적인 인간상을 살펴보고 바람직한 미래의 인간상을 규명하고자 하였습니다.

② 근대 이후 획득한 자유를 포기하려는 현상의 원인과 그 심리 과정을 밝히고 문제의 해결 방향을 모색하고자 하였습니다.

③ 근원적 불안과 고독감을 해결하려는 근대 이후의 노력을 제시하고 운명에 당당히 맞설 것을 촉구하려고 하였습니다.

④ 고독감과 불안감이 초래하는 부작용과 자유를 보장할 수 있는 바람직한 사회의 모습을 보여주는 데 초점을 두었습니다.

⑤ 근대 이후 나타난 부정적인 인간형의 특징을 살펴보고 근대 이전의 상황으로 복귀해야 함을 역설하고자 하였습니다.

2

㉠과 가장 유사한 속성을 지닌 현대인의 삶의 태도는?

① 집단의 이익이나 정의보다는 자기 자신의 이익이나 자기 행복만을 추구하려는 태도

② 어떤 상황에 대해 자신의 견해를 가지기보다는 언론 매체의 의견을 무비판적으로 수용하고 신뢰하는 태도

③ 어떤 일을 결정할 때 부모나 어른의 의견보다는 아이들의 요구를 먼저 고려하는 태도

④ 자신의 직업에 대해 천직 의식을 가지고 임하기보다는 자신의 발전에 유리하다고 생각되는 직업으로 전전하는 태도

⑤ 자신의 직업을 통해서 얻는 삶의 만족보다 각종 취미 활동이나 여가 생활을 통해서 얻은 삶의 즐거움을 중시하는 태도

1908년에 아레니우스(S. Arrhenius)는 지구 밖에 있는 생명의 씨앗이 날아와 지구 생명의 기원이 되었다는 대담한 가설인 '포자설'을 처음으로 주장했다. 그러나 당시 이 주장은 검증할 방법이 없었으므로 과학적 이론으로 받아들여지지 않았다. 그 후 DNA의 이중 나선 구조를 밝혀 노벨상을 받은 크릭(F. Crick)이 1981년에 출판한 『생명의 출현』에서 '포자설'을 받아들였지만, 그의 아내조차 그가 상을 받은 이후 약간 이상해진 것이 아니냐고 말할 정도였다.

지구 밖에 생명이 있다고 믿을 만한 분명한 근거는 아직까지 없다. 그럼에도 불구하고 일부 과학자들은 외계 생명의 존재를 사실로 인정하려 한다. 그들은, 천문학자들이 스펙트럼으로 별 사이에 있는 성운에서 메탄올과 같은 간단한 유기 분자를 발견하자, 이것이 외계 생명의 증거라고 하였다. 그러나 별 사이 공간은 거의 진공 상태이므로 생명이 존재하기 어렵다. 외계 생명의 가능성을 지지하는 또 한 가지 증거는 운석에서 유기 분자가 추출되었다는 것이다. 1969년에 호주의 머치슨에 떨어진 운석 조각에서 모두 74종의 아미노산이 검출된 데에서도 알 수 있듯이, 유기 분자가 운석에 실려 외계에서 지구로 온다는 것은 분명한 사실이다.

한편, 이와는 달리 운석이 오히려 지구상의 생명을 멸종시켰다는 가설도 있다. 한때 지구의 주인이었던 공룡이 중생대 말에 갑자기 멸종했는데, 이에 대해 1980년에 알바레즈(W. Alvarez)는 운석 충돌을 그 원인으로 추정했다. 이때 그는 중생대와 신생대 사이의 퇴적층인 K·T층이 세계 여러 곳에서 발견된다는 점에 주목했다. 이 K·T층에는 이리듐이 많이 포함되어 있었기 때문이다. 이리듐은 지구의 표면에 거의 없는 희귀 원소로, 운석에는 상대적으로 많이 포함되어 있다. 이를 바탕으로 그는, 중생대 말에 지름 약 10km 크기의 운석이 지구에 떨어졌고, 그에 따라 엄청나게 많은 먼지가 발생하면서 수십 년 동안 햇빛을 차단한 나머지 기온이 급강하했으며, 이로 말미암아 공룡을 비롯한 대부분의 생명이 멸종되었다고 주장하였다.

화석 연구를 통하여 과학자들은 지구 역사상 여러 번에 걸쳐 대규모의 멸종이 있었음을 알아내었다. 예컨대 고생대 말에 삼엽충과 푸줄리나가 갑자기 사라졌다. 이러한 대규모 멸종의 원인에 관해서는 여러 가설이 있는데, 운석의 충돌도 그 중 하나일 가능성을 배제할 수 없다.

오늘날에는 생명의 원천이 되는 유기물이 운석을 통하여 외계에서 왔을 가능성과, 운석으로 인해 지구상의 생명이 멸종되었을 가능성을 그대로 받아들이려는 학자들이 많다. 하지만 지구상 유기물의 생성 과정에 대해서는 의견이 일치하지 않고 있다. 그렇기에 세이건(C. Sagan)은 외계에서 온 유기물과 지구에서 만들어진 유기물이 모두 생명의 탄생에 기여했을 것이라는 절충적인 견해를 제시하기도 했다. 결정적인 증거가 발견되기까지 생명의 기원을 설명하는 가설은 앞으로도 계속해서 다양하게 제기될 것이다.

1

위 글의 내용으로 미루어 알기 어려운 것은?

① 유기 분자는 생명의 탄생에 필요한 성분일 것이다.

② 삼엽충은 운석 충돌에 의해 탄생하고 멸종했을 것이다.

③ 지구상에서 자생적으로 유기물이 생성됐을 가능성이 있다.

④ 포자설을 입증하는 결정적인 증거는 아직 발견되지 않았다.

⑤ 공룡 멸종 이후에 나타난 생물의 화석은 신생대 지층에서 발견될 것이다.

2

위 글의 논지 전개 방식을 가장 잘 설명한 것은?

① 어느 한 주장에 입각해서 다른 주장을 논박하고 있다.

② 여러 주장의 문제점을 분석한 다음 대안을 제시하고 있다.

③ 대립되는 주장을 소개한 다음 절충하여 마무리하고 있다.

④ 서로 다른 주장을 객관적으로 소개하는 데 초점을 두고 있다.

⑤ 여러 주장을 바탕으로 하여 새로운 주장을 내세우고 있다.

63빌딩과 같은 빌딩은 어떻게 강풍이나 건물의 무게를 견딜 수 있을까? 이런 의문점을 풀어 주는 여러 가지 요인 중, 주요 세 가지 개념이 곧 압축력(壓縮力), 인장력(引張力), 벤딩모멘트(bending moment)이다. 압축력은 부재(部材)*에 길이 방향으로 가해지는 힘이고, 인장력은 재료를 잡아당기는 힘이며, 벤딩모멘트는 부재를 휘려고 하는 힘이다. 사람이 서 있게 되면 무릎 관절은 압축력을 받게 되고, 철봉에 매달려 있으면 팔꿈치 관절은 인장력을 받게 된다. 다이빙 선수가 보드의 끝에 서게 되면 보드는 휘게 되는데 바로 벤딩모멘트가 작용하기 때문이다.

압축력은 건물의 위층, 또는 지붕의 하중(荷重)에 의해서 생긴다. 그리고 하중(荷重)이 커질수록 기둥의 굵기 역시 커져야 한다는 것도 직관적으로 알 수 있다. 30층의 건물이라면 30층에 있는 기둥보다 1층에 있는 기둥이 더 굵어야 한다. 주어진 기둥의 크기가 감당할 수 있는 것보다 더 무거운 하중이 실리면 당연히 건물이 무너진다. 즉 기둥에 주어지는 압축력이 기둥이 감당할 수 있는 한계치를 넘어서면 기둥이 파괴되는 것이다. 따라서 압축력을 받는 부재들은 길이가 길어지면 파괴 강도가 요구하는 것보다 굵은 재료가 사용된다. 그 결과 부재에 사용되는 재료의 양은 많아지고 건물은 더 무겁고 둔하게 보이는 것이다.

건물의 압축력을 완화시키는 데 응용되는 힘이 인장력이라고 할 수 있다. 자를 위에서 아래로 누르면 자는 휘게 되겠지만 자를 양끝으로 세게 잡아당겼을 경우에는 자는 멀쩡할 것이다. 왜냐하면 인장력에 의해 버클링(힘에 의해 휘는 현상)이 발생하지는 않기 때문이다. 인장력을 받는 부재들은 꼭 필요한 강도만큼의 굵기만 사용하면 된다. 아무리 부재의 길이가 길어도 관계가 없다. 줄과 같이 압축에 저항력을 갖지 못한 부재들은 압축력에는 전혀 저항할 수 없지만 인장력에는 꽤 쓸모 있게 저항할 수 있다. 예를 들어 다리 상판을 긴 줄로 이어 당겨주는 사장교나 현수교 같은 교량은 줄의 인장력으로 다리 상판의 압축력을 완화시킨 경우이다.

벤딩모멘트는 부재를 휘려고 하는 힘인데, 플라스틱 자를 한 손에 잡고 옆으로 당겼을 경우 자가 휘게 되는 경우를 말한다. 낚싯대에 고기가 걸리면 낚싯대가 휘게 될 경우 낚싯대가 지탱해야 하는 힘을 벤딩모멘트라고 한다. 이러한 벤딩모멘트의 특징은 부재의 길이와 지점에 따라 그 크기가 달라진다는 것이다. 즉 다이빙보드의 끝에 선수가 섰을 때 길이가 긴 보드는 짧은 것보다 더 많이 휜다. 또한 같은 길이의 부재라도 지지점에 가까울수록 벤딩모멘트의 크기가 커진다. 따라서 낚싯대의 벤딩모멘트는 낚시꾼이 손으로 잡고 있는 부분이 가장 크기 때문에 손잡이 부분이 굵게 제작되는 것이다. ㉠바람이 세게 불 경우를 대비하여 빌딩이나 건축물도 이런 원리를 참고하여 설계한다.

이상의 세 가지 힘의 종류가 어떻게 달라지느냐에 따라 건물의 디자인과 설계가 달라지고 건축에 소요되는 재료의 종류와 양이 결정되는 것이다. 63빌딩의 날렵한 모습은 바로 이런 힘이 역학적으로 조화되어 건축되었기에 세찬 바람에도 의연히 자태를 뽐내고 있는 것이다.

*부재(部材): 철재 · 목재 등 구조물에 쓰이는 재료.

1

위 글에서 언급한 내용이 아닌 것은?

① 벤딩모멘트는 어떻게 작용하는 것인가?

② 건물의 높이와 압축력은 어떤 관계가 있는가?

③ 건물의 모양과 인장력과는 어떤 관계가 있는가?

④ 건물에서 압축력과 인장력은 어떻게 작용하는가?

⑤ 인장력이 발생하는 사례에는 어떤 것들이 있는가?

2

위 글의 ㉠을 뒷받침할 수 있는 예로 적절한 것은?

① 구름다리를 설치하여 빌딩과 빌딩을 연결시킨다.

② 대부분의 도시 빌딩은 직육면체의 모양으로 지어진다.

③ 고층 건물의 엘리베이터는 건물의 중앙에 위치시킨다.

④ 건물의 기둥은 주로 둥근 원형의 모양으로 만들어진다.

⑤ 고층 건물의 경우 윗부분으로 갈수록 모양을 가늘게 설계한다.

　벽돌은 흙을 구워 만드는 재료인 만큼 그 유서도 깊다. "벽돌 두 장을 조심스럽게 올려놓기 시작했을 때 건축이 시작된다."라고 이야기하는 건축가가 있을 정도로 벽돌은 건축을 대변한다. 벽돌의 기본 의미는 '쌓음'에 있다. 벽돌을 쌓아서 이루어진 벽은 점을 찍어 화면을 채워 나가는 그림에 비유될 수 있을 것이다. 점묘파라 불리던 19세기의 프랑스 화가들이 그린 그림을 보면 그들이 막상 이야기하려고 했다는 색채나 비례 이론을 다 떠나서 우선 보는 이를 압도하는 근면함이 화면 가득 묻어난다. 벽돌 건물을 보면 이처럼 그 차곡차곡 쌓아서 만들어지는 아름다움이 가장 먼저 우리에게 다가온다.

　이 아름다움은 단지 벽돌을 쌓았다고 해서 드러나는 것이 아니다. 쌓았음을 보여 주어야 한다. 그것도 얼마나 '조심스럽게' 쌓았는가를 보여 주어야 한다. 또한 벽돌 무늬를 인쇄한 벽지를 바른 것이 아님을 보여 주어야 한다. 그 쌓음의 흔적은 줄눈*에 새겨진다. 건축가들은 시멘트 줄눈을 거의 손가락 하나 들어갈 정도의 깊이로 파낸다. 줄눈은 빛을 받으면서 그림자를 만들고 벽돌들이 '하나하나 쌓으면서 이루어졌음'을 확연히 보여 준다. 이처럼 벽돌 건물은 그 깊이감을 통해서 복잡하고 시끄러운 도심에서도 기품 있는 자태를 드러낸다.

　서울의 동숭동 대학로에는 차분한 벽돌 건물들이 복잡한 도심 속에서 색다른 분위기를 형성하고 있다. 이 건물들을 볼 때 느낄 수 있는 특징은 우선 재료를 잡다하게 사용하지 않았다는 점이다. 건물의 크기를 떠나서 창문의 유리를 제외하고는 건물의 외부가 모두 한 가지 재료로 덮여 있다. 사실 솜씨가 무르익지 않은 요리사는 되는 대로 이런저런 재료와 양념을 쏟아 붓는다. 하지만 아무리 훌륭한 재료를 쓴들 적절한 불 조절이나 시간 조절이 없으면 범상한 요리를 뛰어넘을 수 없다. 재료 사용의 절제는 비단 건축가뿐만 아니라 모든 디자이너들이 원칙적으로 동의하면서도 막상 구현하기는 어려운 덕목이다.

　벽돌 건물의 또 다른 예술적 매력은 벽돌을 반으로 거칠게 쪼갠 다음 그 쪼개진 단면이 외부로 노출되게 쌓을 때 드러난다. 햇빛이 이 벽면에 떨어질 때 드러나는 면의 힘은 가히 압도적이다. 일정하지 않게 생성되는 그림자가 이루어내는 조합이 쪼갠 벽돌의 단면과 어우러져 새로운 아름다움을 드러낸다. 또한 벽돌을 쪼갤 때 가해졌을 힘을 고스란히 느끼게 해 준다. 이런 방식으로 지어진 벽돌 건물들은 텁텁함의 아름다움과 박력을 잘 보여 준다고 할 수 있다. 이를 위해 건축가는 때때로 철거 현장과 폐허를 뒤져 뒤틀리고 깨진 벽돌만 모아서 벽을 만들기도 한다.

　이처럼 건축에 있어서 재료는 단순히 물질적 속성을 지니고 있을 뿐만 아니라 디자인의 방향을 규정한다. 건축가들의 재료 선택에는 그 재료의 물질적 속성 이외에 그 재료가 갖는 의미에 관한 성찰이 깔려 있다. 바로 이러한 성찰로 인해 건물은 단순히 쌓아 올린 벽돌 덩어리가 아니라 인간과 자연의 숨결이 살아 숨쉬는 생명체가 되는 것이다. 그리고 그 생명의 깊이를 들여다보는 것 역시 감상에서 빼놓을 수 없는 부분이다.

＊줄눈: 벽돌이나 돌을 쌓을 때, 사이사이에 시멘트 따위를 바르거나 채워 넣는 부분.

1

위 글에 제목을 붙인다고 할 때 가장 적절한 것은?

① 벽돌 건물의 정제된 아름다움과 투박한 아름다움
② 벽돌 건물, 땅에서 하늘로 치솟은 아름다움
③ 벽돌 건물의 강한 내구력과 세련된 외양
④ 벽돌 건물에 투영된 세상과 인간의 삶
⑤ 벽돌 건물의 일탈과 파격의 묘미

2

예술품에 대한 인식이 필자의 생각과 가장 가까운 것은?

① 개인이 아니라 시대 정신이 이루어 낸 것이다.
② 매체의 속성과 예술가의 안목이 결합된 것이다.
③ 예술가의 오랜 수련과 인내로부터 나온 것이다.
④ 과거의 관습을 탈피하려는 실험 정신의 소산이다.
⑤ 천재가 신(神)의 영감을 받아 만들어 낸 창조물이다.

우리는 무엇을 알 수 있으며, 어떻게 알 수 있을까? 17~18세기의 경험주의 철학자들은 이에 대한 답을 경험에서 찾으려 하였다. 하지만 그들은 경험을 통해 알 수 있는 지식의 범주에 대해서는 의견을 달리했다.

로크는 경험하기 전에 정신에 내재하는 타고난 관념을 인정하지 않았는데, 우리는 경험을 통해서만 지식을 획득한다고 보았기 때문이다. 그는 우리가 태어났을 때의 정신은 그 어떤 관념도 없는 백지와 같은 상태인데 경험을 통해 물질에 대한 감각을 지각함으로써 관념이 생긴다고 보았다. 그리고 이 관념이 지식을 형성한다고 보았다. 이러한 사고 과정을 통해 로크는 물질을 지식의 근원으로 여겨야 한다는 결론을 이끌어 내었다. 로크는 물질의 실재(實在)를 인정하고 여기에서 비롯되는 감각, 관념 등의 사고 과정과 그 과정을 주관하는 정신의 실재도 인정하였다.

버클리는 로크의 인식 분석이 오히려 물질의 실재를 부정하게 된다고 주장했다. 버클리는 우리가 경험적으로 지각하는 것은 물질 그 자체가 아니라 '감각의 다발'일 뿐이라고 했다. 예컨대 우리가 먹는 밥은 우선 시각, 후각, 촉각, 다음에는 미각, 다음에는 체내의 포만감일 뿐이다. 만일 우리에게 감각이 없다면 우리에게 밥이라는 물질이 존재하지 않는다는 것이다. 결국 우리가 인식하는 밥은 감각의 다발 또는 기억의 다발이므로 정신의 상태라는 것이다. 이렇게 되면 우리가 알 수 있는 유일한 실재는 정신만이 남게 된다.

흄은 버클리가 외부의 물질을 부정한 방식을 그대로 우리 내부의 정신에 적용하여 사고 과정을 주관하는 정신도 부정하였다. 우리는 물질에 대한 경험으로부터 비롯된 감각, 기억, 개별적 관념만 지각할 수 있을 뿐이고 사고 과정을 주관하는 정신을 지각할 수 없기 때문이다. 사고 과정을 주관하는 정신은 실체가 없기 때문에 지각의 대상이 될 수 없다고 하였다. 결국 흄은 우리가 인식할 수 있는 대상을 감각, 기억, 개별적인 관념 등의 영역으로 한정하였다.

흄은 여기에서 더 나아가 과학적 지식마저도 알 수 없다고 하였다. 과학적 지식은 관찰과 실험을 통해 얻은 개별적 사실로부터 인과 관계나 법칙을 찾아내어 체계화한 결과이다. 우리는 과학적 추리를 할 때마다 자연이 한결같다는 점을 가정하고 있는데, 그 가정은 경험하지 않은 미래의 일이기 때문에 알 수가 없다는 것이다. 우리는 인과 관계나 법칙을 지각할 수 없고 다만 경험의 직접적인 대상인 특정 사건과 그런 사건의 연속만을 지각할 수 있을 뿐이라는 것이다.

결국 흄에게 필연성을 갖고 있는 지식은 수학 공식만이 남는다. 수학 공식이 항상 참된 이유는 동어 반복—술어가 이미 주어에 포함되어 있는 것—이기 때문이다. $3 \times 3 = 9$는 3×3과 9가 동일한 것을 다르게 표현한 것이기 때문에 필연적 지식이다. 따라서 지식은 수학적 지식과 직접적 경험에 엄격히 한정되어야 한다고 보았다.

1

위 글의 표제와 부제로 가장 적절한 것은?

① 지식의 범주 – 경험주의 철학자들의 견해 차이를 중심으로

② 물질과 정신의 관계 – 경험주의 철학자 버클리를 중심으로

③ 인과 관계의 필연성 – 수학과 과학의 차이점을 중심으로

④ 경험의 의의 – 경험주의 철학에 대한 비판을 중심으로

⑤ 인식의 과정 – 서양 철학사의 흐름을 중심으로

2

위 글의 내용과 일치하지 않는 것은?

① 로크는 지식의 근원인 물질의 실재를 인정하였다.

② 로크는 감각, 관념 등의 사고 과정을 주관하는 정신의 실재를 인정하였다.

③ 버클리는 물질에 대한 감각은 물질이 아니라 정신의 영역에 속한다고 생각하였다.

④ 버클리는 경험적으로 지각하지 않아도 물질의 실재를 인식할 수 있다고 생각하였다.

⑤ 흄은 사고 과정을 주관하는 정신은 실체가 없기 때문에 지각할 수 없다고 생각하였다.

투표는 주요 쟁점에 대해 견해를 표현하고 정치 권력을 통제할 수 있는 행위로, 일반 유권자가 할 수 있는 가장 보편적인 정치 참여 방식이다. 그래서 정치학자와 선거 전문가들은 선거와 관련하여 유권자들의 투표 행위에 대해 연구해 왔다. 이 연구는 일반적으로 유권자들의 투표 성향, 즉 투표 참여 태도나 동기 등을 조사하여, 이것이 투표 결과와 어떤 상관관계가 있는가를 밝힌다. 투표 행위를 설명하는 이론은 다양한데, 대표적인 것으로 당정체성 모델, 사회학적 모델, 합리적 선택 모델 등이 있다.

당정체성 모델은 유권자가 특정 정당에 대해 가지고 있는 심리적인 애착심을 가장 중요한 요소로 보고, 이를 바탕으로 투표 행위를 설명한다. 정당에 대한 애착심은 유권자가 상당한 기간 동안 어떤 정당과 내면적으로 연결된 귀속 의식, 즉 '특정 정당에 대해 가지는 소속감'으로 정의할 수 있다. 이러한 소속감은 부모의 영향으로 가정에서 형성되며, 가장 안정적이고 장기적으로 유지되는 정치적 태도로 간주된다.

사회학적 모델은 유권자의 사회적 배경을 가장 중요한 요소로 보고, 이를 바탕으로 투표 행위를 설명한다. 이 모델은 계급, 인종, 종교, 지역 등이 정당의 핵심 요인으로 작용했던 서유럽에서 중요하게 다루어졌다. 이 모델에서는 인간은 자신이 속한 사회적 집단과 배경에 영향을 받을 수밖에 없다고 보기 때문에, 사회적으로 유사한 배경을 가진 유권자들은 투표 행위에서도 유사한 행위를 보인다고 강조한다.

합리적 선택 모델은 유권자 개인의 이익을 가장 중요한 요소로 보고, 이를 바탕으로 투표 행위를 설명한다. 이 모델에서는 인간을 자신의 이익을 극대화하기 위해 행동하는 존재로 보기 때문에, 투표 행위를 개인의 목적을 위한 수단으로 간주한다. 따라서 유권자는 자신의 이해와 요구에 부합하는 정책을 제시하는 후보자를 선택한다고 본다.

그런데 당정체성 모델은 유권자가 정당보다는 후보자 개인을 보고 투표하는 점을, 사회학적 모델은 유권자가 사회적 배경에서 벗어나 개인의 자율에 의해 투표하는 점을 설명하기 어렵다. 또한 합리적 선택 모델은 유권자도 결국 사회적 배경에서 완전히 자유로울 수 없다는 점을 설명하기 곤란하다. 하지만 투표는 개인, 사회, 정치 사이의 상호 작용에 관한 정보를 풍부하게 제공하는 원천 중 하나이기 때문에 투표 행위에 대한 연구는 여전히 가치가 있다.

1

위 글의 내용과 일치하지 않는 것은?

① 합리적 선택 모델에서는 투표 행위가 개인의 목적을 위한 수단이라고 본다.

② 사회학적 모델에서는 인간은 자신이 속한 사회적 배경에 영향을 받을 수밖에 없다고 본다.

③ 당정체성 모델에서 말하는 '소속감'은 유권자가 특정 정당의 당원이 되었을 때 갖게 된다.

④ 투표 행위는 일반 유권자가 할 수 있는 가장 보편적인 정치 참여 방식이다.

⑤ 투표 행위에 대한 연구는 일반적으로 유권자들의 투표 성향과 투표 결과의 상관관계에 주목한다.

2

위 글에서 논지를 전개하는 방식에 대한 설명으로 가장 적절한 것은?

① 화제와 관련된 이론들을 설명한 후, 그 한계를 지적하고 있다.

② 화제와 관련된 구체적 현상을 분석한 후, 기존 이론을 반박하고 있다.

③ 화제와 관련된 상반된 이론을 단계적으로 소개한 후, 그 의의를 설명하고 있다.

④ 화제와 관련된 가설을 제시한 후, 구체적 사례를 들어 그 타당성을 입증하고 있다.

⑤ 화제와 관련된 이론들을 통시적으로 고찰한 후, 각 이론들의 상호 관계를 해명하고 있다.

(가) 천문학에서 일어난 중요한 발견 중 하나는 우주가 팽창하고 있다는 것이다.

영국 천문학자 윌리엄 허긴스와 프랑스 물리학자 아르망 이롤리트 루이 피조는 빛의 스펙트럼에 나타나는 색깔들도 음파와 마찬가지로 도플러 효과를 나타낸다는 사실을 발견했다.

도플러 효과란, 파동의 발생원과 관측자의 상대 운동에 따라 음파나 빛, 전파의 진동수에 변화가 일어나는 현상을 말한다. 예를 들면, 여러분이 있는 쪽을 향해 달려오는 구급차의 사이렌 소리는 더 높은 음으로 들리는 반면, 멀어져갈 때의 사이렌 소리는 더 낮은 음으로 들린다.

허긴스와 피조는 이러한 도플러 효과에 의해 광파의 진동수가 변화하는 정도를 측정함으로써 별이 다가오거나 멀어져가는 속도를 계산할 수 있다는 사실을 알아냈다. 별이나 은하가 관측자에게서 멀어져 갈 때 그 스펙트럼에 '적색 이동'이 일어나고, 반대로 별이나 은하가 관측자를 향해 다가올 때에는 '청색 이동'이 일어난다. 허긴스는 이 방법으로 시리우스가 지구에서 초속 약 32km의 속도로 멀어져 가고 있다는 사실을 알아냈다.

허블은 이러한 발견에 기초해서 20세기 천문학의 최대 발견을 하였다. 더 먼 은하일수록 적색 이동이 더 크게 나타난다는 사실을 발견한 것이다. 다시 말해서, 멀리 있는 은하일수록 더 빠른 속도로 지구에서 멀어져 가고 있다는 것인데, 이것은 곧 우주가 팽창하고 있다는 사실을 의미한다.

(나) 우주가 현재 팽창하고 있다는 점에 대해서는 특별한 이견이 없다. 그러나 우주가 영원히 팽창을 계속할 것인가에 대해서는 전문가의 의견이 엇갈리고 있다.

한동안 천문학자들은 빅뱅 이후 계속 멀어져가는 은하단들의 속도가 점점 느려지고 있다고 생각했다. 그러나 최근에는 이것과는 반대되는 증거도 발견되었다. 빅뱅은 우주의 모든 물질을 충분한 에너지로 밀어내어 계속 팽창해 나가도록 할 가능성이 있다. 이 경우, 우주는 영원히 팽창을 계속하게 된다. 이러한 우주를 '열린 우주'라 부른다.

반면에 우주의 물질들이 영원히 팽창해 나갈 만큼 충분한 에너지로 움직이고 있지 않다면 언젠가는 우주의 팽창이 멈추고 다시 한 지점으로 수축할 가능성이 있다. 이러한 우주를 '닫힌 우주'라 부른다.

세 번째 가능성은 우주가 팽창을 계속해 가지만, 팽창 속도는 점점 느려지는 것이다. 물론 이 경우에도 우주는 팽창을 영원히 계속하게 된다. '아슬아슬하게 열린 우주'라고도 부르는 이 우주를 '평탄한 우주'라 부른다.

만약 첫 번째나 세 번째 시나리오가 우리 우주의 운명이라면, 우주는 마지막 별빛이 꺼질 때까지 계속 팽창하며 식어갈 것이다. 그러면 우주에는 죽은 별들의 잔해가 엄청나게 먼 간격으로 여기저기 산재해 있을 것이다. 이렇게 차갑게 식은 상태로 죽은 우주를 '빅 칠(Big Chill)'이라 부른다.

반면에 두 번째 시나리오가 우리 우주의 운명이라면, 우주는 언젠가는 수축을 시작하여 다시 한 지점으로 모이게 되는데, 이것을 '빅 크런치(Big Crunch)'라 부른다. 그런데 우주의 모든 물질이 수축하여 무한히 작고 밀도가 높은 한 점에 모인다면 거기서 다시 빅뱅이 시작될 가능성도 있다.

1

위 글로 미루어 짐작할 수 있는 사실이 아닌 것은?

① 우주는 항상 일정한 속도로 팽창해 왔다.

② 20세기 이전에는 우주가 팽창한다는 것을 몰랐다.

③ 은하 간의 거리와 서로 멀어지는 속도는 비례한다.

④ 팽창을 계속할수록 우주의 온도는 점점 낮아질 것이다.

⑤ '적색 이동' 현상은 도플러 효과를 활용하여 설명할 수 있다.

2

(가)와 (나)에 대한 설명으로 가장 적절한 것은?

① (가)와 (나) 모두 자신의 주장을 드러내고 있다.

② (가)와 (나) 모두 특정 이론의 잘못된 점을 지적하고 있다.

③ (가)는 현상의 문제점을 지적하고, (나)는 해결 방안을 제시하고 있다.

④ (가)는 상반되는 여러 가지 주장을, (나)는 일반적 견해를 소개하고 있다.

⑤ (가)는 현재까지 밝혀진 사실을 제시하고, (나)는 미래의 가능성을 예측하고 있다.

(가) 일반 하천·해협 또는 다른 교통로 위를 건너갈 수 있도록 만든 고가 구조물을 교량(橋梁)이라고 한다. 장대교는 교량 가운데 교각과 교각의 거리인 경간이 200m가 넘는 것을 말한다. 사장교와 현수교는 장대교에 적합한 형식의 교량으로, 외관이 수려하여 한 지역을 대표하는 토목 구조물로서 역사적·문화적 가치가 큰 구조물이다.

(나) 사장교와 현수교는 교량 가설이 필요한 공간에서 교각을 설치할 수 없는 경우에 무엇인가로 보강이 필요하다는 극히 자연스러운 생각에서 발생한 것으로 2개의 주탑을 세우고, 케이블로 다리 상판을 지탱하는 매달기식 교량형식이다. 이런 점에서 두 교량은 외관상 흡사하지만 사장교는 현수교에 비해 외관이 수려하고 주행 시 비교적 개방감이 있으며 주변 환경에 따른 변형이 용이하다. 경제적인 면에서도 현수교와 비교하여 저렴하다.

(다) 사장교는 교각 위에 세운 주탑에서 비스듬히 내려 드리운 케이블로 다리 상판을 직접 매단 구조물이다. 주탑의 높이는 교량의 무게를 지탱하기 위한 케이블의 개수와 관련하여 비례적으로 높아진다. 주탑에 거는 케이블의 배치 형태는 방사형, 하프형을 거쳐 부채형으로 발달하였다.

㉠방사형은 케이블의 길이가 짧고 단순하여 안정적이지만 케이블이 주탑의 한 곳에 묶여 있어 교체가 곤란하다. 하프형은 하프의 현처럼 케이블이 평행으로 배치된 형태로 방사형보다 케이블을 묶는 주탑의 정착구에 여유가 있고 아름답지만 주탑의 부담이 커져 장대교에는 부적합하다. 방사형과 하프형이 조합된 형태인 부채형은 케이블에 부가되는 힘을 주탑의 일정 구간에 분산시킬 수 있어 안정적이고, 케이블의 교체도 쉽고 외형 또한 아름다워서 장대교에 적합한 방식이다.

(라) 주케이블이 포물선 모양을 하고 있는 현수교는 장대교에 가장 많이 사용되는 교량 형식이다. 교량이 시작되는 지면의 양쪽 끝에 별도의 거대한 구조물인 앵커리지를 만들어 주케이블을 고정하고, 이 주케이블에 여러 개의 수직 케이블을 연결하여 다리 상판을 지탱하는 현수교는 안전하고 설계가 간단한 장점이 있다. 그러나 거대한 규모의 앵커리지를 시공해야 할 경우 미관이 좋지 않고 지반 조건이 좋지 않은 경우에는 공사비가 비싼 경향이 있다.

(마) 한편 장대교를 하천이나 해상에 설치할 경우에 교량을 받치는 교각은 유수의 흐름을 원활히 할 수 있는 넓적한 모양의 벽식 교각이나 둥근 형태의 타원형 교각을 주로 사용한다. 이 때 교량의 높이는 교각의 높이로 결정된다. 그리고 해상 사고가 발생할 경우를 대비하여 교각을 보호하기 위한 안전시설을 교각 주변에 설치하여야 한다.

1

(가)~(마)의 중심 내용으로 적절하지 않은 것은?

① (가) : 장대교의 정의와 종류
② (나) : 사장교와 현수교의 공통점과 차이점
③ (다) : 사장교의 구조적 특징
④ (라) : 현수교의 한계와 보완점
⑤ (마) : 장대교 교각의 형태와 안전시설

2

㉠과 문제 해결 과정이 가장 유사한 것은?

① 작년 가을에 보니 사과가 10월 말이 되자 땅으로 떨어져 상품 가치가 떨어져 손해를 보았다. 그래서 올해에는 10월 중순에 사과를 모두 수확하여서 출하하였다.

② 알약으로 된 비타민제는 휴대가 간편하고 비타민이 함유된 과일은 먹는 재미가 있다. 그래서 평소에는 과일을 먹고 여행을 갈 때는 비타민제를 가지고 다녔다.

③ 가슴이 두꺼운 사람은 폐활량이 커서 운동 경기할 때 지구력이 좋다고 알려져 있다. 그래서 축구 선수 지원자 중에서 가슴이 두꺼운 사람을 1차에서 먼저 선발하였다.

④ 인구는 많은데 산업 시설이 부족한 나라가 경제적인 어려움을 겪고 있었다. 그래서 교육에 대한 투자 증대를 통해 훌륭한 기술 인력을 양성하여 해외 취업의 길을 열었다.

⑤ 내연 기관은 출력이 좋으나 오염 가스가 배출되고, 전기 엔진은 오염 가스 배출이 없으나 출력이 적다. 그래서 오염 가스 배출도 적고 출력도 좋은 연료 절약형 하이브리드 엔진을 개발하였다.

18세기 조선에서는 진경산수화가 유행하였다. 진경산수화는 우리나라의 산하를 직접 답사하고 화폭에 담은 산수화이다. 무엇보다 진경(眞景)은 대상의 겉모습만을 묘사하지 않고, 대상의 본질을 표현한 그림임을 강조한 말이다. 하지만 대상의 본질에 대한 이해는 작가에 따라 다르게 나타났다.

이 시기의 대표적인 작가인 겸재 정선은 중국의 화법인 남종문인화 기법을 바탕으로 우리 산하를 주체적으로 그려내었다. 성리학에 깊은 이해를 가졌던 겸재는 재구성과 변형, 즉 과감한 생략과 과장으로 학문적 이상과 우리의 산하에 대한 감흥을 표현했다. 또한 겸재는 음과 양의 조화를 화폭에 담고자 했다.

〈구룡폭도〉에서 물줄기가 내 눈 앞에서 쏟아지는 듯한 감흥을 표현하기 위해 겸재는 앞, 위, 아래에서 본 것을 모두 한 그림에 담아냈다. 폭포수를 강조하기 위해 물줄기를 길고 곧게 내려 긋고 위에서 본 물웅덩이를 과장되게 둥글게 변형하였다. 그림을 보는 이들이 폭포수의 감흥에 집중할 수 있도록 실재하는 폭포 너머의 봉우리를 과감히 생략했다. 절벽은 서릿발 같은 필선을 통해 강한 양의 기운을 표현한 반면 절벽의 나무는 먹의 번짐을 바탕으로 한 묵법을 통해 음의 기운을 그려냈다.

진경산수화의 새로운 전기를 마련한 이는 단원 김홍도이다. 국가의 공식 행사를 사실대로 기록하는 화원이었던 단원은 계산된 구도로 전대에 비해 더욱 치밀하고 박진감 넘치는 화풍을 보였다. 그는 초상화에 인물을 사실적으로 묘사하여 인물의 정신까지 담아내려고 한 것처럼 대상의 완벽한 재현으로 자연에서 느낀 감흥에 충실하려고 하였다. 특히 중국을 거쳐 들어온 서양화법 중 원근법, 투시법 등을 수용해 보다 사실적인 경치를 그려내었다.

정조의 명을 받아 단원이 그린 〈구룡연〉은 금강산의 구룡폭포를 직접 찾아가 그 모습을 담은 것이다. 흘러내리는 물줄기, 폭포 너머로 보이는 봉우리, 폭포 앞의 구름다리까지 사진을 찍은 듯이 생략 없이 그렸다. 과장과 꾸밈이 없이 보이는 그대로의 각도로 그린 것이다. 그리고 절벽 바위 하나하나의 질감을 나타내기 위해 선의 굵기와 농담에 변화를 주어 입체감 있게 표현하였다.

진경산수화는 우리나라의 산천이 곧 진경이라는 당시 사람들의 생각을 담고 있는 소중한 전통인 것이다. 우리 산하를 진경으로 표현함에는 우리 국토에 대한 애정, 우리 문화에 대한 자긍심이 담겨 있다. 이러한 진경산수화는 19세기 여러 작가들에게 영향을 미쳤다.

1

위 글의 서술 방식에 대한 설명으로 적절한 것은?

① 작가 의식과 작품을 연관 지어 서술하고 있다.

② 작품의 독창성을 문답 형식으로 설명하고 있다.

③ 작품에 대한 여러 관점의 이론을 상호 비교하고 있다.

④ 화풍의 변천과정에서 나타난 문제점을 제시하고 있다.

⑤ 작품의 예술성을 전문가의 평을 근거로 강조하고 있다.

2

위 글을 통해 알 수 있는 내용으로 적절하지 않은 것은?

① 겸재는 성리학자로서 자신의 학문적 이상을 화폭에 담으려고 하였다.

② 단원은 실재하는 경치의 감흥을 사실적인 묘사로 표현하고자 하였다.

③ 진경산수화는 서양 화법의 영향 없이 우리 고유의 화법으로 그려졌다.

④ 진경산수화는 우리 산하에 대한 관심이 높아진 시대 분위기를 반영하고 있다.

⑤ 겸재와 단원은 필선과 농담의 변화를 통하여 대상의 본질을 표현하고자 하였다.

공상 과학 영화 속의 사이보그를 보면, 인간과 똑같이 생겼을 뿐만 아니라 인간이 하듯 스스로 생각하고 행동한다. 그렇다면 그들을 인간이라고 보아도 되는 것인가? 과연 인간을 인간이 아닌 것, 즉 비인간과 구분 지을 수 있는 고유의 인간성이라는 것이 존재하는 것인가?

17세기 데카르트는 동물과 인간의 몸은 유사하지만, 동물과 달리 인간에게는 영혼이 존재하며 생각할 수 있는 능력이 있다고 보았다. 그는 이렇게 정신과 육체를 분리함으로써 동물과 인간을 구분 지을 수 있다고 본 것이다. 이러한 관점에서 인간은 자유롭고 주체적인 의식을 지닌 유일한 존재로서 그 우월적 지위에 대한 확신을 가질 수 있었다. 물론 이러한 관점은 19세기 유물론이나 진화론 등이 대두되면서 흔들리기도 했지만, 실제 삶 속에서 인간이 아닌 존재가 인간의 우월성을 크게 위협할 수 있는 상황이 나타나지는 않았다.

그런데 20세기 이후 고유의 인간성을 인정했던 관점은 과학 기술의 비약적 발전에 따라 근본적인 문제에 직면하게 되었다. 기계 장치의 이식이나 유전자 변이에 의해 강화된 능력을 소유하고 있는 새로운 존재, 소위 '포스트휴먼'이 등장하면서 고유의 인간성에 대한 의문이 제기되기 시작한 것이다. 이미 인공팔과 인공망막 등이 신체에 이식되고 있으며, 앞으로 인공 지능의 개발로 생각할 수 있는 컴퓨터가 등장하고, 더 나아가 기계 인간인 사이보그가 등장하리라 예상되고 있다. 이에 따라 인간과 인간이 아닌 것의 경계가 흐릿해지고, 이제 인간은 자신의 영역 안으로 깊숙이 들어오고 있는 포스트휴먼의 존재를 부정하거나 무시할 수 없는 현실을 맞게 된 것이다.

처음에는 인간이 과학 기술을 바탕으로 기계를 만들었지만, 이제 인간은 자신이 만든 기계 환경에 맞추어 갈 수밖에 없는 존재가 되어가고 있다. 기계는 이제 더 이상 인간의 도구로서만 존재하지 않고, 인간의 의식에 관여하고, 더 나아가 인간의 삶의 방식 자체를 변화시킬 가능성이 높아졌다. 이렇게 된다면 기계에 대한 인간의 배타적 우월성을 당연하게 받아들이기는 어려워질 것이다.

포스트휴먼의 등장은 그동안 고유의 인간성을 인정해 왔던 관점에 대해 진지한 성찰을 요구하고 있다. 이러한 성찰이 인간의 배타적 우월성을 유지하기 위해 인간을 인간이 아닌 것과 구분하는 또 다른 기준을 찾아야 한다는 것으로 귀결되어서는 안 된다. 포스트휴먼에 관한 논의는 인간과 인간이 아닌 것을 구분해 왔던 관점 자체에 대한 근본적인 재고를 요구하고 있다.

1

위 글에 대한 설명으로 적절한 것만을 〈보기〉에서 있는 대로 고른 것은?

〈보기〉

ㄱ. 특정 관점에 대해 비판적 태도를 취하고 있다.

ㄴ. 대상과 관련된 상반된 이론들을 절충하고 있다.

ㄷ. 가설을 세운 후 구체적인 사례를 들어 논증하고 있다.

ㄹ. 현실에 대한 진단을 바탕으로 미래 상황을 예측하고 있다.

① ㄱ, ㄴ   ② ㄱ, ㄹ   ③ ㄴ, ㄷ   ④ ㄴ, ㄹ   ⑤ ㄷ, ㄹ

2

위 글에 나타난 글쓴이의 견해를 바르게 이해한 것은?

① 과학 기술의 발달로 인해 비인간이 인간을 지배하는 암울한 사회가 도래하게 될 것이다.

② 인간과 비인간을 구분 짓기보다는 그러한 시도 자체에 내재한 문제를 인식해야 한다.

③ 인간은 끊임없는 성찰을 통하여 비인간과 구분되는 속성을 찾아내야 한다.

④ 포스트휴먼의 등장으로 인간은 기계에 대한 우월성을 확보하게 될 것이다.

⑤ 합리적 사고 능력은 인간을 인간답게 만들어 줄 것이다.

기업들은 이익의 극대화를 위해 끝없이 경쟁한다. 이러한 경쟁의 전략으로 한 기업이 다른 기업을 인수하거나 다른 기업과 합치는 방법이 있는데 이를 기업인수합병이라고 한다. 이는 기업 간의 결합 형태에 따라 수평적, 수직적, 다각적 인수합병으로 나눌 수 있다.

먼저 수평적 인수합병은 같은 업종 간에 이루어지는 인수 합병이다. 예를 들면 두 전자 회사가 결합하여 하나의 전자 회사가 되는 경우이다. 일반적으로 수평적 인수합병이 이루어지면 경쟁 관계에 있던 회사가 결합하여 불필요한 경쟁이 줄고 이전보다 큰 규모에서 생산이 이루어지게 되므로 인수합병한 기업은 생산량을 늘릴 수 있게 된다. 이러한 과정에서 규모의 경제※가 실현되면 생산 단가가 낮아져 가격 경쟁력이 증가하고 이를 통해 제품의 시장점유율이 높아질 수 있다. 그러나 수평적 인수합병 이후에 독과점으로 인한 폐해가 일어날 경우, 이는 규제의 대상이 되기도 한다.

수직적 인수합병은 동일한 분야에 있으나 생산 활동 단계가 다른 업종 간에 이루어지는 인수합병이다. 이러한 수직적 인수합병은 통합의 방향에 따라 전방 통합과 후방 통합으로 나눌 수 있다. 예를 들어 자동차의 원자재를 공급하는 기업과 자동차를 생산하는 기업이 인수합병하는 경우, 자동차를 생산하는 기업이 자동차의 원자재를 공급하는 기업을 통합하면 후방 통합이고, 자동차의 원자재를 공급하는 기업이 자동차를 생산하는 기업을 통합하면 전방 통합이 된다. 이렇게 수직적 인수합병이 이루어지면 생산 단계의 효율성이 증가하여 거래비용이 감소하고, 원자재를 안정적으로 공급할 수 있다는 장점이 있지만, 인수합병한 기업 중 특정 기업에 문제가 발생할 경우, 기업 전체가 위험해질 수 있다는 단점도 있다.

마지막으로 다각적 인수합병은 서로 관련성이 적은 기업 간의 결합이다. 예를 들면 한 회사가 전자 회사, 건설 회사, 자동차 회사를 결합하여 하나의 회사를 만드는 경우이다. 이러한 경우 만약 건설 회사의 수익성이 낮더라도 상대적으로 높은 수익성이 기대되는 다른 회사를 통해 위험을 분산시킨다면 기업의 안정된 수익성을 유지할 수 있다는 장점이 있다. 그러나 기업이 외형적으로만 비대해질 경우, 시장에서 높은 수익을 내기에는 한계가 있을 수도 있다.

기업은 인수합병을 통해 사업의 규모를 확대할 수 있다. 그러나 경우에 따라서는 인수합병을 통한 외적인 성장에만 치우쳐 신기술 연구 등과 같은 내적 성장을 위한 투자에 소홀할 수 있다. 또한 인수합병 과정에서 많은 직원이 해직되거나 전직될 수도 있고 이로 인해 조직의 인간관계가 깨지는 등 여러 문제가 발생할 수 있기에 인수합병은 신중하게 이루어져야 한다.

※규모의 경제: 생산 요소 투입량의 증대(생산 규모의 확대)에 따른 생산비 절약 또는 수익 향상의 이익.

1

위 글의 내용 전개에 대한 설명으로 가장 적절한 것은?

① 기업인수합병에 대한 사회적 통념을 비판하고 기업인수합병이 가지는 의의를 밝히고 있다.

② 기업인수합병에서 쟁점이 되는 부분을 보여 주고 이를 시간의 흐름에 따라 설명하고 있다.

③ 기업인수합병의 개념을 살펴보고 기업인수합병의 유형을 나누어 그 특징을 설명하고 있다.

④ 기업인수합병에 대한 상반된 견해의 문제점을 각각 지적하고 기업인수합병의 새로운 방법을 제시하고 있다.

⑤ 기업인수합병이 이루어지기 위해 필요한 조건을 분석하고 이러한 조건들의 현실 적용 가능성을 검토하고 있다.

2

위 글을 통해 알 수 있는 내용으로 적절하지 않은 것은?

① 기업은 인수합병을 통해 이익의 극대화를 꾀할 수 있다.

② 기업은 수직적 인수합병을 통해 생산 단계의 효율성을 높일 수 있다.

③ 기업이 다각적 인수합병을 한 경우 위험을 분산하여 안정된 수익성을 유지할 수 있다.

④ 기업은 수평적 인수합병을 통해 경쟁 관계에 있던 기업과 결합하여 불필요한 경쟁을 줄일 수 있다.

⑤ 기업은 수직적 인수합병을 통해 서로 다른 분야에 있으나 생산 활동 단계가 같은 업종끼리 결합할 수 있다.

과학 혁명과 과학의 절대성

과학을 경험적 사실로부터 도출된 객관적 지식의 체계로 보는 생각은 오늘날 상식처럼 널리 받아들여지고 있다. 이러한 과학관의 일반화는 과학 혁명으로부터 비롯된다. 과학 혁명은 16세기부터 19세기까지 유럽에서 과학자들에 의해 세계관이 혁명적으로 바뀐 일련의 사건을 일컫는다.

과학 혁명은 폴란드의 수학자인 코페르니쿠스 신부가 종래의 우주 모델을 뒤엎는 천문학 이론을 발표하면서 막이 올랐다. 그 당시에는 프톨레마이오스의 지구 중심적 천문학이 부동의 권위를 누리고 있었다. 천동설을 무려 1500여 년 동안이나 신봉했기 때문에 코페르니쿠스의 지동설은 당시 사회에 엄청난 충격을 주었다. 지동설을 발전시킨 과학자는 갈릴레이이다. 그는 로마 교황청에 고발되어 일흔 살 때인 1633년 종교 재판에 회부되는 고난을 겪는다. 그는 실험과 관찰에 기반을 둔 과학 활동을 하였다. 결국 그런 활동은 종교와 신앙에 바탕을 두었던 전통적 세계관을 근본적으로 흔들게 되었다.

과학 혁명의 대미를 화려하게 장식한 인물은 역사상 가장 위대한 과학자로 평가되는 영국의 뉴턴이다. 그는 코페르니쿠스와 갈릴레이가 완성하지 못한 문제를 완벽하게 해결했다. 뉴턴은 세 가지 간단한 운동 법칙과 만유인력의 법칙으로 태양, 항성, 행성, 혜성 등 하늘에 있는 모든 것의 운동을 설명했을 뿐만 아니라, 조수의 간만에서 사과의 낙하에 이르기까지 땅 위에서 볼 수 있는 모든 운동 문제를 해결했다. 하늘의 것과 땅의 것이 서로 다른 법칙을 따르지 않는다는 사실이 밝혀진 셈이다. 뉴턴에 의해 근대 역학이 완성됨에 따라 서양 과학자들은 자연에 대한 자신들의 지식이 유일하고 최종적인 것이라고 여겼다. 특히 19세기 말의 과학자들은 전자기학과 열역학에서 발견된 법칙들이 뒤엎어질 가능성은 없다고 낙관했다.

그러나 20세기에 기존의 물리학 개념으로는 도저히 이해할 수 없는 새로운 이론이 제안됨에 따라, 뉴턴의 물리학은 옛 것이라는 뜻에서 고전 물리학이라고 불리게 되었다. 고전 물리학을 정면으로 거부한 새로운 물리학은 상대론과 양자 역학이다. 상대론은 천재적인 물리학자 알버트 아인슈타인의 머리에서 나온 반면에 양자역학은 여러 나라의 위대한 과학자들, 이를테면 프랑크, 보어, 슈뢰딩거 등의 연구로 기틀을 잡았다. 상대론은 우주의 거대한 차원을 대상으로 하는 반면 양자역학은 원자 이하의 미시적 차원에서 접근했다.

2백 년 이상 절대적인 진리로 받아들여지던 뉴턴의 역학이 아인슈타인의 상대론에 의해 붕괴됨에 따라, 비관적인 과학론이 대두되었다. 과학 혁명을 통해 가졌던 확신, 그러니까 자연에 대한 과학적 지식을 지속적으로 축적할 수 있다고 믿었던 생각이 얼마나 어리석었는지 깨닫게 되었기 때문이다. 과학자들은 어떠한 과학 이론도 자연을 완벽하게 설명할 수 없으며, 앞으로 새로운 과학적 지식이 끊임없이 발견될 것이라는 결론에 도달한 것이다. 20세기 과학자들은 양자 역학이 상대론보다 더 위력적으로 고전 물리학의 개념 체계를 뒤엎는 것을 지켜보면서 자연에 대한 인식 능력의 한계를 뼈저리게 실감할 수밖에 없었다. 상대론과 양자 역학은 과학을 절대적인 가치도 없고 확실성도 없는 지식 체계로 만들어 버린 것이다.

1

위 글의 내용을 이끌어 낼 수 있는 질문으로 가장 적절한 것은?

① 과학 혁명의 시작은 언제일까?
② 현대 물리학의 과제는 무엇인가?
③ 과학에서 관찰과 실험이 얼마나 중요한가?
④ 과학에서 불변의 법칙은 존재할 수 있을까?
⑤ 고전 물리학과 현대 물리학의 차이는 무엇인가?

2

다음 〈보기〉를 참고하여 학생들이 이 글과 관련하여 나눈 대화로 적절하지 않은 것은?

〈보기〉

패러다임은 다양한 관념을 서로 연관시켜 질서 지우는 체계나 구조를 일컫는다. 하나의 패러다임 지배 아래 이루어지는 과학적 활동을 정상 과학이라 한다. 패러다임에 위기가 찾아오면 이를 극복하기 위한 새로운 패러다임을 모색하게 되는데, 그것이 다시 정상 과학으로 되기까지의 활동을 이상 과학이라 한다. 과학의 역사는 일관된 축적·진보·발달의 역사라기보다 몇몇 패러다임이 교대하는 역사라 할 수 있다. 그리고 이러한 패러다임 교대 현상을 과학 혁명이라고 한다.

① 고전 물리학은 패러다임이 형성되지 못한 시기의 과학이야.
② 과학 혁명이라는 말은 특정 시대에 한정된 표현이 아니겠군.
③ 이상 과학은 새로운 패러다임이 정착되기까지의 활동이라고 볼 수 있군.
④ 과학 혁명은 이상 과학이 정상 과학으로 인정되면서 이루어지는 거야.
⑤ 기존의 패러다임도 언젠가는 새로운 패러다임으로 대체될 수 있다는 말이군.

'해수담수화'란 해수에 용해되어 있는 염분을 제거하여 담수를 얻는 일련의 작업 과정을 말한다. 담수화의 방식 중 '증발법'은 해수를 끓여 발생한 수증기를 응축시켜 담수를 얻는 방법이다. 이는 가장 오래된 담수화 방식이며 지금도 세계 담수화 생산 용량의 약 70%를 차지하고 있다.

현재 사용되는 증발식 담수화 기술 중 가장 널리 사용되는 것은 '다단 플래시 방식'인데 이것은 병렬식으로 이어진 각각의 증발실에서 이루어지는 증발과 응축을 통해 담수를 얻는 기술이다. 다단 플래시 방식에서 담수화의 기본적인 과정은 크게 3단계로 구분할 수 있다.

먼저 해수가 해수관을 따라 이동하고 가열되는 단계이다. 해수관은 각 증발실의 내부와 히터를 거쳐 첫 증발실로 다시 연결되는데 이 해수관을 따라 이동하던 해수는 증발실 내부의 열에 의해 점차 온도가 상승한다. 그후 히터에 의해 가열되어 해수는 그 온도가 더욱 높아진다.

두 번째로는 히터를 거쳐 뜨거워진 해수가 해수관을 따라 증발실 내부로 분출되면서 증발이 이루어져 해수 중의 담수 성분이 분리되는 단계이다. 여기에는 '플래시 증발'의 원리를 사용한다. 일반적으로 액체에 가해지던 ㉠압력이 갑자기 큰 폭으로 낮아지면 액체의 끓는 점이 낮아지게 되고, 이에 따라 순간적인 증발이 일어나게 되는데 이를 플래시 증발이라 한다. 즉, 좁은 해수관을 흐르던 해수가 상대적으로 넓은 증발실 내부로 분출되면서 압력 차에 의해 해수의 일부가 증발하여 수증기가 되는 것이다.

마지막으로는 증발실 내부의 수증기를 응축시키는 단계인데, 이 과정을 통해 담수를 얻게되는 것이다. '플래시 증발'에 의해 발생한 수증기가 증발실 내부를 통과하는 해수관의 표면에 닿게 되면 액체로 응축되는데 이는 상대적으로 차가운 해수가 흐르고 있는 해수관의 표면에 열을 빼앗기기 때문이다. 이후 응축된 담수는 증발실 내부의 격리된 막을 통해 따로 모아져서 증발실 밖으로 이동하게 되고 증발실 내부에 남은 해수는 관을 통해 다음 증발실로 이동하여 두 번째와 세 번째 단계를 반복하게 된다.

증발실 한 개를 1단으로 볼 때, 보통 '다단 플래시 방식'은 20단 이상으로 설계하는 경우가 많으며 이와 같은 과정을 거쳐 증발과 응축이 일어나기 때문에 짧은 시간 내에 많은 양의 담수를 얻을 수 있는 방법으로 알려져 있다. 다만 첫 증발실을 통과한 이후에는 점차 해수의 온도가 낮아지므로 플래시 증발이 계속 발생하게 하기 위해서는 첫 증발실에서 다음 증발실로 갈수록 증발실마다 내부의 압력을 낮추어야만 한다. 또한 각 증발실에서 다음 증발실로 해수가 이동하는 시간을 조절하는 등의 추가적인 기술이 필요하다.

1

위 글을 통해 답을 확인할 수 있는 물음이 아닌 것은?

① 가장 오래된 담수화 방식은 무엇인가?

② 다단 플래시 담수화 방식의 장점은 무엇인가?

③ 증발식 담수화 기술의 기본 원리는 무엇인가?

④ 증발실마다 압력을 조절해야 하는 이유는 무엇인가?

⑤ 증발실로 이동하는 담수의 속도를 조절하는 이유는 무엇인가?

2

㉠과 유사한 일상생활 속의 사례로 가장 적절한 것은?

① 에탄올은 물에 잘 섞이는 반면에 기름은 물과 잘 섞이지 않는다.

② 높은 산은 기압이 낮아서 평지보다 낮은 온도에서 물이 끓는다.

③ 옷장 속 나프탈렌은 오랜 시간이 지나면 크기가 작아진다.

④ 사이다 병의 마개를 열면 사이다에서 기포가 발생한다.

⑤ 향수 냄새는 겨울철보다 여름철에 멀리 퍼져나간다.

(가) 예술이란 무엇인가? 예술과 비예술을 구별할 수 있는 근거는 무엇인가? 이러한 물음은 미학 사에서 가장 오랜 역사를 가진 중요한 물음 중의 하나이다. 19세기까지 대표적인 예술론이 되어 왔던 모방론과 표현론은 모든 형태의 예술에서 찾아볼 수 있는 공통적 속성으로서 각기 모방과 표현을 들고 있다. 이 이론들이 가정하고 있는 바는 모든 예술에 공통적인 본질이 존재해야 예술로 불릴 수 있다는 것이다. 20세기 중반부터 이러한 본질주의적 시각에 대한 재검토가 활발하게 일어났는데, 디키(G. Dickie)는 이러한 본질주의적 관점과는 다른 각도에서 새롭게 예술의 정의를 시도하였다.

(나) '예술' 또는 '예술 작품'이라는 말은 문맥에 따라 다양한 의미로 사용되는데, 디키는 그 중 대표적인 두 가지를 분류적 의미와 평가적 의미라고 말한다. 예술 작품의 분류적 의미란 '예술 작품'이라는 말의 일차적이고 기본적인 의미를 가리킨다. 이것은 가치 중립적인 것으로 어떤 사물이 예술 작품들의 집합에 속한다는 사실을 단순히 지적하는 것이다. 반면 사람들은 일반적으로 예술 작품에는 당연히 아름다움이 있는 것으로 생각하는 경향이 있는데, 이는 바로 '예술'을 평가적 의미에서 규정하고 있는 것이다.

(다) 분류적 의미의 예술은 매우 기본적인 개념이기 때문에 일상적으로 우리가 분류적인 의미로서 '예술'이라는 말을 쓰는 경우는 흔치 않다. 하지만 현대의 예술 작품들 중에는 눈으로 보아서는 예술인지 아닌지 구별하기가 어려운 작품들이 많기 때문에 예술 작품과 그것이 아닌 것을 구분하기 위하여 분류적 의미를 사용하게 된다. 이러한 디키의 정의는 현대의 다양한 예술 현상에서 탄생한 작품들이 예술인지 아닌지를 결정할 때 의미가 있다.

(라) 분류적 의미에서 예술에 대한 디키의 정의는 '인공성(artifactuality)'과 '감상의 후보로서의 자격 수여'라는 두 가지의 필요 조건으로 구성되어 있다. 우선 첫 번째 요건으로 디키는 모든 예술 작품은 인공적인 사물의 조건을 갖추고 있어야 한다고 본다. 즉 분류적 의미에서 어떤 대상이 예술 작품이라고 할 때에는 적어도 그 대상이 인공품들 중의 어떤 것이어야 한다는 것이다. 그렇다면 디키의 이러한 주장은 어떻게 이해해야 할까? 디키가 말하는 '인공성'이란 기존의 인공품이나 자연물을 물리적인 힘으로 가공하지 않고도 예술가에 의해 예술로서 취급되어 미술 전시회라는 새로운 맥락 안에 놓이면 획득하게 되는 것이다.

(마) 예술 작품의 둘째 필요 조건은 ㉠감상의 후보로서의 자격 수여에 관한 것이다. 이 조건은 예술 작품이 제도적 존재라는 인식에서 나온 것인데, 여기서 제도적 존재란 어떤 제도에 의해 일정한 기준과 절차에 따라 수여된 자격이나 지위를 지칭하는 것이다. 예술계는 음악, 문학, 조각, 연극, 회화 등의 체계로 이루어져 있고, 각 체계에 속하는 대상들에게 예술의 자격을 부여하기 위한 고유의 제도적인 배경을 가지고 있다. 이 예술계에 의해 감상 후보로서의 자격이 수여되어야 비로소 예술 작품이 되는 것이다. 따라서 좋은 예술이건 나쁜 예술이건 관계없이 가치 중립적이고 분류적인 의미에

서 모든 예술 작품에 대해 정의하고자 했던 디키는 실제의 감상이 아니라 감상의 '후보'라는 잠재적 가능성을 예술 작품의 필요 조건에 포함시켰던 것이다.

1

각 단락에 대한 설명으로 적절하지 않은 것은?

① (가) : 새로운 시각에서 예술의 의미를 정의하고 있다.

② (나) : 분류적 의미와 평가적 의미의 개념을 설명하고 있다.

③ (다) : 분류적 의미의 설정이 갖는 의의를 제시하고 있다.

④ (라) : '인공성'의 의미를 규정하고 있다.

⑤ (마) : '감상의 후보에 대한 자격 수여'의 뜻을 설명하고 있다.

2

㉠과 같은 용어를 사용한 이유로 가장 적절한 것은?

① 예술 작품에 대한 사람들의 통념을 염두에 둔 것이다.

② 예술적 수준에 이르지 못한 작품을 염두에 둔 것이다.

③ 물리적인 변형을 가하지 않은 작품을 염두에 둔 것이다.

④ 예술 작품으로서의 자질이 부족한 작품을 염두에 둔 것이다.

⑤ 예술 작품에 대한 감상 능력이 부족한 사람들을 염두에 둔 것이다.

정답 · 해설

정답표

번호	1	2	번호	1	2	번호	1	2	번호	1	2	번호	1	2
001	⑤	⑤	002	④	④	003	④	⑤	004	③	②	005	③	②
006	②	①	007	④	③	008	①	②	009	③	②	010	②	⑤
011	②	⑤	012	⑤	⑤	013	④	③	014	④	①	015	③	⑤
016	⑤	⑤	017	③	④	018	③	③	019	①	②	020	④	④
021	④	①	022	⑤	④	023	③	①	024	⑤	③	025	⑤	④
026	①	④	027	⑤	②	028	④	②	029	①	②	030	⑤	④
031	⑤	②	032	③	②	033	①	①	034	④	④	035	④	①
036	①	①	037	②	③	038	⑤	③	039	⑤	⑤	040	③	⑤
041	②	③	042	④	⑤	043	⑤	⑤	044	①	③	045	①	④
046	③	⑤	047	①	⑤	048	④	③	049	③	①	050	⑤	①
051	③	⑤	052	③	②	053	②	③	054	②	③	055	③	①
056	①	②	057	④	⑤	058	②	③	059	②	②	060	⑤	③
061	③	④	062	②	②	063	⑤	③	064	①	①	065	②	①
066	③	③	067	②	③	068	①	⑤	069	③	④	070	②	③
071	③	③	072	④	⑤	073	⑤	④	074	③	③	075	③	①
076	②	③	077	①	②	078	③	②	079	①	⑤	080	①	④
081	⑤	③	082	②	⑤	083	⑤	④	084	⑤	④	085	④	①
086	⑤	③	087	②	②	088	②	④	089	③	⑤	090	①	②
091	①	④	092	③	①	093	①	⑤	094	④	⑤	095	①	③
096	②	②	097	③	⑤	098	④	①	099	⑤	②	100	①	①

001 성선설과 성악설
[출처] 인간의 본성은 악한가_ 손영식

1. 제시문의 결론은 마지막 문장에 요약적으로 제시되어 있다. 즉, 성선설과 성악설은 '단순히 인간이란 어떠하다는 인간론을 넘어서'는 문제로서, '어떤 계층의 권력 장악을 옹호하는 이데올로기이기 때문에 중요'한 것이다. 따라서 독자들은 이 글을 통해서 인간 본성에 대한 올바른 이해가 사회 문제를 해결하는 데에 중요한 단서를 제공한다는 사실을 깨달을 수 있다. 정답 ⑤.

2. ㉠에 대한 반론의 근거는 바로 그 다음 문단에서 찾을 수 있다. 성악설은 '인간은 악하다.'라고 보기 때문에 사회나 국가를 인간이 이끌어서는 안 된다는 것이다. 성악설의 관점에서는 지식인도 악한 본성을 가진 인간이므로 국가를 이끌어서는 안 된다고 할 수 있다. 정답 ⑤.

002 자원 분배 체계로서의 호혜
[출처] 시장 못지않은 호혜의 역할_ 이헌창

1. 3문단에 '시장은 소득 분배의 형평을 보장하지 못할 뿐만 아니라, 자원의 효율적 배분에도 실패했다.'는 구절이 있다. 따라서 '시장이 완벽한 자원 분배 체계로 자리잡았다.'라고 한 것은 글의 내용과 일치하지 않는 것이다. 정답 ④.

2. 제시문의 시작 부분에는 '시장', '재분배', '호혜'의 개념이 제시되어 있다. 그리고 '호혜'의 특성을 다른 두 개념과 비교하면서 설명하고 있다. 오늘날 분배 체계의 핵심이 되는 시장의 한계를 말하면서, 호혜가 이를 보완할 수 있는 분배 체계임을 설명하고 있다. 나아가 호혜가 행복한 사회를 만들기 위해 필요한 것임을 강조하면서 그 가치를 말하고 있다. 정답 ④.

003 과학은 가치중립적인가?
[출처] 현대 사회와 과학_ 김영식

1. (마)는 (라)에 이어서 과학의 가치 중립성에 대한 오해의 예를 하나 더 들면서, 이를 반박하는 부분이다. 그러므로 (마)는 "진통제를 다량 주사하면 통증 없이 죽게 된다는 과학적 지식이 안락사의 결론을 내리는 것이 아니라 생명의 연장과 고통의 제거 중에서 선택은 의사가 함"으로 요약해야 한다. 정답 ④.

2. 글쓴이의 궁극적인 주장이 명시적으로 드러나 있지 않기 때문에 각 단락의 중심 화제나 그에 대한 글쓴이의 생각들을 확인하고 나서 이를 종합해서 추리해야 한다. 글쓴이가 궁극적으로 제시문을 통해 하고자 하는 말은 현대 사회의 문제에 대한 책임을 과학에 돌리는 것은 잘못이므로 고쳐야 한다는 것으로 추리할 수 있다. 정답 ⑤.

오답 피하기 ①현대 사회의 문제와 과학의 관계에 관한 글이라는 것은 맞지만 과학의 발전으로 현대 사회 문제를 해결해야 한다는 내용은 글쓴이의 의도가 아니었다. ②는 제시문에서 다뤄지지 않은 내용이며 ③과 ④는 제시문 속의 하위 제재를 가지고 엉뚱한 방향으로 글쓴이의 의도를 추리한 것이다.

004 클라우드
[출처] 클라우드 혁명_ 찰스 밥콕

1. ①은 1문단, ②는 4문단과 5문단, ④는 5문단, ⑤는 3문단과 4문단에 언급되어 있다. 정답 ③.

2. 클라우드를 '그린IT 전략'으로 볼 수 있는 것은 남는 서버를 활용하고 개인 컴퓨터의 가용률을 높여 자원을 유용하게 활용하기 때문이다. 정답 ②.

005 우리 전통 건축의 특성과 의의
[출처] 우리 옛 건축과 서양 건축의 만남_ 임석재

1. 제시문은 한국 전통 건축에서, 기둥이 보여주는 미(未)가공성을 통해 전통 건축의 특성과 의의를 밝히고 있다. 정답 ③.

오답 피하기 서양의 해체주의 건축은 전통 건축의 특성을 보다 확실히 하기 위한 비교의 대상으로 제시된 것이므로 ⑤는 중심 내용이 될 수 없다.

2. 글쓴이는 전통 건축 사상에서 현대 사회의 문제를 해결할 수 있는 새로운 의미를 발견해내고 있다. 곧 전통을 현재와 관련하여 창조적으로 수용하는 태도를 보이고 있다. 정답 ②.

006 역사는 무엇을 기록하는가?

[출처] 역사를 어떻게 볼 것인가_ 강만길

1. 2문단과 5문단에서 각각 '무엇이 기록해 둘 만한 중요한 문제인가? '무엇이 역사가 되는가?'라고 물음을 제시하고는 이에 대한 답으로 필자의 의견을 제시하고 있다. 정답 ②.

2. 제시문에 의하면 역사는 역사가에 의해 후세에도 계속 참고가 될 만한 사실이라고 인정되어 기록된 것이다. 역사는 지난날에 일어난 수많은 일들이 아니라 지난날 인간 사회에서 일어난 일들 중 누군가에 의해 중요한 일이라고 인정되어 뽑혀진 것이다. 정답 ①.

007 폭력기술 자동차

[출처]] 간디의 물레_ 김종철(재구성)

1. 자동차로 인한 교통 혼잡과 체증 현상 때문에 사람들이 불편을 겪는다는 점과 자동차가 생태계 파괴의 주범이라는 점을 강조하였으므로, 글의 화제는 자동차의 문제점이 된다. 정답 ④.

2. 필자가 주장하는 교통 체증은 자동차와 도로 간의 문제이므로, 양보 운전에 대한 홍보를 비판의 논거로 제시하는 것은 적절하지 않다. 정답 ③.

오답 피하기 ①은 2문단의 '자동차의 소유와 운전을 제한하는 어떤 강제적인 방법을 생각할 수도 없다.'고 한 부분을, ②는 2문단의 '자동차 사회를 뒷받침하고 있는~불편은 필연적이다.'라고 한 부분을, ④, ⑤는 5문단에서 제시된 글쓴이의 주장을 비판하는 논거가 된다.

008 빛의 분산과 빛의 산란

[출처] 빛과 파동 흔들기_ 한국물리학회

1. 빛이 대기층을 이동하는 것과 관련된 정보는 제시문에 제시되어 있으나 '대기층의 종류'(성층권 등)에 대한 내용은 나타나 있지 않다. 정답 ①.

2. 1문단에서 빨간빛의 파장이 가장 길며, 보랏빛의 파장이 가장 짧다고 하고 있다. 이를 통해 보랏빛이 붉은빛보다 파장이 짧다는 사실을 알 수 있다. 정답 ②.

오답 피하기 ④보랏빛은 파장이 짧기 때문에 산란이 많

이 된다. ⑤태양빛을 프리즘에 통과시키면 보랏빛은 파장이 짧기 때문에 굴절이 많이 되어 일반적으로 가장 아래에 위치하게 된다.

009 나노 기술의 이해

[출처] 나노 기술의 중요성과 미래_ 신성철

1. 3문단의 내용에 의하면, 나노 물질의 제조 기술 중 상향식 방법은 원자나 분자의 결합력을 이용한 자기 조립 현상을 이용하여 나노 입자를 제조하는 방법이다. 정답 ③.

2. 제시문 전체의 내용과 ㉠에는, '나노 모터'를 이용하여 만든 로봇이 스스로 판단하고 제어하면서 독립적으로 임무를 수행할 것이라는 추측을 할 수 있는 근거가 제시되어 있지 않다. 정답 ②.

오답 피하기 ①'나노 모터'가 몸 속의 ATP를 연료로 구동된다는 설명을 통해서 확인할 수 있다. ③'나노 모터'가 단백질로 만들어졌다는 설명을 통해 추측할 수 있다. ④나노 크기의 로봇이므로, 분자 수준의 상태까지 조절하는 일이 가능할 것이라고 추측할 수 있다.

010 누드화와 예술 사조의 수용

[출처] 근대 미술 60년의 좌표_ 원동석

1. 글쓴이는 '김인승'의 그림은 특정한 수요층의 요구에만 영합하기 위해 만든 것으로, 우리 사회의 일반 정서를 파고들지 못했다고 지적하고 있다. 따라서 이 작품이 보편성을 획득했다고 진술하는 ②는 제시문의 내용과 어긋난다. 정답 ②.

2. 제시문에서 중요하게 다루어지고 있는 것은 예술의 형성과 예술 사조의 수입에 대한 글쓴이의 관점이다. 하나의 예술 형식은 특정한 역사적 현실 속에서 형성되며, 예술 형식을 받아들일 때는 그러한 이면의 것들도 충분히 이해해야 함을 강조하고 있다. 그러나 우리의 화가들은 누드를 통해 현실을 표현하지 못했고, 바탕에 깔린 이데올로기도 제대로 이해하지 못했으므로 비판의 대상이 되는 것이다. 정답 ⑤.

011 인간의 욕망과 도덕적 과제
[출처] 욕망의 훈련_ 최병태

1. 제시문은 '왜 욕망의 통제가 필요한가?'에 대해 해명한 것이다. 욕망의 통제가 필요하다고 주장했으면 구체적으로 욕망의 통제는 어떻게 해야 하는가에 대한 해명이 뒤따르는 것이 일반적이고 논리적인 순서이다. 정답 ②.

2. 제시문에 따르면, 욕망의 통제가 필요한 이유는 사회적으로 허용되지 않는 욕망이 있기 때문이다. 무엇이 도덕적으로 옳은 것인지를 알고 있으면서도 자기의 욕망에 이끌려 비도덕적인 행위를 하는 경우가 있기 때문인 것이다. 따라서 답지 중에서 이런 경우를 찾으면 ⑤가 된다. 정답 ⑤.

오답 피하기 ①아예 무엇이 옳은 것인지 알지 못하는 경우이다. ②도덕적인 선악을 판단할 필요도 없고 할 수도 없는 문제이다. ③도덕적인 선악을 따지기 어렵고 자신의 욕망 때문에 한 행동이라고 보기 어렵다.

012 전자 민주주의
[출처] 사이버 세상에서 정치하기_ 김영일

1. 제시문은 정치와 관련해서 정보 통신 기술의 발달이 지니고 있는 가능성을 밝힌 뒤, 이에 대한 올바른 대응 자세를 촉구하는 글이라고 할 수 있다. 정답 ⑤.

2. (나)를 보면 대의제 민주주의의 가장 큰 특징은 절차적 공정성 확보와 국민의 직접 참여 제한이라는 점을 알 수 있다. 그리고 (다)와 (라)를 보면, 정보 통신 기술의 발달은 바로 참여 제한의 문제점을 보완할 수 있는 가능성을 지니고 있음을 알 수 있다. 따라서 전자 민주주의는 대의제 민주주의의 절차적 공정성을 보완하기 위한 것이 아니라, 대의제 민주주의의 참여 제한이라는 문제점을 보완할 수 있는 것이라고 할 수 있다. 정답 ⑤.

오답 피하기 ①(가)에 나와 있는 민주주의의 근본 원리에 해당한다. ②(다)의 뒷부분에서 확인할 수 있다. ③(나)의 첫 문장에 언급되어 있다. ④(나)의 중심 내용이다.

013 유전자와 인간

1. 제시문의 내용에 의하면, 현재의 유전자 연구 수준은 유전자의 위치나 염기서열을 밝힌 것이 일부 있을 뿐이며, 3000여 종류의 유전병 중에서 일부만의 원인 유전자를 찾는 정도에 머물고 있음을 알 수 있다. 또, 유전자 연구 수준이 높아진다고 해서 유전병을 치료할 수 있는지도 언급되어 있지 않으며, 어떻게 치료하는지도 제시문을 통해선 알 수 없다. 정답 ④.

2. 2문단을 보면, 쌍생아들을 대상으로 한 연구는 '유전적 요인이 인간의 성격 형성에 지대한 영향을 미친다는 심증을 굳히게 하였다.'라고 언급되어 있다. 이 논지를 뒷받침하려면, 유전자가 동일한 경우 환경이 달라도 성격이 흡사해야 할 것이며, 유전자가 다를 경우에는 환경이 동일해도 성격은 달라야 한다는 내용이어야 한다. 정답 ③.

014 신기전의 구조와 원리
[출처] 하늘을 나는 우리나라 최초의 로켓병기 '주화'와 '신기전'_ 박재광

1. 대신기전은 실제 전투 상황에서 화차를 이용하여 한 번에 100발을 쏠 수 있었다. 점화선에 불을 붙여 추진력이 생겨나면 연기와 불꽃을 일으키며 적진을 향해 날아가 폭발하게 된다. 연기와 불꽃, 폭발음 등은 적군에게 상당한 공포감을 주었을 것이다. 또한 야간 전투 시에는 불꽃이 어둠을 밝혀 적진을 파악하는 데 도움이 되었을 것이다. 발화통은 적진에 거의 다가갔을 무렵이나 도중에 폭발하여 내장되어 있던 쇳조각이 사방으로 흩어지며 적군에게 치명적인 상처를 주어 큰 효과를 거두었을 것으로 보인다. 그러나 신기전의 몸체인 대나무의 아래 부분에 달린 날개는 신기전이 목표를 향해 안정적으로 날아갈 수 있게 하는 역할을 하는 것으로 목표물에 명중하도록 겨냥하는 데 도움을 준 것은 아니다. 정답 ④.

2. 신기전이 발사되는 원리는 작용과 반작용의 원리로 설명할 수 있다. 약통의 화약이 타면서 발생하는 연소 가스가 약통의 아래 부분에 뚫어 놓은 구멍을 통해 분사되면서 작용과 반작용의 원리에 의해 추진력이 생긴다. 고무풍선을 불었다가 입구 부분을 잡았던 손을 놓으면 바람이 다시 빠져나오면서 추진력

이 생겨나게 되는데, 이 실험을 통해 작용과 반작용의 원리를 쉽게 설명할 수 있다. ①은 작용과 반작용의 원리이다. 정답 ①.

오답 피하기 ②, ④는 관성의 법칙, ③은 가속도의 원리, ⑤는 질량에 의한 가속도의 원리이다.

015 조각의 공간적 특성과 입체성
[출처] 미술관 밖의 미술 이야기_ 강홍구

1. 제시문은 조각품의 입체적 성격을 평이한 진술과 적절한 사례를 통해 기술한 설명적인 글이다. 특히 조각의 입체성을 느끼기 위해서는 조각의 실공간과 허공간, 그리고 충분한 감상 공간의 확보를 전제로 하고 있는데, 피라미드는 그런 관점에서 보면 넓은 사막이 피라미드의 조형적 미를 드러내는 데 기여하고 있으므로 공간 배치가 잘못되었다는 ③은 잘못된 진술이다. 정답 ③.

2. ④는 외부적 환경을 중시하라는 의미가 잘못되었는데, 뒤에 나오는 표면 효과보다는 입체 효과를 강조한 로댕의 말을 생각해 보면 쉽게 파악할 수 있다. ⊙은 조각의 입체성을 강조하기 위해 로댕이 한 말을 인용한 구절이다. 정답 ⑤.

016 신화의 이해

1. 제시문은 신화의 개념, 신화에서의 상상력의 의미와 효용, 신화의 공통적 속성과 민족적 특성 등을 다루고 있다. (다)에서 신화가 과거에는 우주 만물에 대한 이해의 매개체로, 현재는 문학적 상상력의 재료로 사용되고 있다고 했으므로 ⑤는 글의 내용을 반대로 이해한 것이다. 정답 ⑤.

오답 피하기 ①은 (나)의 뒷부분에서, ②는 (나)의 앞부분에서, ③은 (라)에서, ④는 (마)에서 각각 확인할 수 있다.

2. (마)를 요약하면, '신화에는 인류 보편의 속성과 개별 민족 특유의 속성이 함께 나타난다.'이다. 다시 말해 신화가 현재 모습을 갖게 된 원인을 분석하는 문단이 아니다. 정답 ⑤.

오답 피하기 ①'화수분 단지', '혼자 도는 맷돌' 이야기가 인간의 욕망을 반영하듯이 신화는 사람들의 원망(願

望)을 반영한다. ③신화의 상상력은 창조적 상상력, 생산적 창조력으로 이어진다. ④'환상성'은 황당무계한 것이 아니라 창조력이다.

017 접속의 시대 문화의 상업화
[출처] 제레미 리프킨의『소유의 종말』번역 후기_ 이희재

1. 정보 통신의 급속한 발달이 문화의 상업화를 가속시키고 있다는 것이 이 글의 내용이다. 그렇다고 해서 정보 통신 기술의 발달이 문화 산업이라고 하는 새로운 분야를 생기게 한 것은 아니다. 이전에도 관광, 스포츠, 예술 등의 문화 산업이 있었다. 정답 ③.

2. 글쓴이가 생각하는 문화의 상품화에 대응하는 바람직한 자세는 마지막 문단에 집약적으로 드러나 있다. 획일화된 문화에 빠져들지 않고, 다양성을 유지하도록 노력해야 한다는 것이다. 문화의 다양성을 지키기 위해서는 문화를 단순한 소비 상품이 아니라, 자신의 삶의 일부로 받아들이는 자세를 가져야 한다. 정답 ④.

018 뇌 세포의 진화
[출처] 뇌 세포는 왜 재생되지 않는 시스템으로 진화해 왔나?_ 이은희

1. 제시문에서는 뇌의 신경 세포가 분열할 능력이 있는데도 불구하고 교세포가 방해 물질을 내어 분열과 재생을 가로막는 시스템으로 진화해 온 이유를 설명하고 있다. 정답 ③.

2. 여러 내용이 뒤섞이지 않게 비디오테이프의 녹화 탭을 떼어 다른 내용이 녹화되지 않게 방지하는 것은 신경 세포가 분열하여 회로가 엉망이 되지 않도록 교세포가 방해 물질을 분비하는 것에 비유할 수 있다. 정답 ③.

019 HDD와 SSD
[출처] 하드디스크를 대체하는 고속의 보조기억장치 SSD_ 김연우

1. 2문단에서는 HDD가 느린 이유에 대해 설명하고 있을 뿐이지 HDD의 발전 역사에 대해 설명하고 있는 것은 아니다. 정답 ①.

2. 2문단 'HDD는 원형의 자기디스크를 물리적으로 회전시키며 데이터를 읽거나 저장하기에, 자기디스크를 아무리 빨리 회전시킨다 해도 반도체의 처리 속도를 따라갈 수 없다. ~ 이 때문에 HDD의 동작 속도는 그렇지 못했다.'라는 정보를 통해 파악할 수 있다. 정답 ②.

020 사진, 세계와 관계 맺는 통로
[출처] 미술관 밖의 미술 이야기_ 강홍구

1. 제시문은 사진이 정지된 한 순간의 이미지를 담은 기록물이지만 상징성이 매우 강하여 우리로 하여금 세상에 대하여 다양한 생각을 할 수 있게 해 준다는 요지를 담고 있다. 이를 글쓴이는 '세계와 관계를 맺는 통로'라는 말로 표현하고 있다. ④는 사진을 통해서 세계에 대하여 생각할 수 있다는 가능성과 그 근거(즉, 사진의 속성)를 밝힌다는 의미로서, 글의 중심 내용을 가장 적절하게 표현했다고 할 수 있다. 정답 ④.

2. 사진을 '상형 문자'라고 말할 수 있는 것은, 사진과 상형 문자가 여러 측면에서 공통점을 지니기 때문에 가능하다. 그 공통점들은 ㉠의 앞부분에 언급되어 있듯이, 이미지를 담은 기록물이고, 이미지를 기호 형태로 저장하며, 심리적 특성을 지니고, 영상의 형태를 지니고 있다는 것 등이다. 그러나, 상형 문자는 과학 기술 발전의 산물은 아니므로, ④는 그 공통점에 포함시킬 수 없다. 정답 ④.

021 사르트르 실존주의

1. 제시문은 사물, 나, 타자에 대한 설명을 바탕으로 '사르트르 실존주의의 특성과 의의'를 서술하고 있다. 정답 ④.
오답 피하기 ①2, 3문단의 일부분에 '인간과 사물의 차이점'이 언급되어 있지만, 전체 내용을 아우르지 못하므로 부제로 적절하지 않다. ②'사르트르 실존주의의 발생 배경'은 1문단에 국한되어 있기 때문에 표제로 적절하지 않다. ③'사르트르 실존주의의 변천 과정'에 대한 내용은 확인할 수 없다. ⑤'사르트르 실존주의의 주요 개념과 한계'는 표제로 적절하지만, '자유와 책임의 상호 관계를 중심으로' 서술되어 있지

않기 때문에 부제로 적절하지 않다.
2. 2문단을 보면, 연필은 그 존재가 본질로부터 나온다. 즉, 사물의 존재는 본질에서 나오기 때문에 사물의 본질은 존재에서 나온다는 표현은 사르트르의 관점과 거리가 멀다. 정답 ①.
오답 피하기 ②사르트르는 번민의 원인이 되는 자유로부터 도피하고 싶은 욕망이 생길 수 있다고 보았다(3문단). ③사르트르는 세계의 모든 존재를 '의식'의 유무를 기준으로 '사물 존재'와 '인간 존재'로 양분하였다(3문단). ④사르트르는 인간은 의식이 있는 존재이기 때문에 '대자존재'이며(3문단), 타인의 시선으로 규정되는 존재이기 때문에 '대타존재'라고 여겼다(4문단). ⑤사르트르는 나와 타자가 맺는 관계를 갈등과 투쟁이라고 보았다(5문단).

022 법의 이해
[출처] 청소년의 법과 생활_ 법무부

1. 법은 공익을 실현하기 위해 사회 구성원들이 동의하였을 때에만 발휘된다는 제시문의 내용을 통해 ⑤의 설명은 적절하지 않음을 알 수 있다. 정답 ⑤.
2. 죄형법정주의는 법률로 정해둔 범죄만 처벌한다는 원칙으로 법률이 없으면 처벌을 할 수가 없다. 따라서 '법률이 없으면 범죄도 없고 형벌도 없다'는 말이 죄형법정주의와 관련이 있다고 볼 수 있다. 정답 ④.

023 뉴턴과 아인슈타인의 중력 이론
[출처] 상식 밖의 과학사_ 이영기

1. 뉴턴은 만유인력의 개념을 도입하면서 중력을 물체와 물체를 끌어당기는 힘이라고 보았는데 아인슈타인은 중력을 '공간의 휘어짐'이라고 주장했다는 것이다. 따라서 이런 내용을 가장 잘 반영하고 있는 ③이 소제목으로 적절하다. 정답 ③.
2. 마지막 문단의 '블랙홀처럼 무거운 물질이 있는 태양계 밖의 우주 공간에서는 아인슈타인의 이론이 아니면 해석할 수 없는 일들이 발생한다.'로 보아, 매우 무거운 물질이 존재하기 때문이라고 할 수 있다. 정답 ①.

024 엘리베이터 군(群)관리시스템
[출처] 더블데크 행선층 예약 시스템_ 박희천 · 천홍렬

1. 식당에서 대기 손님에게 미리 주문을 받아 음식을 종류별로 조리하여 시간을 단축시키는 것은 미리 행선지를 입력하고 행선지별로 승객을 분류하여 엘리베이터를 효율적으로 운영하는 방식과 유사하다. 정답 ⑤.
2. 4문단을 통해 보조군제어기는 주군제어기가 이상이 감지되었을 때에만 작동함을 알 수 있으므로 ③은 적절하지 않다. 정답 ③.

025 한국 전통 춤의 특성
[출처] 멋과 신명의 소맷자락_ 채희완

1. ①은 3문단의 한국춤의 자유분방함은 엇박을 탄다는 대목에서, ②는 4문단에서 한국춤의 선은 버선발의 선과 유사한 속성을 지닌다는 부분에서, ③은 2문단에서 한국춤의 묘미는 긴장과 이완의 속성을 지닌다는 부분에서, ④는 한국인은 일회성을 즐기는 속성이 있다는 5문단의 진술에서 잘 나타나 있다. 정답 ⑤.
2. 제시문에서는 한국의 미적 심성으로 일회성을 강조하고 있다. 〈보기〉의 내용은 연극도 일회성과 즉흥성을 바탕으로 연기자가 연기를 이끌어 가는 특성을 보여주는 대목이다. 정답 ④.

026 올바른 사관과 역사가의 태도
[출처] 역사가의 사명_ 차하순

1. 제시문은 '역사가의 사관'이라는 추상적 문제를 '지도'와 '여행자', '통나무 속의 디오게네스', '환관의 객관성', '흠 잡을 데 없는 완성품' 등과 같은 다양한 비유적 표현을 활용하여 이해를 돕고 있다. 정답 ①.
2. 제시문은 역사가는 문제 의식을 갖고 역사를 바라보는데, 이 문제 의식이 사관이며, 사관 형성의 요건으로 정직성과 금욕주의, 현실의 관점에서 과거를 해석할 수 있는 안목 등을 소개하고 있다.따라서 제시문은 '올바른 사관을 갖기 위한 역사가의 태도'에 관한 글이라 볼 수 있다. 정답 ④.

027 영상 매체와 이미지
[출처] 우리말 우리글_ 전국국어교사모임

1. 제시문에서는 먼저 이미지의 개념을 정리한 후, 이미지의 긍정적인 측면과 부정적인 측면을 대비적으로 분석하고, 마지막 단락에서 주체적으로 이미지를 수용할 것을 주장하고 있다. 정답 ⑤.
2. ②의 다큐멘터리 프로그램은 현실 문제에 대한 관심을 높이고 사회의식을 고취시킬 수 있는 교양적 성격이 강한 프로그램이므로 현실의 삶을 그대로 반영하는 성격이 강한 관계로 이미지가 현실을 왜곡하고 있다는 전제와 맞지 않다. 정답 ②.

028 과학 방법과 한계
[출처] 과학이란 무엇인가_ 곽영직

1. 제시문에서 글쓴이는 과학에 대한 올바른 이해를 위해 유의해야 할 사항 두 가지에 대해 언급하고 있다. 첫째는 과학은 무조건 옳으며 정확하다고 생각하는 사람들의 잘못된 편견이나 선입견이 잘못된 것이며, 둘째는 과학적 방법에 따른 결론에도 오류가 있을 수도 있음을 인정해야 한다는 것이다. 과학을 이해하기 위해서는 이러한 한계를 인정해야 한다고 했기에 두 항목을 모두 포괄할 수 있어야 한다. 정답 ④.
오답 피하기 ②과학적인 결론을 얻기 위한 방안이 아니라, 과학적인 결론은 합리적인 과정에 따라 나온 것이지만 이것마저도 한계가 있다고 했다.
2. 과학 방법에 충실했다는 것은 2문단에 제시되어 있다. 즉, 과학이냐 아니냐 하는 것은 결론이 아니라 과정에 의해서 결정되어야 한다고 했으며, 그 결론이 유도되는 과정이 합리적일 때 과학적이 된다고 했다. 정답 ②.
오답 피하기 ④과학은 무엇이 진리인지를 가려낼 능력과 방법이 없기에 그 결론이 참이냐 거짓이냐에 따라 과학의 여부를 결정할 수는 없다고 했다.

029 열차의 안전장치
[출처] 철도공학의 이해_ 서사범

1. 제시문은 안전거리를 확보하면서도 운행 간격을

줄이고 운행 속도를 높이는 것이 열차 운행의 중요한 과제임을 밝히고, 이를 실현하기 위한 다양한 안전장치의 종류와 작동 원리를 설명하고 있다. 정답 ①.

2. '자동폐색장치'는 궤도회로를 이용하여 열차 위치에 따라 신호를 자동으로 제어하는 장치이다. 정지 신호를 오인하여 발생하는 충돌 사고를 예방하는 것은 '자동열차정지장치'이다. 정답 ②.

030 조선시대 초상화의 특징
[출처] 미술관 밖의 미술 이야기_ 강홍구

1. 4문단의 앞부분에서 왕의 초상화는 '어진도사도감'이라는 관청에서 화원이 그렸다고 하였다. 정답 ⑤.

2. ㉠은 살아 있는 왕을 그린 것이고, ㉡은 왕이 죽은 후 추정에 의해서 그렸다고 하였다. ㉠과 ㉡ 중에서 왕의 실제 모습이 더 잘 드러나려면 아무래도 실제적 관찰이 이루어진 후 그린 그림일 것이라고 판단할 수 있겠다. 정답 ④.

오답 피하기 ①도사라고 하여도 오래 관찰하였다고 볼 수 없다. ②왕의 사후에 그렸다고 하였지 바쁘다고 하여 추정해서 그린 것이 아니다. ③원본을 근거 자료로 그린다고 하였다.

031 공포증
[출처] 불안 버리기_ 최주연

1. (마)는 공포증을 겪는 사람들의 상황 해석 방식과 공포증에서 벗어나는 방법이 핵심 화제이다. 공포증을 겪는 사람들의 행동 유형은 나타나 있지 않다. 정답 ⑤

2. '와이너'의 이론을 적용하면, 상황의 해석 방식에 따라 공포증이 생길 수도 있고 그렇지 않을 수도 있으며, 공포증이 지속될 수도 있고 공포증을 극복할 수도 있다. 그런데 공포증이 생겨 지속되더라도 상황을 해석하는 방식을 바꾸려고 노력하면 공포증에서도 벗어날 수 있다. 정답 ②.

032 정보화와 민주주의의 발전
[출처] 정보화와 민주주의_ 김성국

1. 제시문에는 정보 통신 기술의 발달이 민주주의의 발전에 어떤 영향을 줄 것인가에 대한 의견은 제시되어 있으나, 그 반대의 방향, 즉 민주주의의 성장이 정보 통신 기술의 발달에 어떤 영향을 미칠 것인가에 대한 정보는 제시되어 있지 않다. 정답③.

2. 글쓴이는 (가)와 (나)에서 정보화와 민주주의라는 화제를 제시한 후, (다)와 (라)에서 정보화와 민주주의의 관계를 밝히는 두 가지 주장, 즉 낙관론과 비관론을 대비시켜 설명하고 있다. (마)에서는 두 주장을 절충하면서 독자의 바람직한 행동 방식에 대해 지적하고 있다. 정답 ②.

033 면역 시스템과 킬러 T세포
[출처] 킬러 T세포_ 이정아

1. 제시문은 우리 몸의 면역 시스템에 대해 설명하고 있다. 특히 킬러 T세포에 주목하여 여러 방식으로 내용을 전개하고 있다. 그러나 기존 이론을 보완한 새 이론을 소개하고 있지는 않다. 정답 ①.

오답 피하기 ②킬러 T세포가 감염된 세포를 파괴하는 과정을 설명하고 있다. ④유사한 기능을 하는 킬러 T세포와 헬퍼 T세포를 비교하여 설명하고 있다.

2. 제시문은 우리 몸의 면역 시스템 중 킬러 T세포에 대하여 설명하고 있다. 여기서 킬러 T세포는 우리 몸에 침입한 바이러스를 발견하고 파괴하는 역할을 담당한다. 이를 고려하면 ①이 가장 적절하다. 정답 ①.

034 원격 존재 기술

1. 넷째 문단을 보면 '원격 조작 시스템 운용의 성패는 정보가 가진 특성에 달려 있다.'고 했다. 정답 ④.

2. ㉠은 멀리 떨어져 있는 장소에 직접 가지 않고도 자신이 원하는 사람들을 만나거나 감각적인 즐거움을 얻는 생활을 가리킨다. 그런데 ④는 기계가 자체 지능을 가지는 인공 지능 로봇의 모습이다. 정답 ④.

035 사진의 특성
[출처] 사진 예술 개론_ 한정식

1. 글쓴이는 먼저 사진기의 기계적 구조에 따라 대상과 현실의 일부만을 잘라서 표현하는 사진의 특성('고립성')에 대해 설명하고 있다. 그리고 이러한 사실에 대한 이해를 바탕으로 자신의 생각과 느낌을 표현하기에 적절한 영상의 틀(사물과 현실의 범위)을 판단한 다음 셔터를 눌러야 한다고 강조하고 있다. 제시문은 사진을 찍기 전에 알아야 할 기본적인 시각을 독자에게 알려주고 있는 것이다. 정답 ④.

2. 프레임은 촬영자가 사진기의 창을 통해 결정한 대상이나 현실의 범위, 즉 의미의 틀이다. 촬영자는 카메라의 위치를 바꾸거나 교환 렌즈(대상 및 현실의 범위를 확대하거나 축소하는 렌즈)를 사용하면서 프레임을 바꾼다. ①은 카메라의 위치를 바꿈으로써 의미의 틀(프레임)이 변하고, 그에 따라 사진 영상의 의미가 달라진 경우에 해당한다. 그러나 ②∼⑤에서는 프레임의 변화가 일어나지 않았다. 정답 ①.

036 스트레스를 해소하는 방법
[출처] 유쾌한 심리학_ 박지영(재구성)

1. 제시문은 스트레스의 효과적인 대처 방법을 '문제 중심적 대처 방법'과 '정서 중심적 대처 방법'으로 구분하여 개념을 제시한 뒤, 정서 중심적 대처 방법 즉 방어기제를 다시 억압, 부인, 합리화로 나누어 설명하고 있다. 또 합리화의 유형을 신 포도형, 달콤한 레몬형, 망상형으로 구분하고 있으므로, 유형별로 중심화제를 나누어 설명하고 있는 글쓰기 방식이라 볼 수 있다. 정답 ①.

2. (라)문단의 마지막 문장을 통해 방어기제는 사실을 왜곡하고 자기를 기만하여 고통스런 상황을 순간적으로 벗어날 수 있게 할 뿐이지 스트레스를 주는 상황을 근본적으로 해소할 수 있는 방법이 되지 못한다는 것을 확인할 수 있다. 정답 ①.

오답 피하기 ②스트레스를 해소하는 방법은 문제 중심적 대처 방법과 정서 중심적 대처 방법이 있는데, 사실 왜곡은 정서 중심적 대처 방법, 즉 방어기제에서만 일어난다. ③방어기제로 스트레스를 해소하는 것은 사회적인 윤리 기준에서 벗어나는 것이 아니라 스트레스를 해소하는 일반적인 방법이다. ⑤육체적인

고통을 치유하는 데 어떤 방법이 더 효과적인지는 제시문을 통해 알 수 없다.

037 여성성과 남성성
[출처] 여성성과 남성성_ 조한혜정

1. 제시문의 3문단, 4문단을 보면, 여성성의 모순이 해결되면서 남자들은 남성성의 위기를 겪게 되며, 이로 인해 남자들이 큰 혼란을 겪고 무리한 방식으로 자존심을 회복하려고 한다고 했다. 정답 ②.

2. 글쓴이가 소통과 보살핌의 원리를 강조하는 여성성의 가치를 강조하였지만, 폭력적인 남성조차 포용해야 할 것이라고 주장한 것은 아니다. 오히려 폭력과 같은 근대적 남성성은 해체되어야 한다고 하였다. 정답 ③.

오답 피하기 ②근대적 남성성의 긍정적 측면은 전혀 언급되어 있지 않으므로 이러한 비판적 반응은 적절하다. ④글쓴이는 평등 의식을 강조하였다. ⑤글쓴이는 근대적 남성성을 해체해야 한다고 하며, 여성성에서 그 대안을 찾고 있으므로 적절하다.

038 효소의 특성과 이용
[출처] 효소 이야기_ 박미영

1. 대장균을 이용해 발암 물질을 찾아낸다는 것은 5문단에서 확인할 수 있으나, 대장균을 제거하는 데 효소가 이용된다는 내용은 찾을 수 없다. ①은 4문단에서, ②는 5문단에서, ③은 1문단에서 ④는 2문단에서 각각 확인할 수 있다. 정답 ⑤.

2. 제시문은 효소의 특성과 효소를 이용할 수 있는 분야를 비유와 예시를 사용하여 알기 쉽게 설명하고 있는 글이다. 정답 ③.

039 지역난방 기초공학
[출처] 지역난방 기초공학 및 에너지기술 실무교육_ 김래현 외

1. 5문단에서 '기존의 열 수송 방식과 달리' '보내는 물의 온도를 현저히 낮출 수 있'다고 하였으므로 적절하지 않다. 정답 ⑤.

오답 피하기 ①2문단에서 상변화란 '주변의 온도나 압력 변화에 의해 어떤 물질이 이전과 다른 상태로 변하는 것'이라고 했으므로 적절하다. ②1문단에서 '열병합 발전소에서 전기 생산을 위해 사용된 열을 회수하여 인근 지역의 난방에 활용'한다고 했으므로 적절하다. ③5문단에서 '물이 원활하게 이동할 수 없으므로 캡슐의 양을 증가시키는 데에는 한계가 있다'고 했으므로 적절하다. ④5문단에서 '상변화 물질을 활용한 열 수송 방식을 사용하면' '열 수송의 효율성이 개선된다'고 했으므로 적절하다.

2. 2문단에서 '그런데 비커 속 얼음이~사용되었기 때문이다.'라고 했으므로 적절하지 않다. 정답 ⑤.

040 음악의 비물질성
[출처] 소리의 의미_ 서우석

1. 3문단에서 음악적 체계가 논리적 체계와 연관되어 있음을 보여주는 사례를 찾을 수 있다. 이는 고대 문명에서 생겨난 질료적 상징이 발전하여 음악에 남긴 상징적 흔적들 중의 하나이다. 정답 ③.

오답 피하기 ④4문단에 의하면 음악은 가볍지만 형상을 가지지 못하고 있으며, 춤은 형상을 가지고 있지만 중력의 속박에 얽매여 있다. 그러기에 두 장르는 서로가 서로를 필요로 하게 된다.

2. 소리가 가지는 상징성은 그런 소리의 진원이 된 물질에 대한 주술적 믿음에서 비롯된 것이다. 이런 점에서 질료적 상징이 생겨나게 된다. 풀피리의 소리는 그것이 풀로 만들어졌기 때문에 곡식을 자라게 한다는 상징성을 갖게 되는 것이다. ⑤는 호랑이 발톱이라는 물질(재료)을 지니면 호랑이와 같은 용맹이 생겨 두려움을 없앨 수 있다는 주술적 믿음과 관련이 있다. 정답 ⑤.

041 정약용 유학 사상의 특징
[출처] 정약용의 실천적 책임 윤리학_ 강신주

1. (나)는 앞서 논의한 도덕 감정과 관련하여 정약용과 주희의 유학 사상의 공통점과 차이점을 비교하고 있는 부분이다. (나)에서는 정약용 유학 사상의 발전 과정은 나타나 있지 않다. 정답 ②.

오답 피하기 ①(가)에서는 정약용 유학 사상의 핵심으로 주체의 자유의지를 제시하고 있다. ③(다)에서 정약용은 마음의 세 가지 차원으로 본성, 권형, 행사를 들고 있다. ④(라)에서 정약용은 도심과 인심으로 분열된 상태에서 주체가 확고하게 도심을 따라야 한다고 말하고 있다. ⑤유학의 전통에서 정약용은 실천적 책임의 윤리학을 강조했다는 점에서 의의를 갖는다.

2. 주희는 도덕 감정 자체를 선하다고 보았지만, 정약용은 도덕 감정 자체를 선하다고 여기지 않았다. 그는 주체의 자율적 의지나 결단을 통해서만 도덕 감정이 의미를 지닐 수 있다고 보았다. 정답 ③.

오답 피하기 ①선천적인 도덕 감정을 긍정한다는 점에서 정약용은 주희의 논의를 수용하고 있다. ⑤도덕 감정이 선을 좋아하고 악을 부끄러워하는 마음이라는 것은 둘의 공통된 입장이다.

042 개인의 합리성과 사회의 합리성
[출처] 합리적 개인 대 비합리적 사회_ 이정전

1. (라)는 (가)와 (다)에 소개된 경제학의 입장을 인정하더라도 여전히 현실적으로는 (나)에서 제기된 문제가 존재함을 들어 보다 보강된 주장을 제시하기 위한 부분으로 볼 수 있다. 정답 ④.

2. 제시문에서 글쓴이는 개인의 합리성과 사회적 합리성을 모두 이루기 위해서는, 개인적으로 도덕심이 강화되어야 하며 사회적으로는 원활한 의사소통이 이루어져야 한다고 주장하고 있다. 즉 글쓴이는 사회적 합리성을 이루기 위해서는 우리 모두의 공동 노력이 필요함을 역설하고 있다. 정답 ⑤.

043 동물의 눈동자
[출처] 동물의 눈동자 모양은 왜 다를까?_ 마틴 뱅크스

1. 제시문은 동물들이 생존 방식에 따라 눈동자의 모양이 달라졌다는 것을, 매복형 육식동물과 초식동물의 눈동자 모양의 차이를 중심으로 설명하고 있다. 정답 ⑤.

2. 3문단과 5문단에서 매복형 육식동물뿐만 아니라 초식동물도 두 시야가 겹쳐 입체 영상을 볼 수 있음을 설명하고 있다. 정답 ⑤.

044 블루 이코노미
[출처] 건축 속 재미있는 과학 이야기_ 이재인

1. 3, 4문단에서는 '바람탑'과 '천연냉장고'에 적용된 원리를 설명하고 있으며, 2문단에서는 '블루 이코노미'의 개념을 정의하여 대상의 이해를 돕고 있다. 정답 ①.

2. '블루 이코노미'는 단순히 친환경적인 소재를 이용하거나 그와 관련한 기술을 개발하는 것을 넘어서 보다 능동적으로 자연 생태계의 순환 시스템을 모방하는 방식이다. 이와 달리 ①은 단순한 친환경적인 소재의 사용 ②, ④, ⑤는 에너지 절약을 위한 기술 개발의 예이다. 정답 ③.

045 한국화의 이해
[출처] 동양화란 어떤 그림인가_ 조용진 외

1. 제시문은 그림의 재료와 용구, 작가의 의도, 전통적인 회화 양식을 한국화와 서양화를 구분하는 요소로 제시하며 한국화의 개념을 규정하고 있다. 정답 ①.

오답 피하기 ④제시문 전체가 한국화와 서양화의 차이를 다루는 것이 아니다.

2. 제시문의 전체 내용에서 한국화와 서양화를 구분하는 기준은 재료, 용구, 소재, 기법, 작가의 의도(예술관) 등이 제시되어 있다. 따라서 감상자가 그림을 이해하는 주관적인 관점이 한국화냐 아니냐를 판단하는 기준이 된다고 말한 것은 글의 내용을 잘못 이해한 것이다. 정답 ④.

046 인간 역사의 방향
[출처] 역사를 어떻게 볼 것인가_ 강만길

1. 글쓴이는 역사의 올바른 변화 방향은 인간이 정치·경제·사상적인 속박에서 벗어나 평등하고 자유로운 상태가 되는 것이라고 한다. 지은이는 이런 자신의 주장을 뒷받침하기 위해 각 항목에 대하여 구체적으로 설명하고 있다. 정답 ③.

2. 제시문은 '인간의 역사는 어디로 가고 있는가'라는 물음에 대해, 역사가 인간의 정치적 자유, 경제적 평등, 사상의 자유를 확대하는 방향으로 나아가고 있다고 한다. 그러므로 이 글을 읽은 후, 역사 발전에 대한 생각을 좀 더 발전시킨다면, 우리나라의 현대사도 이러한 자유와 평등을 확대하는 방향으로 나아가고 있는지를 살펴 보는 것이 필요하다. 정답 ⑤.

047 법률 해석의 방식

1. 제시문은 "실내에 구두를 신고 들어가지 마시오."라는 하나의 사례를 중심으로 반대 해석, 확장 해석, 유추 해석에 따른 해석의 차이를 비교하고 있다. 따라서 하나의 사례를 매개로 하여 여러 가지 개념들을 비교한다는 ①이 서술상의 특징으로 적절하다. 정답 ①

2. 5문단의 '법률의 해석에서도 마찬가지로 그 법률의 목적, 기능, 입법 배경 등을 고려한다.'는 내용으로 미루어 볼 때, 법률 해석을 할 때 직관적 통찰을 통해 타당한 의미를 찾아낸다는 진술은 적합하지 않다. 정답 ⑤

048 집중 호우 메커니즘
[출처] 생활환경과 기상_ 김경익 외

1. 구름은 주변 대기보다 온도가 높을수록 더 크게 발달한다. 2문단 중간에 공기가 상승하는 과정에서 주변의 대기보다 차가워지는 수준에 이르면 구름이 더 이상 발달하지 않는다고 했다. 또한 적란운이 발달하는 이유는 구름 생성 과정의 열 때문에 주변 대기보다 계속 따뜻하기 때문이라고 했으므로 ④는 이 글의 내용과 일치하지 않는다. 정답 ④.

2. 적란운이 발생하기 위해서는 대기의 상층으로 올라가는 공기의 덩어리 자체가 매우 따뜻하고 습해야 한다. 2문단을 보면, 매우 따뜻하고 습한 공기의 경우에는 수증기가 냉각, 응결하는 과정에서 발생하는 열 덕분에 보통의 구름보다 더 높은 고도에서도 계속 구름으로 발달될 수 있다고 설명하고 있다. 따라서 적란운의 발생과 가장 관련이 깊은 요인은 상승하는 공기의 온도와 습도이다. 정답 ③.

049 수소전기차
[출처] 수소전기차_ 이선명

1. 6문단을 보면, 수소전기차가 수소를 연료로 사용하는 이유는 수소가 가솔린보다 단위질량당 에너지 밀도가 세 배나 되어 에너지 효율이 높고, 오염 물질이나 온실가스 등을 배출하지 않아 친환경적이라는 것을 알 수 있다. 정답 ③.

2. ㉠은 전기차와 수소전기차로, 전기차는 고전압 배터리에 전기를 충전해 사용하므로 따로 연료 탱크가 필요 없다. 하지만, 수소전기차는 수소와 산소의 반응으로 일어나는 전기에너지로 움직이는데, 이때 산소는 외부로부터 유입되는 공기 속에 있는 것을 사용하지만 수소는 연료 탱크에 저장한 것을 사용하므로 수소전기차는 연료 탱크가 필요하다. 정답 ①.

050 예술작품의 감상
[출처] 감상을 통한 감상자와 예술 작품의 소

1. 마지막 문단에서 글쓴이는, "감상은 감상자와 예술 작품이 양방향으로 초월하는 미적 체험의 과정이다. 예술 작품은 감상자를 향하여, 감상자는 예술 작품을 향하여 서로 열려 있는 것이다."라고 말하고 있다. 또, 감상자는 대화 방식의 감상을 통해 예술 작품과 소통함으로써 새로운 진리를 만들어 낸다고 주장하고 있으므로 ⑤가 이 글의 주제로 적절하다. 정답 ⑤.

2. "예술 작품이 계속 전해지기만 한다면, 그것은 끊임없이 새로운 참조 체계를 통해 변화하며 새로운 의미를 부여 받게 된다. 근본적으로 예술 작품의 의미는 무궁하다."라는 설명을 통해, ㉠은 셰익스피어 작품의 의미는 준거틀(참조 체계)이 달라짐에 따라 변화한다는 것을 알 수 있다. 정답 ①.

051 조선 시대의 교육
[출처] 조선시대 생활사_ 한국고문서학회

1. 조선 시대에는 양반과 평·천민 모두 교육에 대한 열의가 대단해 주변국보다 문자 해독력이 우수했다는 사실과 교육의 목표를 예의에 두고 이를 실천하게 했다는 유교적 교육관을 설명하고 있으므로 ③이

적절하다. 정답 ③.

2. 무예 교육을 소홀히 하는 것이 외침 이후에도 시정되지 않아 군사력이 거의 증강되지 않았다고 하였으므로 ⑤는 글의 내용과 일치하지 않는다. 정답 ⑤.

052 언론의 자유와 공익
[출처] 진실 보도의 원칙_ 김동민

1. ③은 2문단의 둘째 문장에서 '언론사들 간의 경쟁이 심한 관계로 특종 의식을 앞세운다든지'라고 한 부분과 비교해 보면 인과관계가 바뀌었음을 알 수 있다. ①은 1문단의 첫째 문장에서, ②는 2문단의 넷째 문장, ④는 3문단의 첫 문장에서, ⑤는 5문단의 셋째 문장에서 확인된다. 정답 ③.

2. 제시문은 '진실 증명의 원칙', '진실', '공익'과 같은 용어의 개념을 밝힘으로써 언론의 자유를 설명하고 있기 때문에 ㄱ이 맞다. 그리고 국민의 알 권리를 주장하는 입장과 개인의 명예권을 주장하는 입장 간의 대립을, '진실 증명의 원칙', '진실', '공익'이라는 기준에 의해서 판단해야 한다고 하기 때문에 ㄹ도 맞다. 제시문에는 문제해결을 위한 대안이 제시되어 있지 않으며, 관용적 표현도 없다. 정답 ②.

053 근대과학의 한계와 새로운 과학이론
[출처] 환원론과 전일론_ 김영건

1. ②는 2문단의 '객관적 관찰과 실험을 중시하는 근대 과학의 특징 때문에 ~ 삶의 진정한 의미와 가치를 무시하는 경향을 낳게 되었다'와 일치하지 않는다. 정답 ②.

2. 근대 과학이 과학기술문명의 문제점을 해결할 수 없다고 생각한 과학자들이 새로운 과학적 이론을 모색했다는 내용을 통해 ③을 이끌어 낼 수 있다. 정답 ③.

오답 피하기 ①새로운 과학적 이론이 등장했지만 근대 과학이 여전히 특정 분야에서 성과를 보이고 있다는 내용과 맞지 않다. ②와 ④는 제시문에 그 근거가 나타나 있지 않다. ⑤근대 과학과 새로운 과학적 이론의 자연에 대한 관점이 서로 다르다는 제시문의 내용과 맞지 않는다.

054 인공위성

[출처] 항공우주지식백과_ 항공우주연구원

1. 작용 반작용은 2문단에서 '물체가 접촉하여 힘을 줄 때나 서로 떨어져 힘이 작용할 때도 항상 성립한다'고 하였다. 그러므로 반작용의 힘은 위성이 지구와 인접해 있어야 나타나는 것이 아니라 항상 존재한다. 정답 ②.

2. 4문단과 5문단에서 인공위성의 자세 제어용 추력기(소형의 추력기)와 반작용 휠은 모두 세 방향으로 설치되어 있음을 확인할 수 있다. 정답 ③.

055 서양 회화의 흐름

[출처] 서양화 자신 있게 보기_ 이주헌

1. 주인상파 화가들과 관련된 내용은 4문단에 제시되어 있다. '인상파 화가들은 광학 지식의 발달에 힘입어~고정 불변하는 사물의 고유색이란 존재하지 않는다는 인식으로 이어졌다.'라는 내용으로 미루어 볼 때, ③은 제시문의 내용과 일치하지 않음을 알 수 있다. 정답 ③.

2. 1문단에서는 사실적이고 입체적인 표현을 중시한 서양 회화의 빛에 대한 지대한 관심을 소개한 후, 2문단에서는 빛이 물리적 실체로서 본격적으로 인식되기 시작한 르네상스기의 서양 화가들과 작품들에 대해 설명하고 있다. 3문단에서 빛의 심리적 효과를 인식한 17세기 바로크 시대의 서양 화가와 작품에 대해 설명하고 있다. 4문단에서는 빛의 밝기나 각도, 대기의 흐름에 따라 사물의 색이 변할 수 있음을 인식한 인상파 화가들에 대해 설명하고 있다. 마지막 문단에서는 이러한 내용을 근거로 하여 빛을 중심으로 서양화를 감상하는 것이 훌륭한 감상법이 될 수 있음을 진술하고 있다. 따라서 이 글은 빛에 대한 인식을 중심으로 서양 회화의 흐름을 살펴보고 있다고 할 수 있다. 정답 ①.

056 유교 문화의 인문적 특성

[출처] 자연, 인간, 언어_ 박이문

1. 마지막 단락에서 동양은 근대 과학 기술 문명 도입과 소화로 물질적 발전을 이루었으나 불편과 갈등을 내포하고 있다고 하였다. 그러므로 서양화는 성공하지 못한 것이다. 정답 ①.

2. 제시문은 유교 문화 속에 내재된 인문적 특성을 밝힌 글이다. 정답 ②.

057 관심의 경제학

[출처] 소비자에게 상품에 대한 관심을 유발시켜라_ 황희영

1. (다)를 보면 공급자 중심의 사고가 지배했던 과거에는 생산을 중심으로 정보가 관리되었지만, 인터넷의 등장 이후 소비자가 상품에 대한 정보를 이전보다 더 많이 가질 수 있게 되면서 소비자를 이해하는 방향으로 기업이 변화하고 있다는 것을 알 수 있다. 따라서 현대 사회에서 생산을 중심으로 한 정보가 중시되고 있다는 진술은 적절하지 않다. 정답 ④.

2. (마)는 '평판'과 '신뢰'의 역할, 이를 얻기 위한 기업의 노력에 대해 설명하고 있다. 따라서 이 문단은 화제의 의의를 확인하고 주요 내용을 정리하는 것이 아니라, 앞 문단에서 제시하고 있는 요소를 상세화하여 설명하고 있는 것이다. 정답 ⑤.

058 스윙바이

[출처] 살아 있는 과학 교과서1_ 홍준의 외

1. 제시문은 스윙바이를 하는 이유와 스윙바이의 원리에 대해 설명하고 있다. 스윙바이를 하는 동안 행성의 중력 변화는 언급하고 있지 않다. 정답 ②.

2. 스윙바이로 행성의 공전 속도를 '훔친다'고 하였는데 4문단을 보면, 이는 운동량 보존법칙에 따라 탐사선과 행성이 주고받은 운동량이 같음을 알 수 있다. 정답 ③.

059 우주선

1. 제시문에서 복사 냉각에 필요한 내열 타일의 두께에 대해 언급한 부분은 찾을 수 없다. 정답 ②.
오답 피하기 ①3문단의 'S자로 선회하며 대기권으로 재돌입하여 비교적 약한 공력 가열을 장시간 받게 되는 우주 왕복선'에서 확인할 수 있다. ③4문단의 '어블레이션은 공력 가열에 의해 내열재가 열분해되는 현상

을 이용한 방법이다. 즉 내열재가 분해될 때 열을 흡수함으로써 선체에서 열을 달아나게 하는 것이다.'에서 확인할 수 있다. ④4문단의 '내열재에는 탄소섬유 등을 섞은 강화 플라스틱을 사용한다.'에서 확인할 수 있다. ⑤3문단의 '이 타일은 우주 왕복선이 대기권에 재돌입할 때 공력 가열을 받아 1,500℃의 고온이 된다.'에서 확인할 수 있다.

2. 3문단의 'S자로 선회하며 대기권으로 재돌입하여 비교적 약한 공력 가열을 장시간 받게 되는 우주 왕복선은 복사 냉각을 이용해 선체에서 열이 달아나게 하는 방법이 사용된다.'와 4문단의 '내열 타일이 녹을 정도의 높은 공력 가열을 받는 경우에는 복사 냉각의 방법을 쓸 수 없다.'로 보아 '㉠은 ㉡에 비해 더 높은 온도의 공력 가열을 받을 때 사용되는 방법이다.'는 적절하지 않은 진술이다. 정답 ②.

060 금제 허리띠와 신라의 문화
[출처] 고분미술I_ 이영훈 외

1. 제시문은 금제 허리띠의 재질, 드리개, 드리개에 달린 장식품, 용도, 디자인 등 여러 가지 특징을 설명하면서 금제 허리띠가 지닌 신라의 역사를 품고 있는 사료로서의 가치를 드러내고 있다. 따라서 이 글은 대상의 특징을 서술하면서 대상이 지닌 가치를 드러내고 있는 글(⑤)이다. 정답 ⑤.

2. '신라의 찬란한 문화의 실상을 유감없이 보여주는 사료'로서의 금제 허리띠는, 1문단의 '금으로 된 신라의 장신구들은 정밀하게 새겨져 예술적 가치를 지닌 것으로 평가된다.'를 통해 ③의 진술 '문화 예술적인 의의를 보려주려고' 한 의도를 확인할 수 있다. 정답 ③.

061 왜 역사를 배우는가?
[출처] 역사는 왜 배우나_ 전국역사교사모임

1. 1문단에서는 역사와 역사가의 관계를 말하고 있으며, 2문단에서는 역사가가 역사를 기록하는 데 있어 오늘날의 관점이 중요하다는 것을 말하고 있다. 3문단에서는 개인과 역사적 사건의 관계에 대해서 그리고 4문단에서는 역사가 지니는 효용성에 대해 서술하고 있다. 그리고 5문단에서는 앞의 글을 정리하면서 중심 내용을 드러내고 있다. 정답 ③.

2. 제시문의 주제는 역사는 의미 있고 가치 있는 삶을 살아가기 위해 반드시 필요하다는 것이다. 역사는 인간에게 현재 자신의 위치와 목표를 확인하게 하고 올바른 길을 제시하는 것이라고 했다. 즉 우리 인간을 지혜롭고 현명하게 만드는 것이다. 이와 동일한 견해가 나타난 것은 ④이다. 정답 ④.

062 공공재와 공유자원
[출처] 공유자원의 비밀_ 김영평

1. 공공재는 배제성과 경합성이 없는 재화를 말하고, 공유자원은 배제성이 없지만 경합성이 있는 재화를 말한다. 따라서 공유자원은 경합성이 있다는 점에서 공공재와 구별된다. 정답 ②.

2. 치안을 통해 얻을 수 있는 혜택을 특정 개인이 누리지 못하게 하거나, 어떤 한 사람이 그 혜택을 받음으로써 다른 사람의 편익이 줄지 않는다는 점에서 치안은 공공재에 해당된다. 따라서 공유자원을 예방하는 방법과 관련이 없다. 정답 ②.

063 열전달
[출처] 알기 쉬운 열전달_ 세이젤

1. 1문단의 '이러한 전도는 ~ 경우에도 발생한다.'를 보면 전도는 한 물질 안에서도 발생하는 것을 알 수 있으므로 ⑤의 진술은 적절하지 않다. 정답 ⑤.
오답 피하기 ①1문단에서 '전도란 물질을 이루는 입자들의 상호작용을 통해 ~ 열이 전달되는 현상'이라고 했으므로 적절하다. ②1문단에서 '조리 과정에서는 전도에 의한 열전달이 많이 일어난다'고 했으므로 적절하디. ③2문단에서 '이는 물질이 ~ 즉 열전도도가 물질마다 다르다'고 했으므로 적절하다. ④2문단에서 '열전달 과정에서 단위 시간 동안 ~음식의 조리에서 고려할 중요한 요소가 된다.'고 했으므로 적절하다.

2. 4문단에서 '또한 튀김 재료 표면의 기포들은 재료와 식용유 사이에서 일종의 공기층과 같은 역할'을 한다고 했고 '식용유가 재료로 흡수되는 것을 막'고 '기포들을 거쳐 열전달이 일어'난다고 했으므로 ③의 진술은 적절하다. 정답 ③.

064 미세 먼지 측정기의 작동 과정
[출처] 미세 먼지 측정기술_ 정용택

1. 베타선 흡수법을 사용하는 미세 먼지 측정기의 작동 과정을 설명하고 있는 글이다. 미세 먼지 측정기는 대기 중 미세 먼지의 농도 측정 시 농도만 측정하는 것이지 그 성분과는 관련이 없다. 정답 ①.

2. 마지막 단락을 보면 일정한 양의 공기가 일정한 시간 동안 시료 흡입부로 유입되어야 하는 이유를 알 수 있다. 질량 단위를 농도 단위로 나타내기 위해서는 단위 시간당 측정된 양을 감안할 필요가 있다. 정답 ①.

065 음악에 대한 미적 판단
[출처] 좋은 음악과 나쁜 음악_ 오희숙 외

1. 1문단과 2문단에서 에게브레히트의 견해가 소개되어 있는데, 여기에서는 감성적 판단과 인식적 판단은 무엇인가, 둘은 어떠한 관계에 있는가에 대한 내용이 제시되어 있다. 좋은 음악이 갖추어야 하는 요건은 제시되어 있지 않다. 정답 ②.

2. 제시문은 좋은 음악과 나쁜 음악은 무엇인가라는, 음악에 대한 미적 판단이나 평가와 관련하여 에게브레히트와 달하우스의 견해를 소개하고 있다. 둘의 견해를 통해 미적 판단이나 평가가 무엇에 의해서 어떻게 이루어지는지를 설명하고 있다. 정답 ①.

066 인간의 심적 구조를 이루는 요소
[출처] 프로이트의 정신 분석 이론_ 조긍호

1. 제시문에서 글쓴이는 2문단부터 6문단에 이르는 부분에 걸쳐 서술의 초점을 심적 구조에 대한 설명에 두고 있다. 따라서 이 글의 중심 내용은 심적 구조를 이루는 요소인 '이드', '자아', '초자아' 각각의 특성과 상호 관계에 대한 설명에 있다. 정답 ③.

2. 3문단의 내용에 따르면 '이드'는 전적으로 무의식의 지배를 받음을 알 수 있다. 따라서 '이드'가 무의식과 의식의 작용을 동시에 받는다고 볼 수는 없다. 정답 ③.

067 조세 부과의 효율성과 공평성
[출처] 경제학 원론_ 이준구

1. 조세를 부과할 때 고려해야 하는 요건인 효율성과 공평성을 제시하고 공평성을 편익 원칙과 능력 원칙으로 구분하고 다시 능력 원칙을 수직적 공평과 수평적 공평으로 구분하여 설명하고 있는 글이다. 그러므로 조세 부과 시 고려해야 할 요건을 기준에 따라 구분한 뒤 그에 대한 특성을 설명하고 있다고 볼 수 있다. 정답 ②.

2. 소득 재분배 효과는 능력 원칙, 즉 공평성을 확보했을 때 얻을 수 있는 것이지 효율성을 통해 얻을 수 있는 것이 아니다. 따라서 효율성은 공평성과 달리 소득 재분배를 목적으로 한다고 볼 수 없다. 정답 ③

068 특수 상대성 이론
[출처] 시간의 팽창_ 마이클 브룩스

1. 첫 번째 단락에 따르면, 특수 상대성 이론에서 '특수'라는 말은 '물체의 속도가 일정하게 유지되는 경우'를 의미한다. 따라서 특수 상대성 이론이 움직이는 물체의 속도가 변하는 경우에 적용된다는 ①의 설명은 적절하지 않다. 정답 ①.

오답 피하기 ④네 번째 단락에서 '시간 팽창 효과는 물체의 속도가 광속에 견줄 만큼 빨라야 눈에 띄게 나타난다.'고 하므로, 이 현상이 일상생활에서 거의 관찰되지 않음을 알 수 있다. ⑤영희와 민수의 예에서 알 수 있듯이 관측자가 정지해 있을 때보다 운동하고 있을 때 시간이 느리게 가므로, 관측자의 운동 상태에 따라 시간의 흐름은 상대적으로 변한다.

2. 〈보기〉에 제시된 실험은 특수 상대성 이론의 '시간의 팽창' 현상에 관한 실험이다. 시간의 팽창 현상이란 정지한 물체에 비해 움직이는 물체의 시간이 느리게 가는 현상이다. 이 실험으로 인해 시간의 팽창 현상이 증명되었다고 했으므로, 비행기에 실은 원자시계들은 관측소의 원자시계보다 느려져 있어야 한다. 정답 ⑤.

069 생체모방공학
[출처] 생체모방공학에 대하여_ 한국산업기술연구원

1. 전체적으로 제시문은 생체모방공학이라는 이론을 홍합이나 거미불가사리, 연잎의 구체적인 사례를 들어 알기 쉽게 설명하고 또한 생체모방공학의 특성과 그 응용 범위 및 의의에 대해 밝히고 있는 글이다. 정답 ③.
2. 제시문에 의하면 생체모방공학은 자연 생명체의 행동이나 구조, 물질 등을 연구 모방하여 인간 생활에 적용하려는 기술을 말한다. ④는 벌집의 육각형 구조를 모방하여 튼튼하고 효율적인 건축물을 만든 경우이므로 생체모방공학의 한 예라고 할 수 있다. 정답 ④.

070 화조화(花鳥畵)의 미학

1. 화조도를 감상하는 데 있어서 합리적 사고는 아무런 의의를 지니지 못한다고 4문단에 진술되어 있다. 정답 ②.
2. ③의 '화조도의 제작 기법'에 대해서는 이 글에서 언급하지 않았으므로 심화 활동의 내용으로 적절하지 않다. 정답 ③.

071 에리히 프롬의 행복관
[출처] 소유냐 존재냐_ 에리히 프롬, 에리히 프롬의 「소유냐 존재냐」 읽기_ 박찬국(재구성)

1. 2문단에 따르면, 프롬은 인간과 다른 동물을 구분 지을 수 있는 특성이자 인간의 본질을 이성으로 파악했음을 알 수 있다. 하지만 프롬은 인간이 다른 동물과 달리 이성을 가지고 있는 이유를 설명하지는 않았다. 정답 ③.
2. 4문단에 따르면, 세계와 합일을 이루기 위해서는 이성적 능력을 생산적으로 사용해야 하며, '생산적'이라는 것은 쓸모 있는 결과물을 만들어 내는 능력이 아니라 내면의 능동적인 상태를 의미한다고 했다. 따라서 유용한 결과물을 생산하는 것은 행복을 실현할 수 있는 조건으로 볼 수 없다. 정답 ③.

072 사회 갈등과 입법 과정
[출처] 입법총론_ 박수철

1. 글쓴이는 민주주의에서 의회의 역할에 주목하여 사회 갈등을 입법 과정으로 해결할 수 있다는 것을 설명하고 있다. 특히 최적의 입법 과정은 시민들의 적극적인 참여가 바탕이 되는 것으로, 이는 사회 갈등을 해결하는 데 중요한 역할을 할 수 있다고 서술하고 있다. 정답 ④.
오답 피하기 ①의회는 소통을 통해 문제를 해결하는 기관으로 시민이 입법 과정에 관심을 갖는 이유가 의회를 견제하기 위한 것은 아니다. ③입법 과정에 국민이 참여할 수 있지만, 기본적으로 입법 과정은 의회의 영역이며 의회를 중심으로 이루어지는 것이다.
2. 사전적 관리기능과 사후적 관리기능의 구분 기준은 사회 갈등이 앞으로 발생 가능한 것이냐, 이미 존재하는 것이냐의 여부이다. 그러므로 사전적 관리기능은 입법 과정에서 발생할 수 있는 갈등을 예방하려는 것이고, 사후적 관리기능은 이미 발생한 갈등을 입법을 통해 해결하기 위한 것이다. 정답 ⑤.

073 소리의 세계
[출처] 톡톡 튀는 소리의 세계_ 전영석

1. 물체는 음파를 이용하여 찾을 수 있다. 그런데 고주파나 저주파나 모두 전달되는 과정에서 물에 흡수된다. 그러므로 멀리 있는 물체일수록 반사파의 양은 줄어들게 된다. 정답 ⑤.
2. 제시문은 글쓴이의 주관적 견해가 아니라 음파의 개념과 속성을 설명한 후 활용되는 예를 제시하고 있다. 그러므로 이와 같은 글을 읽을 때에는 핵심 제재인 음파의 과학적 개념이나 속성에 대한 정보를 사실적으로 이해하는 독서 전략을 사용하는 것이 적절하다. 정답 ④.

074 미술품 복원 작업
[출처] 문화재를 연구하는 과학의 눈_ 히라오 요시미츠

1. 제시문에서는 미술품 복원 작업의 종류와 각 작업의 특징을 설명한 후, 'X선투과사진법'과 '형광 X선 분석법'과 같은 과학적 분석 방법이 미술품 복원 작

업에 활용되는 원리에 대해 설명하고 있다. 정답 ③.
2. 4문단에서 형광X선분석법은 측정 대상을 이동시키기 어려운 작품의 성분 분석에 널리 사용된다고 하였으므로, 허물어져 가는 벽화의 성분 분석을 할 때에는 형광X선분석법을 활용하는 것이 효과적이라 볼 수 있다. 정답 ③.
오답 피하기 ①작품 보존에 필요한 최적의 환경을 제공하는 것은 예방 보존 작업에 해당한다. ④X선과 충돌한 원소의 안쪽 궤도에 위치한 전자가 원소 밖으로 튀어나오고, 그 자리를 바깥쪽에 위치한 전자가 이동하면서 형광X선이 발생하게 된다. 따라서 원소의 안쪽 궤도에 위치한 전자가 바깥쪽 궤도로 이동할 때 형광X선이 발생한다는 진술은 적절하지 않다.

075 매체 시대와 예술
[출처] 기술공학적인 매체 시대에서의 예술과 문학_ 최문규

1. 3문단에서 글쓴이는 매체에 의해 합성된 이미지는 과거·현재·미래가 공존하는 '응집된 시간'에 의존하며, 뮤직 비디오의 경우 시간적 연속성 구조가 파괴된 장면들이 돌발적인 사슬로 엮인다고 하였다. 따라서 ③에서의 '확장된 시간'은 잘못 진술된 것이다. 정답 ③.
2. 마지막 단락을 보면, 글쓴이는 전통적인 예술 방식과 매체 시대의 새로운 예술 방식이 모두 문화적 동인으로서 수용되어야 한다고 하였으므로, 〈보기〉의 문화 현상에 담긴 두 문화 방식을 모두 존중하는 평가가 합당하다. 정답 ①.

076 똘레랑스
[출처] 희망의 사회윤리 똘레랑스_ 하승우

1. 제시문의 핵심 내용은 똘레랑스가 '자기중심주의의 포기', '비이성적이고 정당하지 않은 것에 대한 반대', '토론' 등의 원리로 이루어져 있으며, 다양성이 인정되지 않는 사회에 꼭 필요한 사회윤리라는 것이다. 이러한 내용을 가장 잘 포괄할 수 있는 제목은 '똘레랑스의 원리와 의의'이다. 정답 ②.
2. ⊙의 전후 내용을 통해 그 의미를 추리해 보면, 똘레랑스는 서로의 차이를 인정해야 한다는 것, 그리고 보편적인 가치를 바탕으로 한 공존을 추구할 때

정착될 수 있다는 것이다. 정답 ③.

077 상속세와 증여세

1. 제시문은 부의 무상 이전 방법인 상속과 증여의 과정에서 상속세와 증여세가 어떻게 부과되는지, 그 방식을 비교하여 설명하고 있다. 정답 ①.
2. 2문단에서는 재산을 물려주는 이가 유언 없이 사망한 경우를 대비하여 상속인의 범위를 민법에 규정하고 있다는 내용만 있을 뿐, 증여세 납부 의무자의 우선순위가 법으로 정해져 있다는 내용은 없다. 정답 ②.

078 음력의 과학성
[출처] 다시 보는 민족과학 이야기_ 박성래

1. 필자는 우리들의 전통 문화 속에서 발견할 수 있는 과학적이고 합리적인 사례를 음력을 통해 소개하면서, 우리들의 전통에서 과학적이고 합리적인 전통이 많다는 것을 깨닫고 이를 되찾아 계승시키려는 노력이 필요하다는 것을 말하고 있다. 정답 ③.
2. 1문단에서 음력은 자연 현상에 의한 것이지 인위적인 조작이 아님을 확인할 수 있다. 정답 ②.

079 약물 전달 시스템
[출처] 전도성 고분자를 이용한 약물 전달 시스템 연구_ 이상조

1. 둘째 단락에서 폴리피롤의 사용이 유력시 되는 이유가 우수한 생체 적합성과 안전성, 자유로운 이온 출입에 있음을 확인할 수 있다. 정답 ①.
2. 마지막 단락을 통해 ⊙은 약물의 종류가 제한되는 대신 약물의 방출량이 많으며, ⓒ은 약물 종류의 제한은 적지만 도판트가 전부 치환되는 것은 아니기에 약물 방출량이 적다는 것을 확인할 수 있다. 정답 ⑤.

080 건축과 사회 의식
[출처] 건축에 담겨 있는 사회 의식_ 임석재

1. 제시문은 건축에서 긴장감 넘치는 공간이 발견되는 경우, 그 이면에 사회적 동기가 깔려 있음을 설명한 글이다. 정답 ①.
2. 긴장감이 느껴지는 건축물이라도 생활하는 데 불편하다고 할 수 없다. 왜냐하면 편안함을 느끼는 것과 생활하는 데 편리하다는 것은 다른 개념이기 때문이다. 정답 ④.

081 인간의 지각 현상과 지각 심리학
[출처] 심리학_ 박척신

1. 인간은 눈을 통해 들어온 자극을 그대로 받아들이는 것이 아니라 체계화시켜 받아들인다. 이 체계화 작업은 무의식적이고 순간적으로 이루어진다. 정답 ⑤.
2. (다)는 지각 조직화의 원리를 설명하는 부분이다. 전문가의 말을 인용해서 독자를 설득시키려고 한다는 진술은 적절하지 않다. 정답 ③.

082 금리의 이해
[출처] 고등학교 생활금융_ 금융감독원

1. 2문단을 보면, 명목금리는 금융자산의 액면 금액에 대한 금리이며, 실질금리는 명목금리에서 물가상승률을 빼면 알 수 있다고 하였다. 정답 ②.
2. 3문단을 보면, 정기예금은 목돈을 납입하여 일정 기간 후에 원금과 이자를 받는 것이고, 정기적금은 매월 일정액을 일정 기간 동안 불입해 원금과 이자가 합쳐진 목돈을 만드는 것이다. 정답 ⑤.

083 크기의 과학
[출처] 크기의 과학_ 존 타일러 보너

1. 2문단에서 주사위를 예로 들어 '면적-부피의 법칙'의 개념을 설명하고 있다(①, ③). 글 전체적으로 걸리버와 소인국 사람, 거인국 사람을 비교하면서 설명하고 있으며(②), 1문단에서 질문을 통해 독자의 관심을 유발하고 있다(④). 전문가의 의견을 인용한

부분은 없다. 정답 ⑤.
2. 거인국 사람의 경우 늘어난 자신의 몸무게를 버티려면 다리의 힘의 세기가 커져야 하고, 이를 위해서는 다리의 근육 단면적이 커져야 한다. 그렇기 때문에 거인국 사람은 비정상적으로 다리가 굵어야 걸을 수 있다. 정답 ④.

오답 피하기 ①소인국 사람은 생산되는 에너지의 양보다 발산되는 에너지의 양이 더 많아 체온을 유지하는 것이 힘들어지므로 소인국 사람이 대사 활동을 줄인다고 생존에 유리한 것은 아니다. ⑤소인국 사람의 몸의 크기는 $1/12^3$로 작아지는데 다리 힘의 세기는 $1/12^2$로 작아지므로 몸무게보다 힘의 세기가 더 크게 된다. 그러므로 단면적을 늘려 근육이 낼 수 있는 힘의 크기를 키울 필요가 없다.

084 피스톤 엔진과 로터리 엔진
[출처] 피스톤 엔진과 로터리 엔진_ 박진희

1. 제시문은 로터리 엔진이 피스톤 엔진에 비해 기술적인 우위에 있었음에도 성공한 모델이 되지 못한 점을 소개하고 있다. 이것을 요즈음 관심이 높아진 하이브리드 엔진에 적용하는 것은 하이브리드 엔진에 대한 이해와는 관련이 없이 '로터리 엔진'을 타산지석으로 삼는 의미가 있다. 제시문을 보면 로터리 엔진의 실패 원인은 디자인과 관련이 없다. 그러므로 답은 디자인 문제를 언급한 ⑤이다. 정답 ⑤.
2. 'Ro 80'은 석유 파동으로 유가가 오르자 연료를 많이 소비하는 단점이 부각되어 큰 타격을 입었다는 내용을 통해 볼 때 연비가 높지 않은 엔진임을 알 수 있다. 그러므로 ④와 같은 광고는 적절하지 않다. 정답 ④.

085 한국 춤의 멋과 홍
[출처] 멋과 홍의 춤_ 채희완

1. 제시문에는 한국 춤의 특성을 '틀에 매이지 않는 자유로움', '자연과의 조화', '개방성', '즉흥성', '개성' 등으로 제시하고 있다. 문항 ④에 나타난 파격성은 주제에서 벗어난 정도인데, 6문단 중 '파격적인 일탈이나 불일치는 하나의 커다란 '테두리' 속에서 진행된다'라는 진술에 주목한다면 주제에서 벗어나는 것으

로는 볼 수 없다. 정답 ④.

2. 제시문에는 서민들의 춤이 지닌 풍자적 성격에 대한 언급이 없으므로, ①은 이 글에 대한 심화 발전 활동으로 볼 수 없다. 정답 ①.

오답 피하기 ②, ④는 우리 춤의 특성 중 '즉흥성'과 '일회성'을 확인하는 활동이다. ③은 우리 춤의 특성 중 '파격미'를 백자에서 찾는 활동이다. ⑤는 '한국인의 미적 심성'을 파악하는 활동이다.

086 진리 판단의 세 가지 학설
[출처] 진리는 무엇일까_ 한전숙

1. 제시문에서는 '어떤 조건을 갖춘 지식을 진리라고 할 수 있을까?'라는 질문을 던진 후 이와 관련된 세 가지 학설들에 대해 설명하고 있다. 즉, 대응설과 정합설, 실용설에서 각각 진리 여부를 어떤 기준에 의해 판단하는지를 설명하고 그러한 학설들이 지닌 한계들을 지적하였다. 이러한 내용의 과제물이라면, 진리 여부를 판단하는 기준과 관련된 학설들을 구체적으로 소개하라는 과제에 응하여 작성된 것으로 보는 것이 적절하다. 정답 ⑤.

2. 4문단의 내용을 보면, 정합설에서는 새로운 지식이 이미 가지고 있는 지식의 체계 중 옳다고 판별된 체계에 모순됨이 없이 들어맞는지 여부에 의해 그 지식의 옳고 그름을 가린다고 설명하고 있다. 그러므로 정합설에서는 경험을 통한 검증 가능성을 진리 판단의 핵심적인 기준으로 삼는다고 한 ③의 진술은 적절하지 않다. 정답 ③.

087 자유로부터의 도피
[출처] 자유로부터의 도피_ 에리히 프롬

1. 글쓴이는 근대 이후 신분제적 속박에서 벗어나 자유를 얻게 된 인간들이, 주어진 자유로부터 도피하려는 원인과 그 심리적 과정을 밝히고, 자발성을 바탕으로 한 적극적 자유를 추구하여 자아를 실현하는 것이 필요하다는 것을 말하고 있다. 정답 ②.

2. ㉠은 자아를 포기하고 자기 이외의 어떤 존재에 종속되고자 하는 경향이다. 어떤 상황에 대해 자기 스스로 생각하고 자신의 견해를 가지려고 하지 않는 것은 자아의 독립을 포기하는 것에 해당한다. 그리고

언론매체의 의견을 무비판적으로 수용하고 신뢰하는 태도는 언론매체의 의견이 지니는 권위에 스스로 종속되는 것이다. 정답 ②.

088 생명의 기원에 관한 가설

1. 넷째 문단에서 '삼엽충과 푸줄리나'의 대규모 멸종의 원인으로 운석의 멸종을 제시하고 있지만, 그러한 충돌로 인해 삼엽충이 탄생했는지는 제시하지 않았다. 정답 ②.

2. 제시문은 '주장'하는 글이 아니라 주장을 소개하는 글이다. '아레니우스'의 '포자설'과 운석이 지구상의 생명을 멸종시켰다는 가설, 외계에서 온 유기물과 지구에서 만들어진 유기물이 모두 생명의 탄생에 기여했을 거라는 가설들을 소개하고 있다. 정답 ④.

오답 피하기 ③의 경우 대립되는 두 주장을 필자가 절충한 것이 아니라 세이건의 절충안을 소개한 것이다.

089 초고층 빌딩의 역학
[출처] 건축, 음악처럼 듣고 미술처럼 보다_ 서현

1. 인장력과 모양과의 관계에 대한 내용은 제시문에서 찾아 볼 수 없다. 정답 ③.

2. ㉠은 건축물이 강한 바람의 횡력에 의해 움직이는 현상인 벤딩모멘트의 원리를 설명한 부분이다. 이런 사례로 목욕탕 굴뚝이 바람의 힘에 의해 움직이는 것을 고려하여 위로 갈수록 굴뚝의 굵기를 가늘게 하고 아래로 갈수록 굵게 만든 것이라든지, 63빌딩과 같은 고층 건물이 강한 바람의 횡력에 의해 흔들리는 현상을 방지하기 위해 위는 가늘고 아래는 굵고 넓게 만드는 것, 또는 낚싯대의 손잡이 부분을 더 굵게 만든 것 등을 들 수가 있다. 정답 ⑤.

090 벽돌 건물의 예술적 매력
[출처] 벽돌, 쌓음의 의미_ 서현

1. 3문단에서는 재료를 잡다하게 사용하지 않고 벽돌로만 벽을 쌓아올려 기품 있는 자태를 드러낸다고 하고 있다. 4문단에서는 거칠게 쪼갠 단면이 외부로 노출되게 벽돌을 쌓아올려 텁텁한 아름다움과 박력

을 보여준다고 하고 있다. 따라서 이러한 내용을 포괄할 수 있는 제목은 '벽돌 건물의 정제된 아름다움과 투박한 아름다움'이다. 정답 ①.

2. 마지막 문단에서 재료의 물질적 속성이 갖는 의미에 대한 성찰이 있을 때 건물은 인간과 자연의 숨결이 살아 숨쉬는 생명체가 된다고 하였다. 이러한 생각과 가장 가까운 것은 예술품은 매체의 속성과 예술가의 안목이 결합된 것이라는 인식이다. 정답 ②.

091 로크, 버클리, 흄
[출처] 철학 이야기_ 윌 듀란트

1. 제시문은 근대 영국 경험주의 철학자인 로크, 버클리, 흄의 지식의 범주에 대한 견해 차이를 중심으로 서술되었다. 정답 ①.

2. 로크는 우리가 감각할 수 있는 물질의 실재를 인정하였으며, 이를 지각하는 정신의 실재도 인정하였다. 하지만 버클리는 우리가 경험하는 것은 물질로부터 비롯된 감각뿐이며, 이는 정신에 해당한다고 하였다. 또한 흄은 물질이나 정신 모두 그 실체를 증명할 수는 없다고 하였다. 다만 감각, 기억, 개별적인 관념만이 우리가 지각할 수 있는 전부라고 하였다. 정답 ④.

092 유권자의 투표 행위
[출처] 정치학_ 앤드류 헤이우드

1. 당정체성 모델에서 말한 '소속감'은 부모의 영향으로 가정에서 형성된 것으로 유권자가 어떤 정당과 내면적으로 연결된 귀속 의식을 말한다. 여기서 내면직이란 어떤 공식적인 관계를 형성한 것과는 관련이 없는 것이기 때문에, '소속감'을 유권자의 정당 가입으로 파악하는 것은 적절하지 않다. 정답 ③.

2. 제시문은 먼저 투표 행위와 관련된 당정체성 모델, 사회학적 모델, 합리적 선택 모델 등의 이론들을 설명하고 있다. 그런 후에 마지막 단락에서 각 모델들이 설명하기 어려운 현상을 설명하여 그 이론들의 한계를 지적하고 있다. 정답 ①.

093 우주의 팽창
[출처] 우주의 발견_ 케네스 C. 데이비드

1. 글쓴이는 천문학자들이 우주의 팽창 속도가 느려지고 있다고 생각했지만, 이와는 반대되는 증거도 발견되었다고 하였다. 정답 ①.

2. (가)는 우주가 팽창한다는 것을 발견하기까지의 과정을 제시하고 있고, (나)는 우주의 미래에 대한 몇 가지 가능성을 소개하고 있다. 정답 ⑤.

094 교량 공학
[출처] 교량 공학_ 조효남

1. (라)는 현수교의 구조와 장단점을 설명하고 있다. 정답 ④.

2. ㉠은 두 대상의 장점만을 취하여 문제를 해결하는 방식이다. 정답 ⑤.

095 진경산수화
[출처] 조선시대 산수화_ 고연희

1. 제시문은 진경산수화의 화가인 겸재 정선과 단원 김홍도의 작가 의식과 두 화가의 작품을 연관 지어 서술하고 있다. 정답 ①.

2. 겸재 정선은 중국의 남종문인화 기법을 바탕으로, 단원 김홍도는 서양 화법을 수용하여 진경산수화를 그렸으므로, 고유의 화법으로 그렸다고 하는 진술은 적절하지 않다. 정답 ③.

096 포스트휴먼의 등장
[출처] 인간과 포스트휴머니즘_ 신상규 외

1. ㄱ은 글 전체에 걸쳐 인간과 인간 아닌 것을 구분하는 관점에 대해 비판적 입장에서 검토하고, 관점의 변화를 요구하고 있다. ㄹ은 3문단 이후로 포스트휴먼이 등장하고 있는 현실에 대한 인식을 바탕으로 하여, 멀지 않은 미래에 인간과 비인간의 관계가 어떻게 변해갈 것인지에 대해 예측하고 있다. 정답 ②.

2. 1문단에서 필자는 인간과 비인간을 구분 지을 수 있는 속성이 존재하는지에 대한 질문을 던진 후, 5문

단에서 포스트휴먼의 등장으로 인간과 비인간을 구분하려는 시도 자체에 대한 성찰이 요구되고 있다고 하였다. 따라서 필자의 주장은 인간과 비인간을 구분하려는 시도 자체에 문제가 있었음을 인식해야 한다는 것이라고 할 수 있다. 정답 ②.

097 기업인수합병
[출처] 기업인수합병_ 김화진, 송옥렬

1. 제시문은 기업인수합병의 개념을 살펴본 후, 수평적, 수직적, 다각적 인수합병으로 나누어 그 특징을 설명하고 있다. 정답 ③.
오답 피하기 ①기업인수합병에 대한 사회적 통념을 비판한 부분은 없다.
2. 3문단에서 수직적 인수합병은 동일한 분야에 있으나 생산 활동 단계가 다른 업종 간에 이루어진다고 하였다. 정답 ⑤.

098 과학 혁명과 과학의 절대성
[출처] 과학적 지식, 과학도 변하는가_이인식(재구성)

1. 제시문은 코페르니쿠스로부터 시작된 근대 과학 혁명의 흐름을 밝히는 과정에서 근대 물리학이 세계의 물리 현상을 일관된 법칙으로 파악할 수 있다는 낙관적 세계관을 지녔음을 드러내고 있다. 그러나 20세기에 들어와 그런 생각이 여지없이 깨지면서 어떤 과학적 법칙도 완벽하거나 영원할 수 없다는 것을 깨닫게 되었음을 서술하고 있다. 정답 ④.
2. 제시문에서는 과학 혁명을 근대에 이루어진 근대 과학의 혁명에 한정해서 말하고 있지만 보기의 내용은 과학 혁명이라는 것이 특정 시대에 한정되는 것이 아니라 새로운 패러다임을 형성하기 위한 과정을 뜻한다고 하였다. 이로 볼 때 ①은 옳지 못하다. 고전 물리학은 과학 혁명을 거치면서 생성된 새로운 패러다임이 형성된 때라고 해야 한다. 정답 ①.

099 해수담수화 기술
[출처] 담수화 기술의 현황 및 기술개발 동향_ 박광규

1. 여섯째 문단의 마지막 줄에 '각 증발실에서 다음

증발실로 해수가 이동하는 시간을 조절하는 등의 추가적인 기술이 필요하다'라고 진술되어 있는데, 이를 통해 해수의 이동 속도 조절에 대한 내용은 확인할 수 있으나 담수의 속도 조절과 관련된 내용은 확인할 수 없다. 정답 ⑤.
2. ㉠은 액체에 가해지는 압력이 갑자기 큰 폭으로 낮아지면 액체의 끓는점 또한 낮아진다는 진술이다. ②의 사례는 기압의 변화에 따른 끓는점의 변화라는 원리를 담고 있으므로 ㉠과 가장 유사한 사례라고 할 수 있다. 정답 ②.

100 예술과 비예술
[출처] 예술과 비예술의 경계는 어디인가_ 이연우

1. (가)에서는 화제를 제시하면서 예술에 대한 본질주의적 시각을 언급한 뒤 이와 다른 관점을 지닌 디키의 시도를 말하고 있다. 따라서 예술의 의미를 새로운 시각에서 정의하고 있다는 설명은 적절하지 않다. 정답 ①.
2. 가치 중립적이고 분류적인 의미에서 모든 예술 작품에 대해 정의하고자 했던 디키는 예술의 필요 조건으로 두 가지를 제시한다. 그중 '감상의 후보로서의 자격 수여'에서 '감상의 후보'라는 말을 쓴 것은 사람들이 흔히 분류적 의미가 아닌 평가적 의미에서 예술 작품을 말하는 것을 염두에 두고 한 것이다. 즉, 사람들이 예술에 대해 갖고 있는 통념을 염두에 두고 한 말이다. 정답 ①.